COLECCIÓN de RECETAS
de la
COCINA ASIÁTICA
CHINA - TAILANDESA - JAPONESA

pil

Publications International, Ltd.

Fotografía de la portada, por Peter Dean Ross Photographs.

En la portada se ilustra: Sofrito de Pollo a la Naranja *(página 130)*.

En la contraportada se ilustran *(en el sentido de las manecillas del reloj, desde arriba a la izquierda):* Ejotes y Champiñones Shiitake *(página 290)*, Ensalada Taiandesa con Carne *(página 258)*, Gallinas Estofadas *(página 144)* y Sopa de Wonton y Jengibre *(página 328)*.

ISBN: 1-4127-2054-0

Número de Tarjeta del Catálogo de la Biblioteca del Congreso: 2004094475

Hecho en China.

8 7 6 5 4 3 2 1

Análisis Nutricional: En algunas de las recetas aparece información nutricional. Se hizo todo el esfuerzo posible por verificar la precisión de las cifras. Sin embargo, debido a que intervienen diversas variables en un amplio rango de valores para ciertos alimentos, deben considerarse como aproximados los análisis nutricionales.

CONTENIDO

Introducción   4

Ricos Entremeses y Botanas   8

Sanos Res y Cordero   38

Sensacional Cerdo   84

Aves Perfectas   126

Manjares sin Carne   176

Mariscos Espléndidos   206

Ensaladas Perfectas   244

Sopas Saludables   268

Deliciosas Guarniciones   288

Comidas Magras   324

Índice   375

INTRODUCCIÓN

A todos les encanta la comida asiática. Desde el acre sabor a pimienta del jengibre fresco y el ardiente de la salsa picante china, hasta la delicada delicia de la salsa de ostión, los auténticos sabores de la cocina asiática cautivan. Como bono especial, este excitante libro de cocina incluye recetas de las cocinas orientales. Imagine el condimentado sabor de la cocina tailandesa, los maravillosos misterios de los platillos hindúes y el aspecto exótico de la comida vietnamita. En un santiamén descubrirá cuán fácil es agregar las especialidades asiáticas a su repertorio culinario.

Las recetas de los platillos asiáticos pueden contener algunos ingredientes poco conocidos. Antes de buscarlos en la sección especializada de su supermercado o en una tienda oriental, revise siempre el glosario que aparece en las siguientes páginas; ahí se describe brevemente cada uno de ellos.

ACEITE CON CHILE: De color rojizo, se hace con aceite de cacahuate (maní) y chile rojo seco. Utilice muy poco, ya que su sabor es muy picante.

ACEITE DE AJONJOLÍ: El aceite oscuro u oriental de ajonjolí (sésamo) es un aceite de color ámbar extraído de las semillas de ajonjolí tostadas. Tiene un fuerte sabor oleaginoso; si se utiliza con moderación, da un sabor único a los platillos asiáticos. No lo confunda con el aceite de ajonjolí claro, hecho con semillas de ajonjolí sin tostar.

ARROZ DE JAZMÍN: Aromático arroz de grano largo que se cultiva en Tailandia. Tiene un aroma sutil y un ligero sabor a nuez.

ARROZ GLUTINOSO: Este arroz de grano corto es de forma casi redonda. Tiene un alto contenido de almidón, mayor que el de las variedades de grano largo, lo que ocasiona que los granos se peguen cuando se cuece.

BOK CHOY: Perteneciente a la familia de la col, el bok choy (cardo chino, pack-choi) tiene tallos blancos o blanco verduzco, de unos 15 a 20 cm de largo, y largas hojas verde oscuro. Tanto los tallos como las hojas se utilizan para cocinar, pero, por lo general, se cocinan por separado.

CARDAMOMO: Las semillas de cardamomo crecen en vainas (unas 15 en cada vaina). Es una especia aromática que a menudo se utiliza en la cocina hindú; comúnmente se vende como semillas o en polvo.

CASTAÑAS DE AGUA: Son frutas de una planta acuática asiática. Dan textura crujiente a platillos sofritos, ensaladas y arroz. Se consiguen con facilidad enlatadas.

CHAMPIÑONES MINIATURA: Estos diminutos champiñones con sombrero profundo comúnmente se consiguen enlatados.

CHAMPIÑONES ASIÁTICOS SECOS: Champiñones negros o cafés deshidratados de Asia; se venden en paquetes o a granel. A menudo vienen etiquetados como champiñones chinos o asiáticos.

CHAMPIÑONES SHIITAKE: Estos champiñones japoneses silvestres actualmente se encuentran con facilidad, tanto frescos como secos, en la mayoría de los supermercados.

CHILES: En Asia se utiliza una amplia variedad de chiles. Los chiles tailandeses verdes y rojos, de 2.5 a 3.75 cm de largo y anchura variable, están disponibles en algunos supermercados. Los chiles jalapeños y los serranos se pueden utilizar en lugar de la mayoría de los chiles asiáticos.

CHUTNEY: Sazonador hecho con frutas condimentadas; se sirve como acompañamiento de ciertos platillos hindúes. Puede usarse crudo o cocido.

CINCO ESPECIAS EN POLVO: Esta mezcla de cinco especias molidas tiene un sabor agrio ligeramente dulce. Por lo general, contiene semillas de anís, hinojo, clavos, canela y jengibre o pimienta.

COL NAPA: También conocida como col china, es una pieza alargada, poco compacta, de tallo verde claro ligeramente arrugado.

DAIKON: Este rábano blanco largo con sabor dulce se utiliza ampliamente en Japón. El daikon (rábano chino) con frecuencia se ralla y se come crudo como condimento. En algunos platillos se usa cocido a fuego bajo o estofado. Puede sustituirlo con rábano blanco carámbano.

ELOTE TIERNO (TAMBIÉN LLAMADO ELOTE BABY): Sus mazorcas son comestibles; miden de 5 a 7.5 cm de largo y tienen hileras de diminutos granos amarillos. Son ligeramente dulces y crujientes. El elote tierno se vende en latas o frascos, envasado en agua con sal.

FIDEOS DE ARROZ: También llamados tallarines de arroz, son planos y secos; se

elaboran con harina de arroz. Se venden de diferentes anchuras. El tallarín debe suavizarse en agua tibia antes de usarlo, a menos que vaya a freírlo en aceite.

FIDEOS DE SOYA: También conocidos como tallarín transparente, de celofán o de judía mungo, estos finos tallarines secos blancos se hacen con frijol mung pulverizado. Son insípidos, pero absorben con facilidad los sabores de otros alimentos.

FRIJOLES NEGROS SALADOS, FERMENTADOS: Estos frijoles negros de soya agrios y con sal se utilizan en la cocina china. Para reducir la cantidad de sal que contienen, es necesario enjuagarlos debajo del chorro de agua fría antes de usarlos.

GARAM MASALA: Mezcla de especias molidas asadas que a menudo se utiliza en la cocina del norte de la India. Para obtener un sabor más fresco, los cocineros hindúes van moliendo las especias enteras conforme las necesitan.

GERMINADO DE SOYA: Germinado blanco de frijol mung; se vende fresco y en lata. Es uno de los pocos germinados que es lo suficientemente firme para soportar la cocción. Tanto el germinado de soya fresco como el enlatado se deben enjuagar muy bien con agua fría y escurrirlos antes de utilizarlos.

HIERBA LIMÓN: También llamada citronela, es una planta rígida verde pálido parecida al pasto, y constituye una parte esencial de la cocina del sudeste de Asia. Tiene un aroma a limón. Para utilizarla, desprenda las hojas externas, y pique o rebane transversalmente el tallo desde la base hasta donde comienzan a separarse las hojas.

HOJAS DE HUEVO PARA ROLLOS: Estas hojas delgadas de masa parecida a la del tallarín se venden en cuadros o círculos de 17.5 y 20 cm. También hay hojas para wonton, pero vienen en cuadros de 7.5 y 10 cm. Ambos tipos se venden

refrigerados o congelados. Conserve las hojas envueltas en plástico para evitar que se sequen mientras trabaja con ellas.

HOJAS DE WONTON: *véase* Hojas de Huevo para Rollos.

HONGO OÍDO DE NUBE: También conocidos como hongos negros u hongos de la madera, estos champiñones asiáticos secos tienen un sabor suave. Absorben los sabores de los otros ingredientes con los que se cuecen.

JENGIBRE CRISTALIZADO: Es la raíz de jengibre, cocida en jarabe de azúcar para conservarla; después se cubre con azúcar granulada. También se le conoce como jengibre confitado.

JENGIBRE FRESCO: Esta raíz nudosa de piel café claro se vende fresca en la sección de verduras. Antes de utilizarla, siempre debe quitarle la piel estropajosa exterior. Para que pueda conservar el jengibre por varias semanas en el refrigerador, envuélvalo en plástico.

KIMCHEE: También llamado kimchi, es una mezcla de verduras en salmuera picante y aromática; se sirve como condimento con muchas comidas coreanas. A menudo se prepara con col.

LECHE DE COCO/CREMA DE COCO: Este líquido cremoso sin endulzar preparado con la pulpa rallada del coco maduro, no debe confundirse con el agua de coco que se obtiene del coco fresco. También puede adquirirse la crema de coco enriquecida.

PASTA DE CHILE: La pasta de chile y la pasta de chile con ajo se utilizan mucho en las cocinas china, tailandesa, vietnamita, entre otras cocinas orientales. Hecha con chiles machacados, frijol de soya, vinagre, sazonadores y, a menudo, ajo, la pasta de chile es muy picante.

PASTA DE SOYA: También conocida como salsa de frijol café o amarilla y llamada miso en Japón, la pasta de soya es una salsa espesa hecha de frijol de soya fermentado, harina, agua y sal. Puede ser simple o contener frijoles enteros. También existe la pasta de soya picante, que contiene chile.

SALSA CHINA DE CHILE: Es una salsa espesa picante de chiles molidos y sal, que debe usarse con moderación.

SALSA DE OSTIÓN: Esta espesa salsa china color café se prepara con ostiones hervidos con salsa de soya y sazonadores; después se cuela. La salsa de ostión proporciona un sabor sorprendentemente delicado a los platillos de carne y verduras. Su sabor a pescado salado desaparece en la cocción.

SALSA DE PESCADO: Líquido café salado, extracto de pescado fermentado, que se utiliza como condimento en algunas cocinas del sudeste asiático. Se le llama nuoc nam en Vietnam, nam pla en Tailandia y shottsuru en Japón. Su penetrante aroma desaparece durante la cocción.

SALSA DE SOYA: Este oscuro líquido salado está hecho con frijoles de soya fermentados y trigo o cebada. Aun cuando hay diferentes variedades, como la oscura y la clara, la mayoría de las marcas que se venden en los supermercados contienen harina de trigo.

SALSA HOISIN: De color café oscuro, esta salsa se prepara con frijol de soya, harina, azúcar, especias, ajo, chiles y sal. Tiene un sabor dulce condimentado y se utiliza en muchas recetas chinas. Una vez abierta la lata de salsa hoisin, debe vaciarla en un recipiente de vidrio, tapar herméticamente y refrigerarla.

SEMILLAS DE CILANTRO: Esta aromática especia proviene de la planta del mismo nombre. Muchas personas conocen las hojas verdes de la planta del coriandro como cilantro. Las semillas se utilizan en la cocina hindú. Las hojas se utilizan en las cocinas tailandesa, vietnamita e hindú, así como en las cocinas de América Latina y del Caribe.

SOBA: Tallarín japonés de color café grisáceo, hecho con harina de trigo sarraceno. A diferencia de otros tallarines secos, el soba se debe utilizar dentro de los dos a tres meses siguientes a la compra.

TALLARÍN DE HUEVO ESTILO CHINO: Hecho de harina, huevos, agua y sal, este tallarín se vende fresco, congelado o seco.

TAMARI: Este líquido oscuro, hecho de frijol de soya, es similar a la salsa de soya, pero más espeso y de sabor más fuerte.

TOFU: Se le conoce también como queso de soya; se elabora con leche de soya. Es de color blanco o cremoso, con una textura lisa. El tofu es alto en proteínas; tiene un ligero sabor a oleaginosa, pero con facilidad toma el sabor de los alimentos con los que se cuece. El tofu firme y el extra firme pueden ser cortados en trozos para utilizarlos en la cocina.

VERMICELLI DE ARROZ: Son fideos redondos secos hechos con harina de arroz. Se asemejan a los fideos de soya.

VINAGRE DE ARROZ: De sabor maduro y penetrante, este vinagre se prepara con arroz fermentado. El vinagre de arroz chino es de color amarillo pálido y, por lo general, es más fácil de encontrar que el vinagre de arroz japonés, que es casi incoloro.

VINO DE ARROZ: Preparados con arroz fermentado, los vinos de arroz son dulces y a menudo contienen poco alcohol. Las versiones japonesas son el sake y el mirin.

Ricos Entremeses y Botanas

¹⁄₃ de taza de salsa de soya
baja en sodio
2 cucharaditas de ajo
picado
1 cucharadita de aceite
oscuro de ajonjolí
½ cucharadita de jengibre
molido
450 g de pechugas de pollo,
deshuesadas y sin piel,
en tiras de 10×0.5 cm
180 g (1 caja) de queso
crema con ajo y
hierbas, sin grasa
2 cucharadas de cebollín
finamente picado
2 cucharadas de semillas
de ajonjolí, tostadas
1 cucharada de aceite de
oliva extra virgen

Pollo al Ajonjolí con Crema Oriental

Rinde 24 porciones de entremés

1. En un recipiente chico, bata los primeros cuatro ingredientes. Reserve 2 cucharadas; vierta el resto de la marinada en una bolsa de plástico. Añada el pollo y cierre la bolsa. Refrigérelo por 2 horas; voltee la bolsa de vez en cuando.

2. Para preparar la Crema Oriental: En un tazón, ponga el queso crema; incorpore la marinada que reservó y agregue el cebollín. Tape y refrigere.

3. Retire el pollo de la bolsa. Ponga las semillas de ajonjolí en un plato y revuelque el pollo sobre ellas. En una sartén antiadherente grande, caliente el aceite de oliva a fuego medio-alto. Incorpore el pollo y sofríalo por 6 minutos o hasta que esté dorado y el jugo esté claro. Acompáñelo con la Crema Oriental.

POLLO AL AJONJOLÍ CON CREMA ORIENTAL

1 ½ **tazas de jugo de limón**
⅓ **de taza de salsa de soya baja en sodio**
¼ **de taza de azúcar morena**
4 **dientes de ajo picados**
¼ **de cucharadita de pimienta roja molida**
3 **mitades de pechuga de pollo, deshuesadas y sin piel (unos 565 g)**
¼ **de taza de crema de cacahuate (maní) con trozos**
¼ **de taza de leche de coco espesa sin endulzar* o Sustituto de Leche de Coco Espesa (receta más adelante)**
¼ **de taza de cebolla finamente picada**
1 **cucharadita de pimentón**
1 **cucharada de cilantro finamente picado**

*La leche de coco se separa en la lata; la crema espesa flota sobre la leche aguada (la consistencia puede ser suave como de yogur o firme como de grasa). Después de abrir la lata, retire la crema con una cuchara. Si obtiene menos de ¼ de taza, agregue leche de coco hasta completar la medida.

SATAY DE POLLO CON SALSA DE CACAHUATE

Rinde 6 porciones

1. Mezcle el jugo de limón, la salsa de soya, el azúcar morena, el ajo y la pimienta; revuelva hasta que se disuelva el azúcar. Reserve ⅓ de taza de la marinada.

2. Rebane el pollo a lo largo, en tiras. Agregue a la marinada y revuelva para bañar el pollo. Tape y deje marinar a temperatura ambiente por 30 minutos, o tape y refrigere hasta por 12 horas.

3. Remoje 18 brochetas de madera (de 25 a 30 cm de largo) en agua fría durante 20 minutos para evitar que se quemen; escúrralas.

4. En un recipiente mediano, ponga la crema de cacahuate. Incorpore la marinada que reservó, 1 cucharada a la vez, hasta que esté suave. Incorpore la leche de coco, la cebolla y el pimentón. Pase la salsa a un recipiente chico.

5. Escurra el pollo; deseche la marinada. Ensarte 1 o 2 rebanadas de pollo en cada brocheta.

6. Ase las brochetas sobre carbón caliente, de 2 a 3 minutos por lado o hasta que el pollo pierda su color rosado en el centro. Colóquelas en un platón. Espolvoree el cilantro sobre la salsa; sirva con las brochetas. Adorne al gusto.

SUSTITUTO DE LECHE DE COCO ESPESA

⅓ **de taza de leche**
1 **cucharadita de fécula de maíz**
½ **cucharadita de extracto de coco**

En una cacerola chica, mezcle la leche con la fécula de maíz. Revuelva sin cesar a fuego alto hasta que la mezcla hierva y se espese. De inmediato, vierta en un tazón chico; añada el extracto de coco.

SATAY DE POLLO CON SALSA DE CACAHUATE

Salsa Vietnamita (receta
más adelante)

225 g de camarón mediano,
pelado y desvenado

110 g de vermicelli de arroz
seco muy delgado

12 hojas de papel de arroz,*
de 16 cm de diámetro

36 hojas enteras de cilantro

120 g de carne asada de
cerdo o de res, en
rebanadas de 0.3 cm de
grosor

1 cucharada de
cacahuates (maníes)
picados

Ralladura de limón para
adornar

*Disponible en tiendas de
especialidades gastronómicas o en
tiendas orientales.

ROLLOS VERANIEGOS VIETNAMITAS

Rinde 12 rollos

1. Prepare la Salsa Vietnamita.

2. Llene con agua ¾ partes de una olla; hierva a fuego alto. Agregue los camarones; déjelos cocer, a fuego bajo, de 1 a 2 minutos o hasta que se tornen rosados y opacos. Con una espumadera, páselos a un recipiente.

3. Añada a la olla el vermicelli. Cuézalo, hasta que esté suave pero firme, por unos 3 minutos. Escúrralo y enjuáguelo debajo del chorro de agua fría para detener la cocción; vuelva a escurrirlo.

4. Rebane el camarón a lo largo por la mitad.

5. Para hacer los rollos, suavice 1 hoja de papel de arroz en un tazón grande de agua, de 30 a 40 segundos. Escúrrala y póngala sobre una tabla para picar. Acomode 3 hojas de cilantro en el centro de la hoja. Acomode 2 mitades de camarón, con la parte plana hacia arriba, sobre las hojas de cilantro. Corone con una capa de carne y ¼ de taza de vermicelli.

6. Para terminar cada rollo, doble la parte inferior de la hoja hacia arriba sobre el relleno; doble hacia adentro las orillas. Enrolle hacia arriba la envoltura. Acomódelo en un platón con el diseño de las hojas hacia arriba. Repita el procedimiento con el resto de las hojas y el relleno. Espolvoree los rollos con los cacahuates. Acompañe con la Salsa Vietnamita. Adorne, si lo desea.

SALSA VIETNAMITA

½ taza de agua
¼ de taza de salsa de pescado
2 cucharadas de jugo de limón
1 cucharada de azúcar
1 diente de ajo picado
¼ de cucharadita de aceite con chile

Mezcle todos los ingredientes; revuelva bien.

ROLLOS VERANIEGOS VIETNAMITAS

3 paquetes (de unos 800 g cada uno) de alas de pollo
1 botella (150 ml) de salsa teriyaki
¼ de taza de aceite de cacahuate (maní) o vegetal
¼ de taza de miel
1 cucharada de vinagre blanco
1 cucharadita de jengibre molido
2 tazas de cacahuates (maníes) o nueces, ligeramente tostados, finamente picados

ALAS ASIÁTICAS

Rinde unos 48 entremeses

Para hacer piezas más pequeñas con las alas, utilice un cuchillo afilado chico para cortar alrededor del extremo estrecho del ala para separar la carne. Después, use la hoja para desprender con delicadeza la carne hacia abajo del extremo más largo y nudoso del hueso; voltee la carne hacia afuera. En las secciones con dos huesos, jale y deseche el hueso más chico; si es necesario, despréndalo con el cuchillo.

En un recipiente grande, mezcle la salsa teriyaki con el aceite, la miel, el vinagre y el jengibre; revuelva bien. Agregue las piezas de pollo; revuelva para bañarlas. Tape y deje marinar durante toda la noche en el refrigerador.

Caliente el horno a 190 °C. Engrase 2 charolas grandes para hornear; acomode ahí el pollo. Hornee por 35 minutos o hasta que el pollo esté suave. Revuelque el pollo sobre los cacahuates picados. Sirva caliente o a temperatura ambiente.

¼ de taza de salsa de soya
¼ de taza de vino blanco seco
¼ de taza de cebollín picado
1 diente de ajo prensado
1 cucharadita de jengibre molido
450 g de camarón mediano crudo, pelado y desvenado
3 cucharadas de aceite vegetal

ENTREMESES DE CAMARÓN SOFRITO

Rinde 8 porciones

Mezcle la salsa de soya, el vino, el cebollín, el ajo y el jengibre; incorpore el camarón y deje reposar por 15 minutos. En un wok o en una sartén grande, caliente el aceite a fuego medio-alto. Escurra el camarón y póngalo en el wok. Deseche la marinada. Sofría el camarón de 1 a 2 minutos o hasta que se torne rosado. Sirva de inmediato.

¼ de taza de salsa de soya

2 cucharadas de jerez seco

4 cucharaditas de fécula de maíz

Aceite de cacahuate (maní) o vegetal

6 tazas de col picada *o* de mezcla de ensalada de col picada (unos 360 g)

1 taza de champiñones picados

⅔ de taza de cebollín en rebanadas delgadas

225 g de carne molida de res, de cerdo o de pavo

3 dientes de ajo picados

¼ de cucharadita de pimienta roja machacada

12 hojas de huevo para rollo *o* 64 hojas de wonton

Salsa agridulce para remojar

Mostaza china picante (opcional)

ROLLOS DE HUEVO

Rinde unos 12 rollos o 64 rollos miniatura

1. En una taza, mezcle la salsa de soya, el jerez y la fécula de maíz; revuelva hasta que se suavice.

2. Caliente un wok o una sartén grande a fuego medioalto. Ponga a calentar 1 cucharada de aceite. Añada la col, los champiñones y el cebollín; sofríalos por 2 minutos (la col debe quedar crujiente). Retire la verdura del wok.

3. Ponga en el wok la carne de res, el ajo y la pimienta; cueza hasta que la carne pierda su color rosado; revuelva para separar la carne. Deseche la grasa.

4. Revuelva la mezcla de salsa de soya y viértala en el wok. Sofría por 2 minutos o hasta que la salsa hierva y se espese. Regrese la mezcla de col al wok; caliente y revuelva bien.*

5. Coloque las hojas de huevo para rollo, con una punta hacia la orilla de la superficie de trabajo. Ponga el relleno en el centro, sin llegar a la punta inferior de la hoja; utilice ⅓ de taza del relleno para cada rollo o 1 cucharada del relleno para cada hoja de wonton.

6. Para hacer los rollos, doble la punta inferior de la hoja hacia arriba sobre el relleno. Doble las orillas laterales sobre el relleno, formando un sobre. Humedezca con agua la parte interior de las orillas de la punta superior y enrolle hacia arriba; presione con firmeza para sellar. Repita el procedimiento con las hojas y el relleno restantes.

7. En una sartén grande, vierta 1.5 cm de aceite. Caliéntelo a 190 °C. Fría los rollos de huevo, 2 o 3 a la vez, o los rollos miniatura, de 6 a 8 a la vez, durante 2 minutos por lado o hasta que estén crujientes y dorados. Escúrralos sobre toallas de papel. Sírvalos con la salsa agridulce y la mostaza picante, si lo desea.

Puede preparar con anticipación el relleno hasta este punto; cúbralo y refrigérelo hasta por 24 horas. Cuando vaya a utilizarlo, caliente la mezcla. Continúe desde el paso 5.

12 alas de pollo (unos
   1.125 kg)
3 dientes de ajo
2 cucharadas de salsa de
   soya
2 cucharadas de jerez seco
1 cucharada de azúcar
1 cucharada de fécula de
   maíz
1 cucharadita de pimienta
   roja machacada
1 cucharada de semillas
   de ajonjolí
2 cucharadas de aceite
   vegetal
3 cebollines enteros, en
   trozos de 2.5 cm
¼ de taza de consomé de
   pollo
1 cucharadita de aceite
   oscuro de ajonjolí
Bayas de saúco y
   diferentes hojas
   comestibles para
   adornar

ALAS DE POLLO DORADAS CON SOYA

Rinde 2 docenas de entremeses

1. Corte la punta de las alas; deséchelas o utilícelas para preparar sopa o caldo. Corte las alas a la mitad por la articulación para obtener 2 piezas. Pique 2 dientes de ajo.

2. Para marinar, mezcle la salsa de soya, el jerez, el azúcar, la fécula de maíz, el ajo picado y la pimienta en un recipiente grande; revuelva bien. Incorpore las piezas de ala; tape y deje marinar durante toda la noche en el refrigerador; voltéelas una o dos veces.

3. Para tostar las semillas de ajonjolí, caliente un wok a fuego medio-alto por unos 30 segundos. Agregue las semillas de ajonjolí; áselas, revolviendo, durante unos 45 segundos o hasta que estén doradas. Retírelas y póngalas en un recipiente chico.

4. Escurra las alas de pollo; conserve la marinada. Caliente un wok a fuego alto por 1 minuto. Vierta el aceite vegetal y caliéntelo durante 30 segundos. Añada la mitad de las alas; fríalas de 10 a 15 minutos hasta que estén doradas por todos lados; voltéelas de vez en cuando con unas pinzas. Sáquelas con una espumadera. Vuelva a calentar por 30 segundos el aceite en el wok y repita el procedimiento con las alas restantes. Reduzca el fuego a medio. Deseche el aceite.

5. Pique el diente de ajo restante. Ponga el ajo y el cebollín en el wok; fríalos, revolviendo, por 30 segundos. Incorpore las alas y el consomé. Tape y cueza durante 5 minutos o hasta que las alas estén suaves y hayan perdido su color rosado; revuelva de vez en cuando para evitar que se peguen en el wok.

6. Vierta la marinada y sofría las alas hasta que se glaseen con la marinada. Vacíe el aceite de ajonjolí; revuelva bien. Pase las alas a un platón; espolvoréelas con las semillas de ajonjolí. Adorne, si lo desea. Sirva de inmediato.

ALAS DE POLLO DORADAS CON SOYA

3 tazas de col finamente
   picada
1 clara de huevo,
   ligeramente batida
1 cucharada de salsa de
   soya baja en sodio
¼ de cucharadita más ⅛ de
   cucharadita de
   pimienta roja
   machacada
1 cucharada de jengibre
   fresco picado
4 cebollines enteros,
   finamente picados
115 g de pechuga de pollo
   molida, cocida y
   escurrida
24 hojas de wonton, a
   temperatura ambiente
   Fécula de maíz
½ taza de agua
1 cucharada de salsa de
   ostión
2 cucharaditas de
   ralladura de cáscara de
   limón
½ cucharadita de miel
1 cucharada de aceite de
   cacahuate (maní)

BOLSITAS DE POLLO CON JENGIBRE

Rinde 24 bolsitas

1. Cueza al vapor la col por 5 minutos; después, déjela enfriar a temperatura ambiente. Exprima para quitar el exceso de humedad. Para preparar el relleno, mezcle la clara de huevo con la salsa de soya, ¼ de cucharadita de pimienta, el jengibre y el cebollín en un recipiente grande; revuelva bien. Incorpore la col y el pollo.

2. Para preparar las bolsitas, ponga 1 cucharada del relleno en el centro de 1 hoja de wonton. Junte las orillas alrededor del relleno; presiónelas con firmeza en la parte superior para sellarlas. Repita el procedimiento con el resto de las hojas y el relleno.

3. Coloque las bolsitas sobre una charola grande para hornear espolvoreada con fécula de maíz. Refrigérelas por 1 hora o hasta que estén frías. Mientras tanto, para preparar la salsa, el agua, la salsa de ostión, la ralladura de limón, la miel y la pimienta restante mezcle en un recipiente chico; revuelva bien.

4. En una sartén antiadherente grande, caliente el aceite a fuego alto. Añada las bolsitas y fríalas hasta que las bases estén doradas. Vierta encima la salsa. Tape y deje cocer por 3 minutos. Destape y cueza hasta que se haya absorbido todo el líquido. Sírvalas calientes sobre una charola como bocadillos, o en platos chicos con palillos chinos como primer tiempo.

BOLSITAS DE POLLO CON JENGIBRE

½ taza de arroz glutinoso

2 a 3 gotas de colorante vegetal amarillo (opcional)

3 champiñones asiáticos negros secos, grandes
Agua hirviente

225 g de carne molida de cerdo o de res

1 clara de huevo chico, ligeramente batida

1 cucharada de cebollín picado, sólo la parte blanca

1 ½ cucharaditas de salsa de soya

1 ½ cucharaditas de vino de arroz

½ cucharadita de jengibre fresco picado

½ cucharadita de azúcar

¼ de cucharadita de sal
Pizca de pimienta negra

1 ½ cucharaditas de fécula de maíz

SALSA DE SOYA-AJO

3 cucharadas de salsa de soya

1 ½ cucharadas de vinagre blanco

¼ de cucharadita de ajo picado

⅛ de cucharadita de azúcar

BOLAS DE ARROZ-PERLA

Rinde unas 18 bolas

Para preparar las bolas de arroz-perla, ponga el arroz en un recipiente con agua fría. Con los dedos, lave el arroz varias veces; escúrralo. Repita el procedimiento hasta que el agua salga clara. Regrese el arroz al recipiente; llénelo con agua tibia. Añada el colorante vegetal. Remoje el arroz de 3 a 4 horas, o refrigérelo, tapado, por toda la noche. Escúrralo. Coloque el champiñón en un recipiente y cúbralo con el agua hirviente. Déjelo reposar por 30 minutos. Escúrralo. Desprenda y deseche los tallos. Pique los champiñones. En un recipiente, mezcle la carne de cerdo, la clara de huevo, el cebollín, la salsa de soya, el vino de arroz, el jengibre, el azúcar, la sal y la pimienta; revuelva bien. Incorpore la fécula de maíz. Con la mezcla de carne, forme bolas de 2.5 cm de diámetro; la mezcla queda muy suave. Revuelque cada bola en el arroz, para cubrirlas por completo; presiónelas ligeramente con las manos para que se adhiera el arroz.* Ponga una vaporera de bambú de 30 cm de diámetro en un wok. Vierta agua hasta 1.5 cm por debajo de la vaporera. (El agua no debe hacer contacto con la vaporera.) Retire la vaporera y ponga a hervir el agua a fuego alto. En la vaporera cubierta con un trapo húmedo, ponga las bolas de arroz-perla en una sola capa; deje unos 1.5 cm de espacio entre las bolas; tape la vaporera. Métala en el wok. Cueza al vapor, tapada, a fuego alto, por 40 minutos hasta que el arroz esté suave; vierta agua hirviente según sea necesario para mantener el nivel. Para preparar la Salsa de Soya-Ajo, revuelva los ingredientes en un recipiente. Pase las bolas de arroz-perla a un platón. Acompáñelas con la Salsa de Soya-Ajo.

Puede preparar las Bolas de Arroz-Perla hasta el Paso 3, hasta con 8 horas de anticipación. Refrigérelas envueltas en plástico; destápelas y déjelas reposar a temperatura ambiente de 15 a 20 minutos antes de cocerlas al vapor.

1 lata (570 g) de trozos de piña en su jugo, sin escurrir

¼ de taza de azúcar morena

2 cucharadas de fécula de maíz

Pizca de jengibre molido

1 taza de agua

2 cucharadas de margarina

450 g de pavo o pollo cocido finamente picado o pavo molido cocido

¾ de taza de cereal de avena integral, sin cocer

⅓ de taza de yogur natural bajo en grasa

⅓ de taza de castañas de agua finamente picadas, escurridas

⅓ de taza de cebollín rebanado

2 cucharadas de salsa de soya light

1 clara de huevo, ligeramente batida

1 cucharadita de jengibre molido

½ cucharadita de sal (opcional)

Trozos de pimiento morrón rojo y verde, rebanadas de piña fresca y castañas de agua enteras (opcional)

BOCADILLOS SHANGHAI

Rinde 2 docenas de entremeses

Escurra los trozos de piña; conserve el jugo. En una cacerola mediana, ponga el azúcar morena con la fécula de maíz y la pizca de jengibre; revuelva bien. Agregue el jugo de piña, el agua, ¼ de taza de trozos de piña y la margarina; revuelva bien. Ponga a hervir a fuego medio-alto; reduzca el fuego a bajo. Deje cocer más o menos por 1 minuto; revuelva con frecuencia o hasta que la salsa se espese y esté clara.

Caliente el horno a 200 °C. Con aceite en aerosol, rocíe ligeramente un molde de 33×23 cm. Mezcle el pavo con el cereal, el yogur, las castañas, el cebollín, la salsa de soya, la clara de huevo, 1 cucharadita de jengibre, la sal y la piña restante; revuelva bien. Con la mezcla, forme bolas de 2.5 cm de diámetro. Acomódelas en el molde que preparó; hornéelas de 20 a 25 minutos o hasta que se empiecen a dorar. Si lo desea, para servir, ensarte alternadamente en brochetas las albóndigas, los trozos de pimiento, las rebanadas de piña y las castañas de agua. Acompañe con salsa de piña.

Salsa Agridulce
Condimentada (página
24, opcional)

2 pechugas de pollo
chicas, deshuesadas y
sin piel (unos 225 g)

2 tazas de col finamente
picada

½ taza de jalea de
chabacano
(albaricoque) con
trozos de fruta

2 cebollines enteros,
finamente picados

2 cucharaditas de salsa de
soya

½ cucharadita de jengibre
fresco rallado

⅛ de cucharadita de
pimienta negra

30 hojas de wonton (de
7.5 cm)

BOCADILLOS DE POLLO Y CHABACANO

Rinde 10 porciones

1. Prepare la Salsa Agridulce Condimentada, si lo desea.

2. En una cacerola mediana, ponga a hervir 2 tazas de agua. Agregue el pollo. Reduzca el fuego a bajo; tape. Deje cocer por 10 minutos o hasta que el pollo pierda su color rosado en el centro. Sáquelo de la cacerola; deseche el agua.

3. Ponga la col y 1 cucharada de agua en la cacerola. Cueza a fuego alto, de 1 a 2 minutos o hasta que se consuma el agua; revuelva de vez en cuando. Retire del fuego. Deje enfriar un poco.

4. Pique finamente el pollo. Añada a la cacerola junto con la jalea, el cebollín, la salsa de soya, el jengibre y la pimienta; revuelva bien.

5. Para hacer los bocadillos, saque del paquete 3 hojas de wonton a la vez. Ponga una cucharada de la mezcla de pollo en el centro de cada hoja; barnice las orillas con agua. Junte las 4 esquinas; presiónelas para sellarlas. Repita el procedimiento con el resto de las hojas y el relleno.

6. Rocíe una vaporera con aceite en aerosol. Ponga la vaporera de manera que el agua quede a 1.5 cm por debajo de la vaporera. Acomode los bocadillos en la canasta de la vaporera; deje suficiente espacio entre cada una para evitar que se peguen. Tape y deje cocer al vapor durante 5 minutos. Pase los bocadillos a un platón. Acompáñelos con la Salsa Agridulce Condimentada y adorne, si lo desea.

continúa en la página 24

BOCADILLOS DE POLLO Y CHABACANO

Bocadillos de Pollo y Chabacano, continuación

SALSA AGRIDULCE CONDIMENTADA

1 cebollín entero
1 cucharada de fécula de maíz
2 cucharadas de vinagre de arroz
¼ de taza de azúcar morena
½ cucharadita de pimienta roja machacada
2 cucharadas de nabo finamente rallado

1. Pique finamente la parte blanca del cebollín; corte la parte verde en tiras delgadas de 2.5 cm y consérvelas para adornar.

2. En un recipiente chico, combine la fécula de maíz con el vinagre; revuelva bien.

3. En una cacerola chica, coloque ¾ de taza de agua, el azúcar morena, la pimienta y el cebollín picado; ponga a hervir. Incorpore la mezcla de fécula de maíz. Regrese a hervir; cueza por 1 minuto o hasta que la salsa esté clara y se espese. Deje enfriar. Justo antes de servir, incorpore el nabo y las tiras de cebollín.

1 taza de col picada o de mezcla de ensalada de col
½ taza de jamón cocido finamente picado
¼ de taza de castañas de agua finamente picadas
¼ de taza de cebollín rebanado
3 cucharadas de salsa de ciruela
1 cucharadita de aceite oscuro de ajonjolí
3 tortillas de harina (de 15 a 17.5 cm de diámetro)

ROLLOS PRIMAVERA

Rinde 12 entremeses

1. En un recipiente mediano, mezcle la col con el jamón, las castañas de agua, el cebollín, 2 cucharadas de salsa de ciruela y el aceite; revuelva bien.

2. Unte las tortillas con la salsa de ciruela restante. Distribuya más o menos ½ taza de la mezcla de col en cada tortilla dejando un espacio de 0.5 cm de la orilla; enrolle.

3. Envuelva cada rollo con plástico. Refrigere durante 1 hora por lo menos o hasta por 24 horas antes de servir.

4. Corte cada tortilla en 4 partes.

ROLLOS PRIMAVERA

Salsa Agridulce
Condimentada (página
24)
90 g de fideos de arroz
120 g de camarón grande o
mediano, desvenado
1 lechuga de hoja grande o
lechuga Boston
1 pepino mediano, pelado,
sin semillas y en trozos
de 5 cm
½ taza de hojas de cilantro
½ taza de hojas de menta

ROLLOS DE ENSALADA TAILANDESA CON SALSA AGRIDULCE CONDIMENTADA

Rinde 6 porciones

1. Prepare la Salsa Agridulce Condimentada.

2. Durante 10 minutos, remoje los fideos en agua caliente para que se suavicen. Enjuáguelos debajo del chorro de agua fría para enfriarlos; escúrralos.

3. Mientras tanto, en una cacerola, ponga agua hasta la mitad de su capacidad. Hiérvala. Agregue los camarones; deje que el agua vuelva a hervir. Cueza de 3 a 5 minutos o hasta que los camarones se tornen rosados; escúrralos. Enjuáguelos debajo del chorro de agua fría. Abra cada camarón a lo largo por la mitad.

4. Seleccione las 12 mejores y más grandes hojas de lechuga. Enjuáguelas debajo del chorro de agua fría; séquelas.

5. Para hacer los rollos, ponga las hojas de lechuga, con el lado brillante hacia abajo, sobre la superficie de trabajo. Acomode el camarón, el fideo, el pepino, el cilantro y la menta a lo largo de la nervadura central de la hoja. Enrolle hacia arriba las hojas tan apretado como le sea posible, sin romperlas; asegúrelas con un palillo de madera. Antes de comer, retire los palillos. Acompañe con la Salsa Agridulce Condimentada. Adorne, si lo desea.

ROLLOS DE ENSALADA TAILANDESA CON SALSA AGRIDULCE CONDIMENTADA

450 g de pavo molido
1 diente de ajo grande picado
1½ cucharaditas de jengibre fresco picado
2 tazas de bok choy (cardo chino, pack-choi) en rebanadas delgadas
½ taza de cebollín en rebanadas delgadas
2 cucharadas de salsa de soya baja en sodio
1 cucharadita de jerez seco o vino de arroz
1 cucharadita de aceite oscuro de ajonjolí
8 hojas de pasta filo
Aceite en aerosol
Mostaza china (opcional)
Salsa hoisin (opcional)
Salsa de soya baja en sodio adicional (opcional)

ROLLOS PRIMAVERA CON PAVO MOLIDO

Rinde 16 rollos primavera

Caliente el horno a 200 °C. En una sartén antiadherente mediana, a fuego medio-alto, cueza y revuelva el pavo, el ajo y el jengibre, de 4 a 5 minutos o hasta que el pavo pierda su color rosado. Escurra muy bien.

En un recipiente mediano, combine la mezcla de pavo, el bok choy, el cebollín, la salsa de soya, el jerez y el aceite.

Sobre una superficie limpia y seca, acomode las hojas de pasta filo en una pila y córtelas en 2 rectángulos (de 45×17.5 cm). Trabaje con un rectángulo a la vez. (Conserve el resto de la pasta cubierta con un trapo húmedo, de acuerdo con las instrucciones de la envoltura.)

Rocíe el rectángulo de pasta con aceite en aerosol. Sobre la superficie de trabajo, acomode la hoja de manera que el lado corto quede paralelo a la orilla de la superficie. Acomode ¼ de taza de la mezcla de pavo en una tira de 12.5 cm, a 2.5 cm de distancia de la parte inferior y de las orillas laterales de la hoja. Doble 2.5 cm de la orilla inferior sobre el relleno y doble las orillas largas hacia el centro; enrolle. La hoja se puede romper mientras la enrolla, pero el relleno no se saldrá una vez que termine de enrollarla.

Repita el procedimiento con los rectángulos y el relleno restantes para hacer los demás rollos primavera. Coloque los rollos, con la unión hacia abajo, en 2 charolas para galletas (de 25×38 cm) rociadas con aceite en aerosol. Rocíe la parte superior de los rollos con el mismo aceite. Hornee de 14 a 16 minutos o hasta que todas las superficies de los rollos estén doradas.

Sirva de inmediato con mostaza china, salsa hoisin y salsa de soya adicional, si lo desea.

1.350 kg de costillas de
    cordero, en trozos
    pequeños
    Agua
⅓ de taza de salsa y
    marinada teriyaki

ENTREMESES DE COSTILLAS TERIYAKI

Rinde 8 porciones

Ponga las costillas en una olla grande y cúbralas con agua. Hiérvalas a fuego alto. Reduzca el fuego a bajo; tape y deje cocer por 20 minutos. Retire las costillas del agua; deseche el agua y séquelas con toallas de papel. Ponga las costillas en un asador, a 10 o 12.5 cm del carbón caliente; barnícelas bien con la salsa teriyaki. Cuézalas por 8 minutos, volteándolas y barnizándolas a menudo con la salsa teriyaki restante. (O ponga una rejilla sobre un asador eléctrico; barnícelas con la salsa teriyaki. Áselas a 10 cm de la fuente de calor durante 4 minutos de cada lado; barnícelas a menudo con la salsa teriyaki restante.)

1 cucharada de salsa de
    soya
2 cucharaditas de aceite
    de cacahuate (maní) o
    vegetal
½ cucharadita de azúcar
¼ de cucharadita de sal de
    ajo
12 hojas de wonton

FÁCILES TOTOPOS DE WONTON

Rinde 2 docenas de totopos

1. Caliente el horno a 190 °C.

2. En un recipiente chico, mezcle la salsa de soya, el aceite, el azúcar y la sal de ajo; revuelva bien.

3. Corte cada hoja de wonton diagonalmente por la mitad. Acomode las hojas en una charola de 38×25 cm rociada con aceite en aerosol. Con la mezcla de salsa de soya, barnice ligera pero uniformemente ambos lados de las hojas de wonton.

4. Hornee de 4 a 6 minutos o hasta que estén crujientes y ligeramente doradas; voltéelas después de 3 minutos. Páselas a una rejilla; deje enfriar por completo.

¼ de taza de salsa de soya
1 cebollín entero, partido por la mitad
2 cucharadas de vino tinto seco
1 cucharada de azúcar morena
1 cucharada de miel
2 cucharaditas de colorante vegetal rojo (opcional)
1 diente de ajo picado
½ cucharadita de canela molida
2 filetes de lomo de cerdo enteros (de unos 360 g cada uno), limpios
Rizos de Cebollín (receta más adelante), para adornar

CERDO BARBECUE

Rinde unas 8 porciones de entremés

1. En un recipiente grande, mezcle la salsa de soya, el cebollín, el vino, el azúcar, la miel, el colorante, el ajo y la canela. Agregue la carne; voltéela para bañarla completamente. Tape y refrigere durante 1 hora o por toda la noche; voltee la carne de vez en cuando.

2. Caliente el horno a 180 °C. Escurra la carne; conserve la marinada. Ponga la carne en una rejilla de alambre sobre una charola. Hornee por 45 minutos o hasta que pierda su color rosado en el centro; voltee y bañe a menudo con la marinada que conservó.

3. Retire la carne del horno; déjela enfriar. Córtela en rebanadas diagonales. Adorne con los Rizos de Cebollín, si lo desea.

RIZOS DE CEBOLLÍN

6 a 8 cebollines medianos enteros
Agua fría
10 a 12 cubos de hielo

1. Corte los cebollines en tiras de 10 cm; deje unos 5 cm de la parte blanca y de la parte verde.

2. Con unas tijeras afiladas, corte cada sección de los tallos verdes, a lo largo, en tiras muy delgadas, casi hasta el nacimiento de los tallos; corte de 6 a 8 tiras en cada sección del tallo.

3. Llene un recipiente grande con agua fría hasta la mitad de su capacidad. Agregue los cebollines y los cubos de hielo. Refrigere por 1 hora o hasta que se ricen los cebollines; escúrralos.

CERDO BARBECUE

12 champiñones asiáticos secos (30 g)

1 zanahoria grande, en tiras julianas

2 cucharaditas de azúcar Salsa Hoisin con Cacahuate (página 34)

3 tazas más 2 cucharadas de aceite vegetal

1 cebolla amarilla mediana, partida por la mitad y rebanada

1 diente de ajo picado

1 cucharada de salsa de soya

1 cucharadita de aceite oscuro de ajonjolí

1½ tazas de germinado de soya fresco (unos 120 g), enjuagado y escurrido

14 hojas de huevo para rollos (de 17.5 cm de diámetro)

1 huevo batido

1 manojo de ramas de menta fresca u hojas de albahaca (opcional)

14 hojas de lechuga grandes (opcional)

ROLLOS PRIMAVERA VIETNAMITAS VEGETARIANOS

Rinde 14 rollos

1. Ponga los champiñones en un recipiente; cúbralos con agua caliente. Deje reposar por 30 minutos. Coloque las tiras de zanahoria en un recipiente chico y espolvoréelas con 1 cucharadita de azúcar; revuelva hasta que se mezclen. Deje reposar por 15 minutos.

2. Mientras tanto, prepare la Salsa Hoisin con Cacahuate.

3. Escurra los champiñones; conserve ½ taza del líquido. Retire y deseche los tallos de los champiñones. Corte los sombreros en rebanadas delgadas.

4. Rocíe 2 cucharadas de aceite vegetal en el wok y caliéntelo por 30 segundos. Agregue la cebolla; sofríala durante 1 minuto. Incorpore los champiñones, el ajo y el líquido que conservó. Reduzca el fuego. Tape y cueza hasta que los champiñones estén suaves. Añada la salsa de soya, el aceite de ajonjolí y el azúcar restante. Cueza y revuelva los champiñones hasta que se evapore el líquido. Pase la mezcla a un recipiente; déjela enfriar un poco.

5. Incorpore la zanahoria y el germinado de soya a la mezcla de champiñón; revuelva un poco. Sobre la superficie de trabajo, acomode 1 hoja para rollo con una esquina hacia la orilla de la superficie; conserve tapadas el resto de las hojas. Escurra la mezcla de champiñón; ponga 3 cucharadas de mezcla en el tercio inferior de la hoja. Con un poco de huevo batido, barnice las orillas de la hoja.

6. Para formar los rollos, doble la esquina inferior de la hoja sobre el relleno. Doble las esquinas derecha e izquierda formando un rollo de 9 cm de ancho. Envuelva el relleno y cubra el rollo con plástico.

continúa en la página 34

ROLLOS PRIMAVERA VIETNAMITAS VEGETARIANOS

*Rollos Primavera Vietnamitas
Vegetarianos, continuación*

7. En un wok, caliente el aceite vegetal restante, a fuego alto, hasta que el aceite registre 190 °C en un termómetro para freír. Fría 4 rollos, de 2 a 3 minutos, hasta que estén dorados; voltéelos una sola vez con unas pinzas. Repita el procedimiento con el resto de los rollos; vuelva a calentar el aceite entre las tandas. Escúrralos sobre toallas de papel y acomódelos en un platón con la Salsa Hoisin con Cacahuate. Adorne a su gusto. Para servir, envuelva los rollos con las hojas de menta y de lechuga, si lo desea; después, remójelos en la salsa.

SALSA HOISIN CON CACAHUATE
2 cucharadas de crema de cacahuate
2 cucharadas de agua
1 cucharada de salsa de soya
⅓ de taza de salsa hoisin
½ cucharadita de aceite oscuro de ajonjolí
1 diente de ajo picado
Pizca de salsa picante

En un recipiente chico, mezcle la crema de cacahuate, el agua y la salsa de soya; revuelva. Incorpore el resto de los ingredientes. Vierta en un tazón.

1 taza de agua
½ taza de vino blanco seco
2 cucharadas de salsa de soya baja en sodio
½ cucharadita de granos de pimienta Szechwan o negra
450 g de camarón grande crudo, pelado y desvenado
¼ de taza de salsa agridulce preparada
2 cucharaditas de mostaza china picante

CAMARÓN FRÍO CON SALSA DE MOSTAZA CHINA

Rinde 6 porciones

1. En una cacerola mediana, ponga el agua, el vino, la salsa de soya y los granos de pimienta. Ponga a hervir a fuego alto. Agregue el camarón; reduzca el fuego a medio. Tape y deje cocer de 2 a 3 minutos hasta que el camarón se torne opaco. Escúrralo bien. Cúbralo y refrigérelo hasta que esté bien frío.

2. En un tazón chico, mezcle la salsa agridulce con la mostaza; revuelva bien. Sirva como dip para los camarones.

Camarón Frío con Salsa de Mostaza China

450 g de masa para pan blanco, congelada

360 g de Lomo de Cerdo Barbecue, picado (receta más adelante)

4 champiñones asiáticos negros secos

1 cucharada de aceite de cacahuate (maní)

¼ de taza de cebollín picado

1 cucharada de jengibre fresco picado

1 cucharada de azúcar morena

1 cucharada de salsa de soya

1 cucharada de salsa hoisin

1 ½ cucharaditas de fécula de maíz

Salsa de Ciruela (receta más adelante)

1 huevo

1 cucharada de agua

1 cucharada de semillas de ajonjolí tostadas y sin tostar

BOLLOS DIM SUM DE CERDO

Rinde 16 panecillos

1. Descongele la masa para pan. Prepare el Lomo de Cerdo Barbecue. Para preparar el relleno, ponga los champiñones en un recipiente; cúbralos con agua tibia; déjelos reposar por 30 minutos. Enjuáguelos bien y escúrralos. Corte y deseche los tallos. Corte los sombreros en rebanadas delgadas.

2. En una sartén, caliente el aceite. Agregue la carne, los champiñones, el cebollín y el jengibre; cueza por 2 minutos. Añada el azúcar, la salsa de soya, la salsa hoisin y la fécula de maíz; cueza hasta que se espese. Deje enfriar un poco.

3. Corte 16 cuadros (de 10 cm) de papel pergamino o de papel encerado. Acomódelos sobre charolas para hornear a 2.5 cm de distancia entre sí.

4. Golpee la masa. Divida la masa a la mitad; cubra una mitad con envoltura de plástico. Corte la masa restante en 8 trozos iguales. Con cada trozo de masa, forme un disco. Pellizque la orilla del disco con el pulgar y el índice; manipule la masa para forma un círculo de 10 cm de diámetro. El centro debe quedar más grueso que la orilla.

5. Ponga el círculo sobre la superficie de trabajo. Coloque en el centro 1 cucharada del relleno. En 3 o 4 lugares, levante con delicadeza el borde de la masa para cubrir el relleno; una la masa para sellarla. Ponga los bollos, con la unión hacia abajo, sobre un cuadro de papel pergamino. Cúbralos con una toalla; deje que suba la masa hasta que duplique su volumen.

6. Prepare la Salsa de Ciruela. Para hornear los panecillos,* caliente el horno a 190 °C. Bata el huevo con el agua hasta que se incorporen; barnice la parte superior de los bollos y espolvoree encima las semillas de ajonjolí. Hornee hasta que los bollos estén dorados y suenen huecos cuando los golpee. Sírvalos con la Salsa de Ciruela.

Para cocer al vapor los bollos, ponga una vaporera de bambú de 30 cm de diámetro en un wok. Agregue agua hasta 1.5 cm por debajo de la vaporera. (El agua no debe tocar la vaporera.) Retire la vaporera. Ponga el agua a hervir. Acomode 4 bollos a la vez en la vaporera. Ponga la vaporera sobre el agua hirviente; reduzca el fuego. Tape y cueza los bollos durante 15 minutos. Para evitar que se quiebren, apague la estufa y deje reposar los bollos, tapados, por 5 minutos.

LOMO DE CERDO BARBECUE

1 cucharada de salsa de soya
1 cucharada de salsa hoisin
2 cucharaditas de azúcar morena
1 diente de ajo picado
½ cucharadita de cinco especias chinas en polvo
1 lomo de cerdo entero (unos 360 g)

1. En un tazón de vidrio, mezcle los ingredientes, excepto la carne. Agregue la carne; voltéela para bañarla. Cubra y refrigere durante 1 hora por lo menos o por toda la noche.

2. Caliente el horno a 180 °C. Ponga la carne sobre una rejilla en una charola para hornear forrada con papel de aluminio. Inserte un termómetro para carne en el centro de la carne. Hornee por 30 minutos o hasta que la carne registre una temperatura de 70 °C. Retire la carne del horno; déjela enfriar un poco.

SALSA DE CIRUELA

1 taza de conserva de ciruela
½ taza de chutney preparado, picado
2 dientes de ajo picados
2 cucharadas de azúcar morena
2 cucharadas de jugo de limón
2 cucharaditas de salsa de soya
2 cucharaditas de jengibre fresco picado

Ponga los ingredientes en una cacerola. Cueza y revuelva a fuego medio hasta que se derrita la conserva.

Sanos Res y Cordero

²/₃ de taza de salsa para carne

¹/₃ de taza de salsa de soya

2 dientes de ajo picados

1 cucharada de fécula de maíz

¹/₄ de cucharadita de hojuelas de pimienta roja machacadas

1 filete de espaldilla (675 g), en rebanadas delgadas

1 cucharada de aceite oriental de ajonjolí

1 bolsa (450 g) de brócoli, pimiento rojo, tallos de bambú y champiñones (mezcla oriental), descongelados

Arroz cocido y caliente

2 cucharadas de semillas de ajonjolí, tostadas

Sofrito de Res y Brócoli

Rinde 6 porciones

En un recipiente no metálico grande, mezcle la salsa para carne, la salsa de soya, el ajo, la fécula de maíz y las hojuelas de pimienta; agregue la carne y báñela. Cubra y refrigere por 30 minutos, moviendo de vez en cuando.

Retire la carne de la marinada; conserve la marinada. En una sartén de 30 cm de diámetro, a fuego medio-alto, sofría la carne en aceite de 3 a 4 minutos o hasta que pierda su color rosado. Con una espumadera, pase la carne a un recipiente grande; consérvela caliente.

En la misma sartén, caliente la marinada que conservó y las verduras; cuando empiecen a hervir, reduzca el fuego. Tape; deje cocer por 5 minutos. Incorpore la carne caliente. Sirva sobre el arroz; espolvoree con las semillas de ajonjolí. Adorne a su gusto.

SOFRITO DE RES Y BRÓCOLI

1 filete de espaldilla de res
  (de 565 a 650 g)
¼ de taza de vinagre de
  arroz sazonado
¼ de taza de salsa de soya
2 cucharadas de aceite
  oscuro de ajonjolí
4 dientes de ajo picados
2 cucharaditas de jengibre
  fresco
½ cucharadita de pimienta
  roja machacada
2 a 3 cucharaditas de
  semillas de ajonjolí
¼ de taza de agua
½ taza de cebollín en
  rebanadas delgadas
Arroz cocido y caliente
  (opcional)

CARNE SZECHWAN A LA PARRILLA

Rinde de 4 a 6 porciones

1. Ponga el filete en una bolsa grande de plástico. En una taza, mezcle el vinagre, la salsa de soya, el aceite, el ajo, el jengibre y la pimienta; vierta sobre la carne. Cierre la bolsa; agítela para bañar la carne. Deje marinar en el refrigerador por 3 horas; voltéela una vez.

2. Prepare el asador para cocción directa.

3. Escurra la carne; vierta la marinada en una cacerola chica. Coloque el filete sobre la parrilla. Con el asador tapado y el carbón sin flama, ase de 14 a 18 minutos para término medio o ase hasta que tenga el término deseado; voltee el filete a la mitad del tiempo de cocción.

4. Mientras tanto, para tostar las semillas de ajonjolí, póngalas en una sartén grande seca. Mueva la sartén sobre fuego medio-bajo, por unos 3 minutos o hasta que las semillas comiencen a brincar y a dorarse. Páselas a un recipiente chico.

5. Agregue el agua a la marinada y hierva a fuego alto. Reduzca el fuego a bajo y deje cocer por 5 minutos.

6. Transfiera la carne a una tabla para trinchar. Rebane el filete diagonalmente, a través de la fibra, en rebanadas delgadas.

7. Rocíe la carne con la marinada hervida. Espolvoree encima el cebollín y las semillas de ajonjolí. Acompañe con arroz, si lo desea.

CARNE SZECHWAN A LA PARRILLA

450 g de bisteces de bola de
   res, en rebanadas de
   0.5 cm de grosor
1 a 2 chiles jalapeños,*
   picados
2 dientes de ajo picados
2 cucharadas de aceite
   oriental de ajonjolí
1 sobre (90 g) de tallarín
   instantáneo sabor
   carne de res
1 taza de zanahoria
   rebanada
   diagonalmente
½ taza de cebollín picado
½ taza de salsa para carne
¼ de taza de agua
¼ de taza de cacahuates
   (maníes) sin sal,
   picados
2 cucharadas de cilantro o
   perejil fresco picado

*Si no desea un platillo muy
picante, retire las venas y las
semillas del chile.

CARNE CON TALLARÍN A LA TAILANDESA

Rinde 4 porciones

Corte los bisteces a lo ancho en tiras de 2.5 cm de grosor, y cada tira por la mitad. En un recipiente grande, ponga la carne, los chiles, el ajo y 1 cucharada de aceite.

Parta el tallarín en 3 o 4 trozos. Cueza el tallarín siguiendo las instrucciones del paquete; escúrralo y enjuáguelo. Mientras tanto, caliente una sartén grande o un wok a fuego medio-alto; sofría la mezcla de carne en tandas, de 30 a 60 segundos o hasta que la carne tenga el término deseado. Retire la mezcla de carne de la sartén; consérvela caliente.

En la misma sartén, con el aceite restante, sofría la zanahoria y el cebollín hasta que estén suaves. Agregue el tallarín cocido, la salsa para carne, el agua, el cacahuate y el cilantro; espolvoree el sobre de sazonador del tallarín. Caliente la mezcla; revuelva de vez en cuando. Regrese la carne a la sartén y deje que se caliente; revuelva un poco y sirva de inmediato.

CARNE CON TALLARÍN A LA TAILANDESA

1 lata (430 g) de
  rebanadas de piña, sin
  escurrir
¼ de taza de salsa teriyaki
2 cucharadas de miel
450 g de filete de espaldilla

ESPALDILLA MARINADA CON PIÑA

Rinde 4 porciones

1. Escurra la piña; conserve 2 cucharadas del jugo.

2. En un refractario de 2 litros de capacidad, mezcle el jugo de piña que conservó con la salsa teriyaki y la miel; revuelva bien. Agregue la carne; voltéela para bañarla. Cubra y refrigere durante 30 minutos por lo menos, o por toda la noche.

3. Retire la carne del refractario; conserve la marinada. Ase la carne sobre carbón caliente (o en asador eléctrico); barnice de vez en cuando con la marinada que conservó. Cueza por unos 4 minutos de cada lado para término crudo; por 5 minutos de cada lado para término medio, o durante 6 minutos de cada lado para término bien cocido. Durante los últimos 4 minutos de cocción, barnice las rebanadas de piña con la marinada; áselas hasta que estén bien calientes.

4. Rebane la carne a través de la fibra; acompáñela con las rebanadas de piña. Adorne, si lo desea.

TIEMPO DE PREPARACIÓN Y MARINADO: 35 minutos
TIEMPO DE COCCIÓN: 10 minutos

Consejo: *Deseche la marinada que haya tenido contacto con carne cruda, o hiérvala durante varios minutos antes de servirla con la comida cocida.*

1 ½ cucharaditas de mostaza
   en polvo
½ cucharadita de agua
1.350 kg de costillas de res, de
   unos 6.5 cm de largo
½ taza de salsa teriyaki
   para glasear
2 dientes de ajo
   machacados
¼ de cucharadita de
   pimienta roja molida
   (de Cayena)

COSTILLAS GLASEADAS

Rinde 4 porciones

Mezcle la mostaza con el agua hasta obtener una pasta suave; cúbrala y déjela reposar por 10 minutos. Mientras tanto, haga unas incisiones en la parte carnosa de las costillas, del lado opuesto al hueso, a 1.5 cm de distancia y de 1.5 cm de profundidad, tanto a lo largo como a lo ancho. Combine la salsa teriyaki, el ajo, la pimienta y la mezcla de mostaza. Ponga las costillas sobre el asador, de 12.5 a 17.5 cm del carbón caliente; barnícelas con la mezcla de teriyaki. Cuézalas hasta que estén doradas; voltéelas y barnícelas a menudo con el resto de la mezcla. (O ponga las costillas, con las incisiones hacia arriba, sobre la rejilla del asador eléctrico; barnícelas con la mezcla de teriyaki. Áselas de 10 a 12.5 cm de la fuente de calor, hasta que estén doradas; voltéelas y barnícelas con frecuencia con el resto de la mezcla.)

⅓ de taza de aceite vegetal
1.350 kg de bisteces de bola
   de res, en tiras
2 latas (de 120 g cada
   una) de champiñones
   rebanados, escurridos
2 pimientos morrones
   rojos, en tiras
1 cucharada de cinco
   especias chinas en
   polvo
3 cucharadas de salsa de
   soya
2 cucharadas de fécula de
   maíz
⅓ de taza de agua fría
   Arroz cocido y caliente

CARNE CON CINCO ESPECIAS

Rinde 12 porciones

1. En una sartén grande o en un wok, caliente el aceite a fuego alto. Agregue la carne y sofríala de 3 a 4 minutos.

2. Añada los champiñones, el pimiento y las cinco especias chinas. Cueza y revuelva por 1 minuto.

3. En un recipiente chico o en una taza medidora, vierta la salsa de soya, la fécula de maíz y el agua; revuelva bien. Vierta sobre la carne y cueza, revolviendo, hasta que la salsa esté clara y se espese. Sirva, bien caliente, sobre arroz cocido caliente, si lo desea.

Pasta Curry Masaman
(página 48) o ½ taza de
pasta curry Masaman
de lata

1 kg de papas (patatas)
blancas

4 cucharadas de aceite
vegetal

1 cebolla mediana, en tiras
de 0.5 cm

675 g de pierna o bola de res
sin hueso, en trozos de
2.5 cm

2 latas (de unos 400 ml
cada una) de leche de
coco sin endulzar

3 cucharadas de salsa de
pescado

1 pimiento morrón rojo
grande, en tiras

½ taza de cacahuates
(maníes) tostados,
picados

2 cucharadas de jugo de
limón

¼ de taza de albahaca
fresca picada o cilantro
picado

Arroz o tallarín cocido y
caliente (opcional)

Rebanadas de limón
para adornar

CARNE AL CURRY MASAMAN

Rinde 6 porciones

1. Prepare la Pasta Curry Masaman.

2. Pele las papas y córtelas en trozos de 3.5 cm. Póngalas en un tazón y cúbralas con agua fría.

3. En un wok o en una sartén grande, caliente 1 cucharada de aceite a fuego medio-alto. Agregue la cebolla y sofríala de 6 a 8 minutos o hasta que esté dorada. Con una espumadera, pase la cebolla a un recipiente.

4. Vierta 1 cucharada de aceite en el wok. Aumente el fuego a alto. Incorpore la mitad de la carne; sofríala de 2 a 3 minutos, hasta que esté dorada por todos lados.

5. Pase la carne a otro recipiente. Repita el procedimiento con el resto de la carne; si es necesario, añada 1 cucharada de aceite para evitar que se pegue.

6. Reduzca el fuego a medio. Ponga el aceite restante y la pasta de curry en el wok; cueza, revolviendo, de 1 a 2 minutos o hasta que suelte el aroma. Vierta la leche de coco y la salsa de pescado; revuelva para desprender del fondo los trozos de carne y las especias.

7. Regrese la carne al wok. Aumente el fuego a alto y deje hervir. Reduzca el fuego a bajo; tape y deje cocer por 45 minutos o hasta que la carne esté suave.

8. Escurra las papas e incorpórelas al wok con la cebolla. Cueza de 20 a 30 minutos más o hasta que las papas estén cocidas. Añada el pimiento; cueza de 1 a 2 minutos más o hasta que el pimiento esté bien caliente.

9. Ponga el cacahuate y el jugo de limón. Coloque en un platón y espolvoree encima la albahaca. Sirva con arroz o tallarín y adorne, si lo desea.

continúa en la página 48

CARNE AL CURRY MASAMAN

Carne al Curry Masaman,
continuación

PASTA CURRY MASAMAN

Ralladura de la cáscara de 2 limones
6 cucharadas de jengibre poco picado
3 cucharadas de ajo poco picado (de 10 a
**   12 dientes)**
2 cucharadas de comino molido
2 cucharadas de macís o nuez moscada molida
4 cucharaditas de azúcar morena
2 cucharaditas de canela en polvo
2 a 4 cucharaditas de pimienta roja molida*
2 cucharaditas de pimentón
2 cucharaditas de pimienta negra
2 cucharaditas de pasta de anchoas
1 cucharadita de cúrcuma molida
1 cucharadita de clavo molido

*Si prefiere un curry no muy picante, utilice 2 cucharaditas
de pimienta roja molida, y hasta 4 cucharaditas para una
pasta muy picante.

Ponga todos los ingredientes en el procesador de
alimentos; procese hasta que se forme una pasta seca.

---

340 g de filete de sirloin, en
**   tiras delgadas**
½ taza de salsa teriyaki
¼ de taza de agua
1 cucharada de fécula de
**   maíz**
1 cucharadita de azúcar
1 bolsa (450 g) de mezcla
**   fresca de brócoli,**
**   zanahoria y castañas**
**   de agua**

TERIYAKI DE RES

Rinde de 4 a 6 porciones

• Rocíe una sartén con aceite en aerosol; cueza la carne
de 7 a 8 minutos; revuelva de vez en cuando.

• Mezcle la salsa teriyaki con el agua, la fécula de maíz
y el azúcar; revuelva bien.

• Vierta la mezcla de salsa teriyaki sobre la carne y
agregue las verduras. Deje que hierva y de inmediato
reduzca el fuego a medio.

• Cueza de 7 a 10 minutos o hasta que el brócoli esté
bien caliente, revolviendo de vez en cuando.

TIEMPO DE PREPARACIÓN: de 5 a 10 minutos
TIEMPO DE COCCIÓN: 20 minutos

TERIYAKI DE RES

450 g de filete de sirloin de
    res, sin hueso, de
    2.5 cm de grosor
¼ de taza de salsa hoisin
2 cucharadas de salsa de
    soya baja en sodio
1 cucharada de agua
2 cucharaditas de aceite
    oscuro de ajonjolí
2 dientes de ajo
    machacados
⅛ a ¼ de cucharadita de
    pimienta roja
    machacada
120 g de vermicelli o
    espagueti delgado sin
    cocer
1 bolsa (285 g) de
    espinaca, enjuagada,
    sin tallo y en rebanadas
    delgadas
1 taza de germinado de
    soya fresco, enjuagado
    y escurrido
¼ de taza de cebollín
    rebanado

SIRLOIN Y ESPINACA SOFRITOS CON TALLARÍN

Rinde 4 porciones (de 1½ tazas)

1. Quite la grasa de la carne. Corte la carne a lo largo por la mitad, y después a lo ancho en tiras de 0.3 cm. Combine la salsa hoisin, la salsa de soya, el agua, el aceite, el ajo y la pimienta; vierta la mitad de la mezcla sobre la carne. Cubra y marine en el refrigerador por 10 minutos. Reserve el resto de la marinada.

2. Mientras tanto, cueza el vermicelli siguiendo las instrucciones de la envoltura; escúrralo.

3. Retire la carne de la marinada y deseche ésta. Caliente una sartén antiadherente grande a fuego medio-alto. Ponga la carne (en dos tandas) y sofríala de 1 a 2 minutos o hasta que la superficie pierda su color rosado. (No la cueza de más.) Retírela de la sartén con una espumadera; consérvela caliente.

4. En la misma sartén, ponga el vermicelli, la espinaca, el germinado de soya, el cebollín y la marinada que reservó. Cueza hasta que la espinaca esté cocida y la mezcla esté bien caliente; revuelva de vez en cuando. Regrese la carne a la sartén; revuelva un poco. Sirva de inmediato.

TIEMPO DE PREPARACIÓN Y COCCIÓN: 30 minutos

AROMÁTICO GUISADO ASIÁTICO

Rinde de 6 a 8 porciones

4 cucharadas de aceite
   vegetal
1.350 kg de carne de res, en
   trozos de 3 cm
12 chalotes pelados
2 cebollas medianas
   picadas
4 dientes de ajo picados
3 tazas de agua
2 cucharadas de azúcar
1½ cucharaditas de sal
1 cucharadita de semillas
   de anís
¼ de cucharadita de canela
   molida
¼ de cucharadita de
   pimienta negra
2 hojas de laurel
450 g de zanahoria pelada
450 g de nabo blanco (3 o 4)
   o 1 rábano tipo icicle o
   daikon japonés
3 tiras (de 5×0.5 cm) de
   cáscara de limón
1 lata (180 g) de pasta de
   tomate rojo
Germinado de daikon
   japonés, atado con
   cebollín, para adornar
Rebanadas de pan
   francés (opcional)

1. Caliente un wok a fuego alto por 1 minuto; luego rocíe 1 cucharada de aceite y caliéntelo por 30 segundos. Agregue la mitad de la carne y sofríala durante unos 5 minutos o hasta que se dore. Pase la carne a un recipiente. Repita el procedimiento con 1 cucharada de aceite y el resto de la carne. Ponga la carne en el mismo recipiente. Reduzca el fuego a medio.

2. Rocíe el wok con 1 cucharada de aceite y caliéntelo por 30 segundos. Añada el chalote; sofríalo durante unos 3 minutos o hasta que esté ligeramente dorado. Transfiéralo a un recipiente chico. Vierta en el wok el aceite restante y caliéntelo por 30 segundos. Incorpore la cebolla y el ajo; sofríalos durante 2 minutos.

3. Regrese al wok la carne con su jugo. Agregue el agua, el azúcar, la sal, el anís, la canela, la pimienta y las hojas de laurel. Tape y deje que hierva a fuego alto. Reduzca el fuego a bajo y deje cocer por 1¼ horas o hasta que la carne esté casi suave.

4. Mientras tanto, corte las zanahorias en trozos de 4 cm. Pele el nabo o el rábano. Corte cada nabo en 8 rebanadas, o el rábano en trozos de 5 cm de largo y luego en rebanadas.

5. Incorpore a la carne la zanahoria, el nabo, el chalote y la cáscara de limón. Tape y cueza por 30 minutos más o hasta que la carne esté suave; revuelva de vez en cuando.

6. Saque y deseche las hojas de laurel y la cáscara de limón. Vierta la pasta de tomate rojo en el guiso. Cueza, revolviendo, hasta que la salsa hierva y se espese. Pase a un platón. Adorne y acompañe con pan, si lo desea.

1 paquete (de unos 120 g) de fideos de soya
450 g de filete de lomo o de sirloin de res
225 g de tofu firme
12 champiñones shiitake o botón frescos (unos 180 g)
½ taza de caldo de res
½ taza de salsa teriyaki
¼ de taza de sake, vino de arroz o jerez seco
1 cucharada de azúcar
2 cucharadas de aceite vegetal
6 cebollines enteros, cortados diagonalmente en trozos de 5 cm de largo
225 g de espinaca fresca, lavada, sin tallos y seca
Arroz cocido y caliente (opcional)

WOK SUKIYAKI

Rinde 4 porciones

1. Ponga los fideos en un tazón; cúbralos con agua fría. Déjelos reposar por 30 minutos o hasta que se suavicen; escúrralos. Córtelos en trozos de 10 cm de largo.

2. Rebane la carne, a través de la fibra, en tiras de 0.5 cm de grosor.

3. Escurra el tofu sobre toallas de papel. Córtelo en cubos de 2.5 cm.

4. Desprenda los tallos de los champiñones y deséchelos. Con un cuchillo chico para pelar, corte una cruz decorativa en el centro de cada sombrero de champiñón.

5. En un recipiente chico, mezcle el caldo con la salsa teriyaki, el sake y el azúcar; revuelva bien.

6. Caliente el wok a fuego alto por 1 minuto. Rocíe 1 cucharada de aceite y caliéntelo durante 30 segundos. Agregue la mitad de la carne; sofríala por 3 minutos o hasta que se dore. Retírela del wok y póngala en un tazón. Repita el procedimiento con el aceite y la carne restantes.

7. Reduzca el fuego a medio. Añada el champiñón al wok; sofríalo por 1 minuto y muévalo a un lado en el wok. Ponga el tofu en el centro del wok; sofríalo durante 1 minuto, revolviendo con delicadeza. Colóquelo en otro lado del wok. Incorpore el cebollín en el centro de wok; vierta la mezcla de caldo y deje que hierva. Mueva el cebollín a otro lado en el wok.

8. Agregue los fideos y la espinaca; consérvelos en montones separados y revuelva con delicadeza para que se suavicen con la salsa teriyaki. Muévalos a un lado en el wok. Ponga la carne y su jugo; deje que se caliente bien.

9. Acomode el wok en su base sobre la mesa. Acompañe con arroz, si lo desea.

WOK SUKIYAKI

1 cucharada de semillas
de ajonjolí
1.125 kg de costillas de res,
cortadas
transversalmente, de
1 a 1.5 cm de grosor*
¼ de taza de cebollín
picado
¼ de taza de salsa de soya
¼ de taza de agua
1 cucharada de azúcar
2 cucharaditas de aceite
oscuro de ajonjolí
2 cucharaditas de jengibre
fresco rallado
2 dientes de ajo picados
½ cucharadita de pimienta
negra

*Pida a su carnicero que corte las
costillas transversalmente, a través
del hueso, de 1 a 1.5 cm de grosor.

COSTILLITAS COREANAS

Rinde de 4 a 6 porciones

1. En una sartén grande seca, ponga las semillas de ajonjolí. Tuéstelas, moviendo la sartén, a fuego medio-bajo hasta que comiencen a saltar y a dorarse, por unos 3 minutos.

2. Coloque las costillas en una bolsa grande de plástico. En un recipiente chico, combine el cebollín con la salsa de soya, el agua, el azúcar, el aceite, el jengibre, el ajo y la pimienta; vierta la mezcla sobre las costillas. Selle la bolsa herméticamente; voltéela para bañar la carne. Marine en el refrigerador durante 4 horas por lo menos o hasta por 24 horas; voltee la bolsa de vez en cuando.

3. Prepare el asador para cocción directa.

4. Escurra las costillas; conserve la marinada. Ponga las costillas sobre la parrilla del asador y áselas con el asador cerrado, con el carbón rojo, por 5 minutos. Barnice ligeramente la parte superior de las costillas con la marinada que conservó; voltéelas y vuelva a barnizarlas. Deseche el resto de la marinada. Continúe asando, tapado, de 5 a 6 minutos para término medio o hasta que tengan el término deseado. Espolvoréelas con las semillas de ajonjolí.

COSTILLITAS COREANAS

1 lomo de res o filete de lomo, deshuesado, de 2.5 cm de grosor (unos 450 g)
2 cucharaditas de jengibre fresco picado
2 dientes de ajo picados
1 cucharada de aceite de cacahuate (maní) o vegetal
3 tazas de floretes de brócoli
¼ de taza de agua
⅓ de taza de salsa para sofreír
Arroz blanco cocido y caliente (opcional)

RES CON BRÓCOLI

Rinde 4 porciones

1. Corte la carne, a través de la fibra, en rebanadas de 0.3 cm de grosor; corte cada rebanada en trozos de 4 cm. En un recipiente mediano, mezcle la carne con el jengibre y el ajo.

2. Caliente un wok o una sartén grande a fuego medio-alto. Vierta el aceite y deje que se caliente. Ponga la mezcla de carne; sofríala de 3 a 4 minutos hasta que la carne casi haya perdido su color rosado en el centro. Retírela de la sartén.

3. Añada el brócoli y el agua al wok; tape y deje cocer, al vapor, de 3 a 5 minutos hasta que el brócoli esté suave.

4. Regrese la carne al wok junto con el jugo que se haya acumulado. Vierta la salsa para sofreír. Cueza hasta que esté bien caliente. Sirva sobre arroz, si lo desea.

½ taza de marinada tailandesa de jengibre con jugo de limón
450 g de filete de espaldilla, en tiras delgadas
1 cucharada de aceite
2 tazas de floretes de brócoli
1 pimiento morrón rojo picado
2 cucharadas de salsa de soya
1 cucharadita de fécula de maíz
1 cucharadita de ajo en polvo con perejil
1 bolsa (225 g) de vermicelli o tallarín estilo japonés, cocido

CARNE Y TALLARÍN CON JENGIBRE

Rinde 4 porciones

En una bolsa grande de plástico, ponga la marinada y la carne. Marine en el refrigerador por 30 minutos. Saque la carne de la bolsa. Caliente el aceite en una sartén grande; agregue el brócoli y el pimiento morrón; sofríalos a fuego alto por 2 minutos. En la misma sartén, agregue la carne; sofríala a fuego alto de 5 a 7 minutos. En un recipiente chico, mezcle la salsa de soya, la fécula de maíz y el ajo en polvo con perejil; revuelva bien. Añada a la carne; cueza a fuego medio hasta que la salsa se espese. Incorpore el brócoli y el pimiento morrón; caliente muy bien. Sirva sobre el tallarín.

Sugerencia para Servir: *Sirva como plato fuerte con guarnición de fruta tropical fresca.*

RES CON BRÓCOLI

1 cucharada de semillas de ajonjolí

¼ de taza da salsa de soya

1 cebollín entero

1 cucharada de jerez seco

1 cucharada de vinagre de vino tinto

1 ½ cucharaditas de azúcar

1 diente de ajo picado

½ cucharadita de aceite de ajonjolí

CORDERO

450 g de cordero deshuesado* (pierna o paleta)

2 poros (puerros) chicos, en tiras de 5 cm de largo

4 cebollines enteros, en tiras de 5 cm de largo

4 cucharadas de aceite vegetal

4 rebanadas de jengibre fresco pelado

Aceite con chile (opcional)

2 zanahorias ralladas

1 calabacita rallada

1 pimiento verde y uno rojo, en trozos del tamaño de un cerillo

½ col napa chica, en rebanadas delgadas

1 taza de germinado de soya, enjuagado

*O utilice carne de cerdo o filete de espaldilla de res, sin hueso.

CORDERO MONGOL

Rinde 4 porciones

1. Para la salsa, ponga las semillas de ajonjolí en una sartén chica. Con cuidado, mueva la sartén a fuego medio, hasta que las semillas comiencen a saltar y a dorarse, por unos 2 minutos; déjelas enfriar.

2. Machaque las semillas en un mortero (o póngalas entre toallas de papel y macháquelas con un rodillo); con un cuchillo, levante la pasta de ajonjolí y pásela a un recipiente chico. Agregue el resto de los ingredientes para la salsa; revuelva bien.

3. Rebane la carne, a través de la fibra, en tiras de 5×0.5 cm. Acomode la carne y todas las verduras en un platón grande. Coloque la Salsa de Ajonjolí, el aceite vegetal, el jengibre y el aceite con chile cerca del área de cocción.

4. Al momento de servir, caliente un wok o una parrilla eléctrica a 180 °C. Cueza una porción a la vez. Para cada porción; caliente 1 cucharada de aceite vegetal y agregue una rebanada de jengibre; fríala por 30 segundos y deséchela. Añada ½ taza de tiras de carne; sofríalas hasta que estén ligeramente doradas, más o menos durante 1 minuto. Incorpore 2 tazas de verduras surtidas; sofríalas por 1 minuto. Rocíe con 2 cucharadas de Salsa de Ajonjolí y sofría durante 30 segundos. Sazone con unas cuantas gotas de aceite con chile. Repita el procedimiento con los ingredientes restantes.

3 cucharadas de salsa de soya

1 cucharada de jengibre fresco picado

2 dientes de ajo picados

¼ de cucharadita de pimienta roja machacada

1 lomo de res o filete de sirloin de res, sin hueso, de 2.5 cm de grosor (unos 450 g)

¾ de taza de caldo de res o de consomé de pollo

3½ cucharaditas de fécula de maíz

2 cucharadas de aceite de cacahuate (maní) o vegetal

1 cebolla amarilla grande, en rebanadas delgadas

½ cucharadita de azúcar Arroz blanco cocido y caliente (opcional)

¼ de taza de cilantro poco picado o de cebollín rebanado, para adornar

CARNE CON JENGIBRE

Rinde 4 porciones

1. En un recipiente mediano, mezcle la salsa de soya, el jengibre, el ajo y la pimienta. Corte la carne, a través de la fibra, en rebanadas de 0.3 cm de grosor, y cada rebanada en trozos de 3.5 cm. Bañe la carne con la mezcla de salsa de soya y déjela marinar, a temperatura ambiente, por 20 minutos, o cúbrala y refrigérela hasta por 4 horas.

2. En una taza, disuelva la fécula de maíz en el caldo hasta que se suavice.

3. Caliente un wok o una sartén grande a fuego medio. Agregue 1 cucharada de aceite; deje que se caliente. Ponga la cebolla y sofríala por 5 minutos. Espolvoree el azúcar sobre la cebolla; cueza durante 5 minutos más o hasta que la cebolla empiece a dorarse; revuelva de vez en cuando. Retire la cebolla.

4. En el wok, caliente el aceite restante a fuego medio-alto. Escurra la carne; conserve la marinada. Ponga la carne en el wok; sofríala hasta que casi haya perdido su color rosado en el centro. Regrese la cebolla al wok. Revuelva la mezcla de caldo y viértala en el wok junto con la marinada. Sofría por 1 minuto o hasta que la salsa hierva y se espese. Sirva sobre arroz, si lo desea. Adorne con cilantro.

1 lata (225 g) de piña
   rebanada en su jugo,
   escurrida (conserve el
   jugo)
½ taza de salsa para carne
3 cucharadas de salsa
   teriyaki
1 cucharadita de jengibre
   molido
1 espaldilla de res o bola
   de res, ligeramente
   picada (unos 675 g)

Teriyaki de Filete Marinado y Piña

Rinde 6 porciones

En un recipiente chico, mezcle el jugo de la piña, la salsa para carne, la salsa teriyaki y el jengibre. Ponga la carne en un recipiente no metálico y báñela con la mezcla de jugo. Tape y refrigere por 1 hora; voltéela de vez en cuando.

Saque la carne de la marinada; no deseche la marinada. Ase la carne a fuego medio-alto, con carbón o en un asador eléctrico, a 10 cm de la fuente de calor, de 15 a 20 minutos o hasta que tenga el término deseado; voltéela y rocíela de vez en cuando con la marinada. Ase las rebanadas de piña por 1 minuto; voltéelas una vez. En una olla chica, hierva la marinada a fuego alto; deje cocer por 5 minutos o hasta que se espese. Rebane la carne a través de la fibra; acompáñela con las rebanadas de piña y la salsa caliente. Adorne al gusto.

340 g de carne molida de
    res, extra magra
1 diente de ajo picado
1 cucharadita de aceite
180 g de tirabeques (vainas),
    partidos por la mitad a
    lo largo
1 pimiento morrón rojo,
    en tiras
1 lata (435 g) de elote
    (maíz) baby, enjuagado
1 cucharada de salsa de
    soya
1 cucharadita de aceite de
    ajonjolí oscuro
  Sal y pimienta negra
2 tazas de arroz cocido

Res con Tirabeques y Elote Baby

Rinde 4 porciones

En un wok o en una sartén grande, dore la carne molida; escurra la grasa y agregue el ajo; cueza hasta que el ajo se suavice. Retire la carne del wok. Limpie el wok con una toalla de papel.

Caliente el aceite vegetal en el wok a fuego medio-alto. Agregue los tirabeques y el pimiento morrón; sofríalos de 2 a 3 minutos o hasta que estén suaves. Incorpore la carne molida, el elote, la salsa de soya y el aceite de ajonjolí. Sazone con sal y pimienta negra al gusto. Sirva sobre el arroz.

TERIYAKI DE FILETE MARINADO Y PIÑA

4 rebanadas delgadas de filete de bola de res (de 210 a 225 g cada uno)

2 zanahorias medianas, peladas y partidas por la mitad

2 chivirías medianas, peladas y partidas por la mitad

8 ejotes (judías verdes) chicos, partidos por la mitad a lo largo

4 cucharadas de aceite vegetal

390 ml de caldo de res

1 jengibre fresco (de unos 4 cm de largo), pelado y partido en 6 rebanadas (de 0.5 cm de grosor)

¼ de cucharadita de pimienta roja molida

1 tomate rojo chico, en 6 rebanadas

1 cucharada de vino de arroz o jerez seco

1 cucharada de salsa de soya

1 cucharadita de azúcar

1 cucharadita de fécula de maíz

1 cucharadita de aceite oscuro de ajonjolí

Hojas de lechuga o mizuna japonesa*

Kimchee (opcional)

*La mizuna es una hoja verde para ensalada. Puede encontrarla en tiendas especializadas.

ROLLOS SEÚL DE CARNE CON VERDURAS

Rinde 4 porciones

1. Corte cada rebanada de carne a lo ancho en 2 trozos (de unos 10 a 12.5 cm de largo). Corte las zanahorias y las chivirías a lo largo en tiras del grosor de un lápiz.

2. Acomode ⅛ de zanahoria, ⅛ de chiviría y 2 mitades de ejote en cada trozo de carne, a lo largo del extremo corto. Enrolle la carne comenzando por un extremo corto, cubriendo las verduras; afiance con agujas cortas.

3. Caliente un wok a fuego alto por 1 minuto, y rocíelo con 2 cucharadas de aceite vegetal; agregue 4 rollos de carne. Fríalos hasta que estén dorados; voltéelos de vez en cuando. Páselos a un recipiente.

4. Regrese todos los rollos al wok. Añada 1 taza de caldo de res, el jengibre y la pimienta. Tape y deje que hierva. Reduzca el fuego a bajo; deje cocer los rollos por 1 hora o hasta que la carne se sienta suave cuando la pique con un tenedor.

5. De la punta de cada rebanada de tomate rojo, desprenda la piel de la pulpa hasta la mitad de la rebanada. Con delicadeza, doble hacia atrás la piel para formar un "pétalo".

6. Coloque los rollos cocidos en una tabla para picar. Vierta el líquido del wok en una taza. Deseche el jengibre. Agregue suficiente caldo de res o agua hasta obtener ⅔ de taza; vacíelo en el wok y hiérvalo. Mientras tanto, combine el vino, la salsa de soya, el azúcar, la fécula de maíz y el aceite de ajonjolí; revuelva y vierta en el wok. Cueza hasta que el líquido hierva y se espese.

7. Quite las agujas de los rollos de carne. Corte los rollos por la mitad. Acomódelos en un platón cubierto con lechuga. Adorne con las rebanadas de tomate con "pétalo". Acompañe con salsa y el kimchee, si lo desea.

ROLLOS SEÚL DE CARNE CON VERDURAS

2 cucharadas de orellana (champiñón asiático), hongo negro (de la madera) u otro champiñón asiático seco
2 cucharadas de Sal con Ajonjolí (página 66)
150 g de espinaca fresca, lavada y sin tallos
120 g de vermicelli chino de huevo o fideos de soya mung
2 cucharadas de salsa de soya
1 cucharadita de aceite oscuro de ajonjolí
2 cucharadas de aceite vegetal
1 taza de zanahoria, en tiras del tamaño de un cerillo
1 cebolla mediana, partida por la mitad y en rebanadas delgadas
1 jengibre fresco (de 2.5 cm cuadrados), finamente picado
1 cucharadita de ajo picado
225 g de filete de espaldilla, en trozos de 5 cm de largo
1 cucharadita de azúcar
⅛ de cucharadita de pimienta negra
Salsa de soya adicional
Chalote y flores de chalote para adornar

VERDURAS Y FIDEOS CON CARNE (CHAP CH'AE)

Rinde 4 porciones

1. Ponga los champiñones en un tazón; cúbralos con agua caliente y déjelos reposar por 30 minutos. Escurra los champiñones. Quite y deseche los tallos. Corte los sombreros en rebanadas delgadas.

2. Mientras tanto, prepare la Sal con Ajonjolí. En una olla, ponga a hervir 1 litro de agua con un poco de sal. Agregue la espinaca; deje que vuelva a hervir. Cueza de 2 a 3 minutos; escurra la espinaca y, de inmediato, sumérjala en agua fría. Póngala en un escurridor. Déjela reposar hasta que esté lo suficientemente fría para manejarla. Exprima la espinaca para eliminar el exceso de humedad; píquela finamente.

3. Ponga a hervir 2 litros de agua. Añada el fideo; cuézalo. Escúrralo y, de inmediato, vierta agua fría sobre él. Córtelo en trozos chicos. Regrese el fideo a la olla; vierta 1 cucharada de salsa de soya y el aceite de ajonjolí; revuelva para bañarlo. Consérvelo caliente.

4. En un wok, caliente 1 cucharada de aceite vegetal a fuego medio-alto. Ponga la zanahoria; sofríala por 5 minutos o hasta que esté suave. Incorpore el champiñón y la cebolla; sofríalos durante 2 minutos o justo hasta que se suavicen. Retire las verduras del wok.

5. Caliente el wok a fuego alto por 1 minuto. Rocíe el aceite vegetal restante; caliéntelo por 30 segundos. Agregue el jengibre y el ajo; sofríalos durante 30 segundos o hasta que suelten su aroma.

6. Incorpore la carne; sofríala hasta que empiece a dorarse. Retire el wok del fuego; sazone con la Sal con Ajonjolí, el azúcar, la pimienta y la salsa de soya restante.

continúa en la página 66

VERDURAS Y FIDEOS CON CARNE (CHAP CH'AE)

Verduras y Fideos con Carne
(Chap Ch'ae), continuación

7. Regrese las verduras y el fideo al wok; cueza, revolviendo, hasta que se calienten bien. Vierta salsa de soya adicional al gusto. Adorne con los chalotes y las flores de chalote.

SAL CON AJONJOLÍ

½ taza de semillas de ajonjolí
¼ de cucharadita de sal

1. En una sartén grande, caliente las semillas de ajonjolí a fuego medio-bajo; revuelva o mueva la sartén con frecuencia hasta que las semillas comiencen a brincar y a dorarse, de 4 a 6 minutos. Deje que se enfríen.

2. Machaque las semillas de ajonjolí tostadas y la sal en un mortero, o procese en un molinillo para especias. Refrigere en un frasco de vidrio con tapa.

---

1 paquete (115 g) de fideos de soya
1 filete de sirloin de res, sin hueso, de 2.5 cm de grosor (unos 450 g)
2 dientes de ajo picados
1 cucharadita de jengibre fresco picado
1 cucharada de aceite de cacahuate (maní) o vegetal
½ taza de caldo de res o de consomé de pollo
2 cucharadas de salsa de ostión
2 tazas de col napa poco picada

CARNE CON FIDEOS DE SOYA Y COL

Rinde 4 porciones

1. Ponga el fideo de soya en un recipiente mediano; cúbralo con agua tibia. Déjelo remojar por 15 minutos para que se suavice; escúrralo bien. Córtelo en trozos de 5 cm de largo.

2. Corte la carne, a través de la fibra, en rebanadas de 0.3 cm de grosor; corte cada rebanada en trozos de 5 cm de largo. En un recipiente mediano, ponga la carne con el ajo y el jengibre.

3. Caliente un wok o una sartén grande a fuego medio-alto. Vierta el aceite; caliéntelo e incorpore la mezcla de carne; sofríala de 2 a 3 minutos hasta que la carne casi pierda el color rosado en el centro. Agregue el jugo de carne, la salsa de ostión y la col; sofríalos por 1 minuto. Incorpore el fideo de soya; sofríalo de 1 a 2 minutos hasta que se absorba el líquido.

2 cucharadas de salsa de
   soya
3 cucharaditas de fécula
   de maíz
375 g de filete de espaldilla,
   en rebanadas delgadas
2 cucharadas de jerez seco
1 cucharadita de aceite
   oscuro de ajonjolí
1 cucharadita de pasta de
   chile (opcional)
2 cucharadas de aceite
   vegetal
1 cebolla grande (de 360 a
   420 g), rebanada
   verticalmente
1 cucharadita de ajo picado
   Chiles rojos enteros
   secos al gusto
1 cucharada de agua

PICANTE CARNE CON CEBOLLA

Rinde unas 4 porciones

En un recipiente mediano, disuelva 1 cucharadita de
fécula de maíz con 1 cucharada de salsa de soya.
Agregue la carne y báñela con la mezcla. Deje reposar
por 30 minutos. En un recipiente chico, combine la
salsa de soya restante con el jerez, el aceite de ajonjolí y
la pasta de chile, si lo desea. Caliente un wok o una
sartén grande a fuego alto. Vierta el aceite y extiéndalo
hacia los costados. Incorpore la cebolla, el ajo y los
chiles; fríalos hasta que la cebolla esté suave. Añada la
carne; sofríala por 2 minutos o hasta que empiece a
dorarse. Vierta la mezcla de soya y revuelva bien. En el
agua, disuelva la fécula de maíz restante; vacíe en el
wok y cueza, revolviendo, hasta que la salsa hierva y se
espese.

---

450 g de carne molida de res
2 paquetes (de 90 g cada
   uno) de tallarín
   instantáneo sabor
   oriental
2 tazas de agua
2 tazas de mezcla oriental
   de verduras congelada
⅛ de cucharadita de
   jengibre molido
2 cucharadas de cebollín,
   en rebanadas delgadas

CARNE ORIENTAL CON TALLARÍN

Rinde 4 porciones

1. En una sartén antiadherente grande, dore la carne
molida a fuego medio, de 8 a 10 minutos o hasta que
pierda su color rosado. Retírela con una espumadera;
deseche la grasa. Sazone la carne con uno de los sobres
de sazonador de los tallarines.

2. En la misma sartén, mezcle el agua con la verdura,
los tallarines, el jengibre y el sobre de sazonador
restante. Hierva y reduzca el fuego. Tape; deje cocer por
3 minutos o hasta que el tallarín esté suave; revuelva de
vez en cuando.

3. Regrese la carne a la sartén; deje que se caliente.
Incorpore el cebollín antes de servir.

450 g de bola o espaldilla de
res, sin hueso
3 cucharadas de salsa de
soya baja en sodio
1 cucharada de fécula de
maíz
1 cucharada de azúcar
morena
1 ½ cucharaditas de aceite
oscuro de ajonjolí
¼ de cucharadita de
pimienta roja machacada
3 cucharadas de aceite
vegetal
1 pimiento morrón verde
chico, en tiras
1 pimiento morrón rojo
chico, en tiras
1 pimiento morrón
amarillo chico, en tiras
1 cebolla mediana, en
trozos de 2.5 cm
2 dientes de ajo picados
Arroz cocido y caliente

FILETE CON TRES PIMIENTOS

Rinde 4 porciones

■ Corte la carne, a través de la fibra, en rebanadas de
0.5 cm de grosor. En un recipiente mediano, mezcle la
salsa de soya, la fécula de maíz, el azúcar morena, el
aceite de ajonjolí y la pimienta; revuelva hasta que se
suavice. Agregue la carne y revuelva para bañarla.

■ Caliente un wok a fuego alto durante 1 minuto,
aproximadamente. Rocíe 1 cucharada de aceite y
caliéntelo por 30 segundos. Agregue las tiras de
pimiento; sofríalas hasta que estén suaves. Páselas a un
recipiente grande. Vierta en el wok 1 cucharada de
aceite y déjelo calentar durante 30 segundos. Añada la
mitad de la mezcla de carne; sofríala hasta que esté
bien dorada. Ponga la carne en el recipiente con el
pimiento. Repita el procedimiento con el aceite y la
mezcla de carne restantes. Reduzca el fuego a medio.

■ Agregue la cebolla; sofríala por unos 3 minutos o
hasta que se suavice; ponga el ajo y sofríalo durante
30 segundos. Regrese al wok los pimientos, la carne y el
jugo que se haya acumulado; deje que se calienten bien.
Sirva sobre el arroz.

FILETE CON TRES PIMIENTOS

½ taza de salsa para carne
2 cucharadas de salsa de
    soya
2 cucharadas bien
    compactas de azúcar
    morena
2 dientes de ajo picados
1 cucharadita de jengibre
    fresco rallado
1 sirloin de res, sin hueso
    (450 g), de unos 2.5 cm
    de grosor, en
    rebanadas delgadas
2 tazas de floretes de
    brócoli, blanqueados
2 tazas de sombreros de
    champiñón (unos
    16 champiñones)
1 taza de trozos de piña
2 cucharadas de semillas
    de ajonjolí, tostadas

BROCHETAS DE TERIYAKI DE RES

Rinde 4 porciones

Remoje en agua 8 brochetas de madera (de 25 cm de largo), durante 30 minutos por lo menos.

En un recipiente chico, combine la salsa para carne, la salsa de soya, el azúcar, el ajo y el jengibre. Coloque la carne en un recipiente no metálico; vierta la mezcla sobre la carne. Cubra y refrigere por 1 hora; báñela de vez en cuando.

Escurra la carne y deseche la marinada. Alternadamente, ensarte la carne, el brócoli, los champiñones y la piña en las brochetas. Ase las brochetas a la parrilla o en un asador eléctrico, a fuego medio, a 15 cm de la fuente de calor, de 5 a 8 minutos o hasta que la carne tenga el término deseado; voltéelas de vez en cuando. Espolvoree las brochetas con las semillas de ajonjolí. Sirva de inmediato sobre arroz cocido y caliente. Adorne al gusto.

½ taza de aderezo italiano
2 cucharadas bien
    compactas de azúcar
    morena
2 cucharadas de salsa de
    soya
½ cucharadita de jengibre
    molido (opcional)
1 espaldilla o bola de res
    (de 450 a 675 g)

FILETE ORIENTAL

Rinde 6 porciones

En un refractario grande o en una bolsa de plástico, mezcle todos los ingredientes, excepto la carne. Agregue la carne; voltéela para bañarla.

Cubra o cierre la bolsa; marine en el refrigerador de 3 a 24 horas, volteándola de vez en cuando.

Retire la carne y conserve la marinada. Ásela en el asador o en parrilla eléctrica, volteándola una vez, hasta que esté cocida.

Mientras tanto, en una cacerola chica, hierva la marinada por 1 minuto. Viértala sobre la carne.

SANOS RES Y CORDERO 71

BROCHETAS DE TERIYAKI DE RES

2 cucharaditas de Garam Masala (página 149)
675 g de carne molida de cordero
2 huevos
1½ tazas de cebolla finamente picada
½ taza de cilantro picado
2 dientes de ajo picados
1½ cucharaditas de sal
1 cucharadita de jengibre fresco picado
24 almendras enteras blanqueadas
1 cucharada de aceite de cacahuate (maní)
1 cucharadita de cilantro molido
1 cucharadita de comino molido
1 cucharadita de chile en polvo
½ cucharadita de cúrcuma
2 tomates rojos, pelados, sin semillas y picados
½ taza de agua
1 taza de yogur natural Cilantro fresco y chiles para adornar

KOFTAS (ALBÓNDIGAS DE CORDERO CON GRAVY)

Rinde 6 porciones

1. Prepare el Garam Masala. Ponga 2 cucharaditas en un recipiente mediano. Agregue la carne, los huevos, ½ taza de cebolla, el cilantro, el ajo, ½ cucharadita de sal y el jengibre; revuelva bien. Tape y refrigere durante 1 hora por lo menos, o por toda la noche.

2. Divida la mezcla en 24 porciones. Al formar cada albóndiga, inserte 1 almendra en el centro de la mezcla.

3. En una sartén grande, caliente el aceite a fuego medio-alto; luego añada la mitad de las albóndigas, y cuézalas por 8 minutos o hasta que se doren; voltéelas con frecuencia. Retire las albóndigas de la sartén y repita el procedimiento con las albóndigas restantes.

4. Reduzca el fuego a medio y agregue la cebolla restante. Fríala de 6 a 8 minutos o hasta que se dore. Incorpore la sal restante, el cilantro, el comino, el chile en polvo y la cúrcuma. Añada el tomate y cuézalo por 5 minutos o hasta que se suavice.

5. Vierta el agua; hierva a fuego alto. Incorpore las albóndigas. Reduzca el fuego a medio-alto. Deje cocer por 15 minutos o hasta que estén bien cocidas. Pase las albóndigas a un platón; consérvelas calientes.

6. Retire la sartén del fuego; vierta el yogur en un recipiente chico. Incorpore varias cucharadas de la mezcla caliente. Vacíe el yogur en la salsa de la sartén. Cueza a fuego medio-bajo hasta que la salsa se espese. No deje hervir. Vierta la salsa sobre las albóndigas. Adorne, si lo desea.

1 taza de salsa para carne
1 ½ cucharaditas de curry en
polvo
1 bola de res (450 g), en
rebanadas delgadas
2 cebollas medianas, en
gajos
1 pimiento morrón verde,
en cubos
8 trozos de piña
⅓ de taza de yogur natural
bajo en grasa
Arroz o tallarín cocido y
caliente

BROCHETAS DE RES AL CURRY

Rinde 4 porciones

Remoje en agua 8 brochetas de madera (de 25 cm),
durante 30 minutos por lo menos.

En un recipiente chico, mezcle la salsa para carne y el
curry. En un recipiente no metálico, ponga las tiras de
carne, la cebolla y el pimiento; bañe con la mezcla de
salsa para carne. Cubra y refrigere por 1 hora; revuelva
de vez en cuando.

Retire de la marinada la carne, la cebolla y el pimiento;
conserve la marinada. De manera alternada, ensarte las
tiras de carne (en forma de acordeón), la cebolla, el
pimiento y la piña en las brochetas. Ase las brochetas a
la parrilla o en un asador eléctrico, a fuego medio, a
15 cm de la fuente de calor, de 8 a 10 minutos o hasta
que la carne tenga el término deseado; voltéelas de vez
en cuando.

Mientras tanto, en una olla chica, a fuego alto, caliente
la marinada que conservó y deje que hierva por
5 minutos o hasta que se espese. Retire del fuego;
incorpore el yogur. De inmediato, sirva las brochetas
con la salsa caliente y el arroz.

1 cucharada de semillas
de ajonjolí
2 cucharadas de aceite
vegetal
450 g de sirloin de res, sin
hueso, en tiras de
0.5 cm de grosor
225 g de champiñón rebanado
2 calabacitas medianas, en
tiras delgadas
1 cebolla grande, partida
por la mitad en
rebanadas delgadas
3 cucharadas de salsa
teriyaki
1 cucharadita de azúcar
½ cucharadita de sal
¼ de cucharadita de
pimienta negra
Arroz cocido y caliente

CARNE BENIHANA

Rinde 4 porciones

■ Caliente un wok a fuego alto durante 1 minuto. Ponga las semillas de ajonjolí; dórelas un poco. Páselas a un recipiente chico.

■ Rocíe el wok con 1 cucharada de aceite; caliéntelo por 30 segundos. Agregue la carne; sofríala durante unos 2 minutos o hasta que esté bien dorada por fuera y cruda por dentro. Ponga la carne en un recipiente grande. Reduzca el fuego a medio.

■ Vierta el aceite restante en el wok; caliéntelo por 30 segundos. Añada el champiñón, la calabacita y la cebolla; sofríalos durante unos 5 minutos o hasta que las verduras estén suaves. Incorpore la salsa teriyaki, el azúcar, la sal y la pimienta. Regrese la carne con su jugo al wok; cueza hasta que esté bien caliente. Sirva el arroz en platos extendidos; corone con la mezcla de carne. Espolvoree encima las semillas de ajonjolí.

½ taza de salsa picante
3 cucharadas de agua
2 cucharadas de salsa de
soya
1 cucharada de fécula de
maíz
½ cucharadita de jengibre
¼ a ½ cucharadita de
pimienta roja
450 g de filetes de sirloin sin
hueso, en tiras
2 cucharadas de aceite
1 ½ tazas de brócoli
1 pimiento morrón verde o
rojo chico, en tiras
1 cebolla chica rebanada
1 lata (225 g) de castañas
de agua rebanadas

CARNE Y BRÓCOLI CONDIMENTADOS

Rinde 4 porciones (de 1 taza)

En un recipiente chico, mezcle la salsa picante, el agua, la salsa de soya, la fécula de maíz, el jengibre y la pimienta. Caliente una sartén grande o un wok y sofría las tiras de carne en 1 cucharada de aceite por unos 3 minutos o hasta que se doren. Retire la carne. Vierta el aceite restante en el wok; sofría el brócoli, el pimiento, la cebolla y las castañas de agua, de 3 a 4 minutos o hasta que las verduras estén suaves. Vierta la mezcla de salsa picante; cueza hasta que se espese. Incorpore las tiras de carne doradas y caliéntelas de 1 a 2 minutos. Sirva sobre arroz cocido y caliente.

CARNE BENIHANA

1 filete de espaldilla de res
    (unos 675 g)
Ralladura de la cáscara y
    el jugo de 2 limones
6 cucharadas de azúcar
2 cucharadas de aceite
    oscuro de ajonjolí
1 ¼ cucharaditas de sal
½ cucharadita de pimienta
    negra
¼ de taza de agua
¼ de taza de vinagre de
    arroz
½ cucharadita de pimienta
    roja machacada
6 tortillas de harina (de
    20 cm)
6 hojas de lechuga roja
⅓ de taza de menta fresca
⅓ de taza de cilantro
    fresco
Rebanadas de carambola
Tiras de pimiento
    morrón rojo
Tiras de cáscara de
    naranja

BURRITOS VIETNAMITAS DE CARNE ASADA

Rinde 6 burritos

Corte la carne, a través de la fibra, en rebanadas delgadas. En un recipiente mediano, mezcle la ralladura de limón, el jugo, 2 cucharadas de azúcar, el aceite de ajonjolí, 1 cucharadita de sal y la pimienta negra. Agregue la carne; revuelva para bañarla. Cubra y refrigere durante 30 minutos por lo menos. En una olla chica, ponga el agua, el vinagre, el azúcar restante y ¼ de cucharadita de sal. Deje hervir por 5 minutos, sin revolver, hasta que se forme un jarabe. Añada la pimienta.

Escurra la carne y deseche la marinada. Ensarte la carne en brochetas de metal o de madera. (Remoje en agua las brochetas de madera durante 30 minutos para evitar que se quemen.) Ase la carne sobre carbón rojo durante unos 3 minutos por lado, hasta que esté bien cocida. Caliente las tortillas en el asador. Sobre las tortillas, acomode la lechuga, la carne, la menta y el cilantro; rocíe con la mezcla de vinagre. Enrolle las tortillas para cubrir el relleno. Adorne con la carambola, el pimiento y las tiras de cáscara de naranja.

BURRITOS VIETNAMITAS DE CARNE ASADA

450 g de bisteces de
   espaldilla de res
3 cucharadas de salsa de
   soya baja en sodio
3 cucharadas de aceite
   vegetal
1 cucharada de vino de
   arroz o jerez seco
1 cucharada de fécula de
   maíz
2 cucharaditas de azúcar
   morena
1 taza de elote (maíz) baby
   de lata, escurrido
3 cebollines enteros, en
   trozos de 2.5 cm
1 jengibre fresco (de
   2.5 cm), pelado y
   picado
2 dientes de ajo picados
1 chile jalapeño,* sin tallo,
   sin semillas y en tiras
¼ de pimiento morrón rojo
   chico, en tiras
1 cucharadita de aceite
   con chile
Arroz cocido y caliente

El chile jalapeño puede irritar la piel; use guantes de hule cuando los manipule y no se toque los ojos. Lávese las manos después de trabajar con ellos.

CARNE HUNAN CON CHILE

Rinde 4 porciones

■ Corte la carne, a través de la fibra, en rebanadas de 5×0.5 cm. En un recipiente mediano, mezcle la salsa de soya, 1 cucharada de aceite vegetal, el vino, la fécula de maíz y el azúcar morena. Agregue la carne; revuelva para bañarla.

■ Caliente un wok a fuego alto por 1 minuto. Rocíe el wok con 1 cucharada de aceite vegetal; caliéntelo por 30 segundos. Añada la mitad de la mezcla de carne; sofríala hasta que esté bien dorada. Pásela a un recipiente grande. Repita el procedimiento con el aceite vegetal y la mezcla de carne restantes. Reduzca el fuego a medio.

■ Incorpore al wok el elote, el cebollín, el jengibre y el ajo; sofríalos por 1 minuto. Ponga el chile jalapeño y el pimiento; sofríalos durante 1 minuto.

■ Regrese al wok la carne con su jugo; vierta el aceite con chile. Revuelva; cueza hasta que todo esté bien caliente. Sirva sobre arroz.

CARNE HUNAN CON CHILE

1 **filete de espaldilla de res (unos 565 g)**
2 **cucharadas de salsa de soya**
2 **cucharadas de salsa hoisin**
1 **cucharada de aceite oscuro de ajonjolí**
2 **dientes de ajo picados**

ESPALDILLA AL AJONJOLÍ CON AJO

Rinde 4 porciones

1. Con un cuchillo afilado, haga una incisión en forma de diamante en ambos lados de la carne; coloque la carne en una bolsa de plástico.

2. En un recipiente chico, mezcle el resto de los ingredientes; vierta la mezcla en la bolsa. Cierre bien la bolsa; voltéela para bañar la carne. Deje marinar en el refrigerador durante 2 horas por lo menos, o hasta por 24 horas; voltéela una vez.

3. Escurra la carne; conserve la marinada. Barnice la carne con un poco de la marinada. Ásela por 5 minutos en la parrilla o en un asador eléctrico, a 12.5 o 15 cm de la fuente de calor. Barnice con la marinada; voltee la carne. Deseche el resto de la marinada. Ase de 5 a 7 minutos hasta que el termómetro insertado en la parte más gruesa de la carne registre 60 °C.*

4. Acomode la carne sobre una tabla para trinchar; trinche a través de la fibra en rebanadas delgadas.

*El tiempo de asado que se sugiere es para término medio. Ajuste el tiempo de acuerdo con el término que desee.

1 cucharada de salsa de soya
2 dientes de ajo picados
¼ de cucharadita de pimienta roja machacada
1 sirloin, filete de lomo o rib eye de res, sin hueso, de 2.5 cm de grosor (unos 450 g)
2 cucharadas de aceite de cacahuate (maní) o vegetal
1 pimiento morrón rojo chico, en tiras
1 pimiento morrón amarillo o verde chico, en tiras
1 cebolla chica, en rebanadas delgadas
¼ de taza de salsa para sofreír
2 cucharadas de vino de arroz o vino blanco seco
¼ de taza de cilantro poco picado
Arroz blanco o tallarín de huevo chino, cocido y caliente (opcional)

CARNE A LA PIMIENTA

Rinde 4 porciones

1. En un recipiente mediano, mezcle la salsa de soya, el ajo y la pimienta. Corte la carne, a través de la fibra, en rebanadas de 0.3 cm de grosor; corte cada rebanada en trozos de 3.5 cm. Ponga la carne en la mezcla de salsa de soya.

2. Caliente un wok o una sartén grande a fuego medio-alto. Rocíe con 1 cucharada de aceite y deje que se caliente. Agregue la mitad de la carne; sofríala hasta que casi pierda su color rosado en el centro. Retírela. Repita el procedimiento con la carne restante; retírela.

3. Caliente el aceite restante en el wok; añada el pimiento y la cebolla. Reduzca el fuego a medio. Sofría de 6 a 7 minutos hasta que las verduras estén suaves. Vierta la salsa para sofreír y el vino; sofría por 2 minutos o hasta que todo esté bien caliente.

4. Regrese la carne con su jugo al wok; caliente bien. Espolvoree con el cilantro. Sirva sobre el arroz, si lo desea.

1 cucharadita de aceite
  vegetal
3 dientes de ajo picados
450 g de carne molida de res
  o de pavo
1 bolsa (450 g) de ejotes
  (judías verdes)
  descongelados
1 cucharadita de sal
½ taza de nuez picada

SOFRITO DE CARNE, EJOTES Y NUEZ

Rinde 4 porciones

■ En una sartén grande, a fuego medio, caliente el aceite y el ajo por unos 30 segundos.

■ Agregue la carne y los ejotes; sazone con sal. Revuelva bien.

■ Cueza por 5 minutos o hasta que la carne esté bien dorada, moviendo de vez en cuando.

■ Añada la nuez; cueza durante 2 minutos más.

---

1 col napa o col china
  Agua hirviente
225 g de carne suave de res
  (sirloin, rib eye o lomo)
6 cucharadas de salsa para
  sofreír
⅛ a ¼ de cucharadita de
  pimienta roja
  machacada
2 cucharadas de aceite
  vegetal
115 g de cebollín, cortado en
  trozos de 5 cm de
  largo; separe la parte
  verde de la blanca
1 pimiento morrón rojo
  grande, en tiras
  Vermicelli o espagueti
  delgado, cocido y
  caliente

CARNE Y COL CON TALLARÍN

Rinde 4 porciones

Separe y enjuague las hojas de la col; séquelas. Corte a lo ancho, en rebanadas delgadas, suficientes hojas para obtener 8 tazas; colóquelas en un colador o en un escurridor grande. Vierta el agua hirviente sobre la col justo hasta que las hojas se cuezan. Enfríelas bajo el chorro de agua fría; escúrralas muy bien. Corte la carne, a través de la fibra, en rebanadas delgadas, y luego en tiras. En un recipiente chico, mezcle 1 cucharada de salsa para sofreír y la pimienta; incorpore la carne y báñela. Caliente 1 cucharada de aceite en un wok o en una sartén grande, a fuego alto. Añada la carne y sofríala por 1 minuto; retírela del wok. Caliente el aceite restante; ponga las partes blancas de los cebollines y sofríalas durante 1 minuto. Agregue el pimiento morrón y sofríalo por 2 minutos. Añada el cebollín restante; sofríalo durante 2 minutos más. Incorpore la carne, la col y la salsa para sofreír restante; cueza, revolviendo, hasta que las verduras estén bañadas con la salsa. Sirva de inmediato sobre el vermicelli.

SOFRITO DE CARNE, EJOTES Y NUEZ

SENSACIONAL CERDO

CERDO AGRIDULCE

340 g de carne de cerdo, sin hueso
1 cucharadita de aceite vegetal
1 bolsa (450 g) de mezcla de verduras para freír
1 cucharada de agua
1 frasco (400 ml) de salsa agridulce
1 lata (225 g) de trozos de piña, escurrida

Rinde 4 porciones

- Corte la carne en tiras delgadas.

- En una sartén grande, caliente el aceite a fuego medio-alto.

- Añada la carne y sofríala hasta que se dore.

- Agregue las verduras y el agua; tape y cueza a fuego medio de 5 a 7 minutos o hasta que las verduras estén suaves.

- Destape; incorpore la salsa agridulce y la piña. Cueza hasta que esté bien caliente.

TIEMPO DE PREPARACIÓN: 5 minutos
TIEMPO DE COCCIÓN: 15 a 18 minutos

Sugerencia para Servir: *Sirva sobre arroz cocido y caliente.*

CERDO AGRIDULCE

COSTILLAS BARBECUE

Rinde 4 porciones de plato principal u 8 de entremés

1.350 a 1.800 kg de costillas de lechón o cerdo
¹/₃ de taza de salsa hoisin
4 cucharadas de salsa de soya
3 cucharadas de jerez seco
3 dientes de ajo picados
2 cucharadas de miel
1 cucharada de aceite oscuro de ajonjolí

1. Ponga las costillas en una bolsa grande de plástico. En una taza, mezcle la salsa hoisin, 3 cucharadas de salsa de soya, el jerez y el ajo; vierta sobre las costillas. Cierre la bolsa y muévala para bañar las costillas. Marine en el refrigerador durante 4 horas por lo menos o hasta por 24 horas.

2. Caliente el horno a 190 °C. Escurra las costillas; conserve la marinada. Ponga las costillas sobre la rejilla de una olla para asar forrada con papel de aluminio. Hornee por 30 minutos. Voltéelas y barnícelas con la mitad de la marinada. Hornee durante 15 minutos; voltéelas de nuevo y barnícelas con el resto de la marinada. Hornee por 15 minutos.

3. En un recipiente chico, mezcle la salsa de soya restante, la miel y el aceite de ajonjolí; barnice las costillas. Hornéelas de 5 a 10 minutos hasta que se doren.* Córtelas en porciones individuales.

Puede preparar las costillas hasta este punto; tápelas y refrigérelas hasta por 3 días. Para volver a calentar, envuélvalas en papel de aluminio; hornéelas a 190 °C por 40 minutos o hasta que estén bien calientes. Córtelas en porciones individuales.

COSTILLAS BARBECUE

450 g de lomo de cerdo, sin
hueso, en trozos de
4 cm
1 pimiento morrón rojo
grande, en trozos de
2.5 cm
1 pimiento morrón
amarillo grande, en
trozos de 2.5 cm
1 pimiento morrón verde
grande, en trozos de
2.5 cm
¼ de taza de salsa de soya
3 dientes de ajo picados
¼ de taza de salsa
agridulce
1 cucharada de mostaza
china picante

BROCHETAS DE CERDO Y PIMIENTO GLASEADAS

Rinde 4 porciones

1. Ponga la carne y los pimientos en una bolsa grande de plástico. En una taza, mezcle la salsa de soya con el ajo; vierta sobre la carne y los pimientos. Cierre la bolsa; muévala para bañar los ingredientes. Deje marinar en el refrigerador durante 30 minutos por lo menos o hasta por 2 horas; voltee la bolsa una vez.

2. Escurra la carne y los pimientos; deseche la marinada. Alternadamente, ensarte la carne y los pimientos en brochetas.

3. En un recipiente chico, combine la salsa agridulce con la mostaza picante; reserve la mitad de la salsa para usarla como dip. Ase las brochetas al carbón o en un asador eléctrico, de 12.5 a 15 cm de la fuente de calor, de 14 a 16 minutos hasta que la carne pierda su color rosado, volteándola de vez en cuando; durante los últimos 5 minutos de cocción, barnice con la mezcla de salsa restante. Acompañe con la salsa que reservó.

1 **filete grande de cerdo o
2 chicos (unos 565 g)**
¼ **de taza de salsa de soya**
2 **dientes de ajo
machacados**
3 **cucharadas de miel**
2 **cucharadas de azúcar
morena**
1 **cucharadita de jengibre
fresco picado**
1 **cucharada de semillas
de ajonjolí tostadas***

Para tostar las semillas de ajonjolí, póngalas en una sartén chica. Mueva la sartén sobre fuego medio por 2 minutos o hasta que las semillas comiencen a brincar y a dorarse.

CERDO GLASEADO CON MIEL

Rinde 4 porciones

1. Meta la carne en una bolsa grande de plástico. En una taza chica, mezcle la salsa de soya con el ajo; vierta sobre la carne. Cierre la bolsa; voltéela para bañar la carne. Marine en el refrigerador hasta por 2 horas.

2. Caliente el horno a 200 °C. Escurra la carne; conserve 1 cucharada de la marinada. En un recipiente chico, combine la miel, el azúcar morena, el jengibre y la marinada que reservó.

3. Ponga la carne en una olla para asar forrada con papel de aluminio. Barnice con la mitad de la mezcla de miel. Ase por 10 minutos. Voltee la carne y barnícela con la mezcla de miel restante y espolvoree encima las semillas de ajonjolí. Ase por 10 minutos si el lomo es chico o durante 15 si es grande, o hasta que el termómetro para carne insertado en la parte más gruesa del cerdo registre 68 °C.

4. Deje reposar la carne por 5 minutos, cubierta con papel de aluminio, sobre una tabla para trinchar. (La temperatura subirá a 70 °C.) Corte la carne a través de la fibra en rebanadas de 0.5 cm de grosor. Sirva con el jugo de la carne, si lo desea.

ALBÓNDIGAS

450 g de carne molida de cerdo

120 g de camarón, pelado, desvenado y finamente picado

¼ de taza de castañas de agua, finamente picadas

1 huevo ligeramente batido

1 cebollín entero finamente picado

1 cucharada de fécula de maíz

1 cucharada de salsa de soya

1 cucharada de jerez seco

1 cucharadita de jengibre fresco picado

½ cucharadita de sal

½ cucharadita de azúcar

2 cucharadas de aceite vegetal

SALSA

1½ tazas de consomé de pollo

2 cucharadas de salsa de soya

½ cucharadita de azúcar

1 col napa (de 675 a 900 g)

3 cucharadas de agua fría

2 cucharadas de fécula de maíz

1 cucharadita de aceite oscuro de ajonjolí

Rizos de cebollín y ramas de eneldo fresco para adornar

CABEZA DE LEÓN ESTOFADA

Rinde de 4 a 6 porciones

1. Para preparar las albóndigas, mezcle en un recipiente grande todos los ingredientes para las albóndigas, excepto el aceite; revuelva bien. Divida la mezcla en ocho porciones; con cada porción, forme una bola.

2. En un wok o en una sartén antiadherente grande, caliente el aceite a fuego medio-alto. Agregue las albóndigas; fríalas de 6 a 8 minutos hasta que se doren, moviendo de vez en cuando.

3. Pase las albóndigas a una olla de 5 litros de capacidad; deseche la grasa. Añada el consomé de pollo, la salsa de soya y el azúcar. Ponga a hervir; reduzca el fuego a bajo; tape y deje cocer por 30 minutos.

4. Mientras se cuecen las albóndigas, descorazone la col. Corte la base de las hojas en cubos de 5 cm. Corte la parte superior de las hojas a la mitad. Coloque sobre las albóndigas; tape. Deje cocer por 10 minutos más.

5. Con una espumadera, pase la col y las albóndigas a un platón. En una taza chica, disuelva la fécula de maíz en el agua. Vierta gradualmente a la olla, revolviendo sin cesar; cueza hasta que se espese un poco. Incorpore el aceite de ajonjolí. Vierta sobre las albóndigas y la col. Adorne si lo desea.

Nota: Para hacer los rizos de cebollín, corte la parte verde a lo largo, en tiras muy delgadas. Ponga las tiras en un tazón con agua helada; refrigere hasta que se ricen las tiras, más o menos por 1 hora.

CABEZA DE LEÓN ESTOFADA

340 g de carne de cerdo, en
   tiras delgadas de 5 cm
   de largo
2 cucharadas de salsa de
   soya
1 cucharadita de ajo
   fresco picado
4 cucharadas de aceite
   vegetal
1½ tazas de apio rebanado
   diagonalmente
1 taza de pimiento morrón
   rojo picado
1 frasco (285 ml) de salsa
   agridulce
1 lata (225 g) de castañas
   de agua rebanadas,
   escurridas
1 bolsa (180 g) de
   tirabeques (vainas)
   descongeladas y
   escurridas
3 cebollines, cortados
   diagonalmente en
   trozos de 2.5 cm
⅛ de cucharadita de
   pimienta de Cayena
1 lata (150 g) de tallarines
   para chow mein

MARFIL, RUBÍES Y JADE

Rinde 4 porciones

En un recipiente mediano, combine la carne con la salsa de soya y el ajo; tape y deje marinar por 30 minutos en el refrigerador. Escúrrala. En una sartén antiadherente grande o en un wok, caliente 3 cucharadas de aceite. Agregue la carne; sofríala hasta que pierda su color rosado en el centro. Retire la carne de la sartén. En la misma sartén, caliente el aceite restante. Añada el apio y el pimiento; sofríalos hasta que estén suaves. Regrese la carne a la sartén junto con el resto de los ingredientes, excepto el tallarín; caliente muy bien, revolviendo de vez en cuando. Sirva sobre el tallarín.

MARFIL, RUBÍES Y JADE

1.350 kg de costillas de cerdo,
   cortadas a la mitad
2 cucharadas de jugo de
   limón
2 cucharadas de jugo de
   naranja
2 cucharadas de salsa de
   soya
2 dientes de ajo picados
¼ de taza de mermelada
   de naranja
1 cucharada de salsa
   hoisin

COSTILLAS GLASEADAS LIMÓN-NARANJA

Rinde 4 porciones

1. Meta las costillas en una bolsa grande de plástico. En un recipiente chico, mezcle los jugos de limón y de naranja, la salsa de soya y el ajo; vierta sobre las costillas. Cierre la bolsa; muévala para bañar las costillas. Marine en el refrigerador durante 4 horas por lo menos o hasta por 24 horas; voltéela una vez.

2. Caliente el horno a 180 °C. Escurra las costillas; conserve la marinada. Ponga las costillas sobre la rejilla de una olla para asar cubierta con papel de aluminio. Barnice uniformemente las costillas con la mitad de la marinada; hornee por 20 minutos. Voltee las costillas; barnícelas con el resto de la marinada. Hornee durante 20 minutos.

3. Saque las costillas del horno; deseche la grasa. En una taza, mezcle la mermelada con la salsa hoisin; barnice las costillas con la mitad de la mezcla. Regrese al horno; hornee por 10 minutos o hasta que estén glaseadas. Voltee las costillas; barnícelas con el resto de la mezcla de mermelada. Hornee durante 10 minutos más o hasta que las costillas estén doradas y glaseadas.

3 cucharadas de salsa hoisin
1 cucharada de jerez seco
1 cucharada de salsa de soya
2 dientes de ajo picados
½ cucharadita de granos de pimienta Szechwan o de pimienta roja, machacados
2 lomos de cerdo enteros (de 565 a 675 g en total)

CERDO ASADO

Rinde de 4 a 6 porciones

1. Caliente el horno a 180 °C. En un recipiente chico, mezcle la salsa hoisin, el jerez, la salsa de soya, el ajo y los granos de pimienta.

2. Barnice uniformemente cada lomo con ¼ de la mezcla de salsa hoisin. Acomode los lomos sobre la rejilla de una olla para asar forrada con papel de aluminio. Hornee por 15 minutos; voltéelos y barnícelos con el resto de la mezcla. Continúe horneando hasta que el termómetro para carne insertado en la parte más gruesa de la carne registre 65 °C. (El tiempo dependerá del grosor de la carne; revísela después de 30 minutos.)

3. Deje reposar la carne por 5 minutos, cubierta con papel de aluminio, sobre una tabla para trinchar. (La temperatura de la carne subirá a 70 °C). Rebane la carne diagonalmente y sírvala caliente. O, para utilizar en otras recetas, córtela en porciones y refrigérela hasta por 3 días o congélela hasta por 3 meses.

Variante: Para el Cerdo Chino Barbecue, agregue 1 cucharadita de colorante vegetal rojo a la mezcla de salsa hoisin. Prepare la carne como se indica en la receta. Puede asar la carne al carbón hasta que el termómetro para carne registre 65 °C. (Voltee la carne después de 8 minutos; revise la temperatura después de 16 minutos.)

2½ tazas de agua

1 ⅓ tazas de arroz blanco de grano largo

225 g de carne molida de cerdo o salchicha de cerdo

1 cucharada de aceite vegetal

1 cebolla mediana, en rebanadas delgadas

1 cucharada de jengibre fresco picado

1 chile jalapeño,* sin semillas y picado

3 dientes de ajo picados

½ cucharadita de cúrcuma molida o pimentón

2 cucharadas de salsa de pescado

2 tazas de verduras cocidas picadas, como brócoli, calabacita, pimiento morrón rojo, zanahoria, cardo chino (bok choy) o espinaca

3 huevos ligeramente batidos

3 cebollines, en rebanadas delgadas

½ taza de hojas de cilantro

El chile jalapeño puede irritar la piel; use guantes de hule cuando los manipule y no se toque los ojos. Lávese las manos después de trabajar con ellos.

Arroz Frito Tailandés

Rinde 4 porciones

1. En una olla mediana, ponga el agua y el arroz, deje que hierva a fuego alto. Reduzca el fuego a medio-bajo; tape y deje cocer por 20 minutos o hasta que se absorba el agua.

2. Pase el arroz a un recipiente grande y espónjelo con un tenedor. Déjelo enfriar a temperatura ambiente, de 30 a 40 minutos, moviéndolo de vez en cuando. Tápelo y refrigérelo hasta que esté frío, durante 1 hora por lo menos o hasta por 24 horas.

3. Cuando el arroz esté frío, ase la carne en un wok o en una sartén mediana, a fuego medio-alto, hasta que pierda su color rosado. Deseche el exceso de grasa; pase la carne a otro recipiente.

4. Caliente el wok o una sartén grande a fuego medio-alto. Vierta el aceite y distribúyalo por toda la superficie. Agregue la cebolla, el jengibre, el chile jalapeño, el ajo y la cúrcuma; sofríalos de 4 a 6 minutos o hasta que la cebolla esté muy suave.

5. Vierta la salsa de pescado; revuelva bien. Incorpore el arroz frío, las verduras y la carne; cueza, revolviendo, de 3 a 4 minutos o hasta que esté bien caliente.

6. Mueva a un lado del wok la mezcla de arroz y vierta los huevos en el centro. Cueza los huevos de 2 a 3 minutos o justo hasta que cuajen; revuélvalos. Combine la mezcla de arroz con el huevo.

7. Incorpore el cebollín. Transfiera a un recipiente; espolvoree con el cilantro. Adorne a su gusto.

ARROZ FRITO TAILANDÉS

CERDO GLASEADO CON JENGIBRE

Rinde 4 porciones

450 g de lomo de cerdo
2 cucharadas de fécula de maíz
4 cebollines enteros
1 jengibre fresco (de 2.5 cm de largo) pelado
3 cucharadas de aceite vegetal
2 dientes de ajo picados
¼ de taza de jerez seco
1 cucharada de salsa de soya
1 a 2 cucharadas de agua
2 cucharaditas de azúcar morena
¼ de cucharadita de pimienta roja machacada
¼ de taza de nuez de la India asada, sin sal, picada
Arroz cocido y caliente
Ramas de hierba fresca y triángulos de pimiento morrón para adornar

1. Corte el cerdo a lo ancho en rebanadas de 0.5 cm de grosor. Espolvoree ambos lados de la carne con fécula de maíz; conserve el resto de la fécula.

2. Corte el cebollín en trozos de 2.5 cm de largo. Rebane finamente el jengibre. Apile el jengibre, unas cuantas rebanadas a la vez, y córtelo en tiras delgadas.

3. Caliente el wok a fuego alto, más o menos por 1 minuto. Rocíe una cucharada de aceite en el wok y caliéntelo durante 30 segundos. Agregue la mitad de la carne; sofríala hasta que se dore por ambos lados. Ponga el cerdo en un platón. Repita el procedimiento con 1 cucharada de aceite y la carne restante. Reduzca el fuego a medio.

4. Vierta en el wok el aceite restante y caliéntelo por 30 segundos. Añada el jengibre, el ajo y el cebollín; sofríalos durante 1 minuto. Mezcle el jerez, la salsa de soya, 1 cucharada de agua, la fécula que conservó, el azúcar morena y la pimienta; incorpore al wok. Cueza, revolviendo, hasta que la salsa hierva y se espese. Ponga más agua si es necesario.

5. Vierta la salsa sobre la carne hasta que se cubra y se glasee. Agregue la nuez de la India. Sirva con el arroz. Adorne, si lo desea.

CERDO GLASEADO CON JENGIBRE

Salsa Agridulce para Guisar (receta más adelante)

2 cucharadas de aceite vegetal

1 diente de ajo, machacado o finamente picado

225 g de carne de cerdo, sin hueso, en tiras delgadas

2 tazas de floretes de brócoli

1 pimiento morrón rojo o verde, sin semillas, en tiras delgadas

1 manzana Golden Delicious, descorazonada y en 16 rebanadas

4 tazas de col napa rebanada

Arroz o tallarín cocido y caliente (opcional)

CERDO DORADO SOFRITO

Rinde 4 porciones

1. Prepare la Salsa Agridulce para Guisar. En una sartén grande o en un wok, caliente 1 cucharada de aceite a fuego medio-alto. Agregue el ajo y sofríalo hasta que empiece a dorarse. Deséchelo. Ponga la carne en el aceite sazonado y sofríala hasta que se dore; pásela a un platón.

2. En la sartén, vierta el aceite restante. Añada el brócoli y el pimiento morrón; sofríalos más o menos por 1 minuto. Incorpore la manzana, la col y la carne de cerdo; sofríalos durante 2 minutos más. Incorpore la Salsa Agridulce para Guisar y cueza, revolviendo, hasta que se espese; bañe todos los ingredientes. Sirva sobre el arroz o el tallarín, si lo desea.

SALSA AGRIDULCE PARA GUISAR

En un recipiente chico, mezcle 2 cucharadas de consomé de pollo o de agua, 1 cucharada de salsa de soya baja en sodio, 1 cucharadita de fécula de maíz, 1 cucharadita de azúcar, 1 cucharadita de jengibre rallado, 1 cucharadita de vino de arroz o vinagre de manzana y 1/8 de cucharadita de pimienta roja machacada; revuelva hasta que se incorporen.

1 cucharada de salsa de
  soya
2 dientes de ajo picados
1 lomo o filete de lomo de
  cerdo, sin hueso* (unos
  450 g)
1 lata (225 g) de trozos de
  piña con jugo, sin
  escurrir
2 cucharadas de aceite de
  cacahuate (maní) o
  vegetal
2 zanahorias medianas, en
  rebanadas diagonales
  delgadas
1 pimiento morrón verde
  grande, en trozos de
  2.5 cm
⅓ de taza de salsa para
  sofreír
1 cucharada de vino
  blanco o vinagre blanco
Arroz cocido y caliente
  (opcional)

*Puede sustituirlo con 450 g de
pechugas o muslos de pollo, sin piel
y sin hueso.

CERDO AGRIDULCE

Rinde 4 porciones

1. En un recipiente mediano, mezcle la salsa de soya con el ajo. Corte la carne, a través de la fibra, en trozos de 2.5 cm; combine con la salsa de soya.

2. Escurra la piña; conserve 2 cucharadas del jugo.

3. Caliente un wok o una sartén grande a fuego medio-alto. Agregue 1 cucharada de aceite; caliéntelo bien. Incorpore la mezcla de carne; sofría de 4 a 5 minutos hasta que la carne pierda su color rosado en el centro. Retírela del wok.

4. En el wok, caliente el aceite restante. Añada la zanahoria y el pimiento; sofríalos de 4 a 5 minutos hasta que las verduras estén suaves. Ponga la piña; caliente bien.

5. Vierta la salsa para sofreír, el jugo de piña que conservó y el vinagre; sofría por 30 segundos o hasta que hierva la salsa.

6. Regrese la carne al wok junto con el jugo que haya soltado; caliente bien. Sirva sobre arroz, si lo desea.

½ cucharadita de granos de pimienta Szechwan*

1 cucharadita de fécula de maíz

4 cucharaditas de salsa de soya

4 cucharaditas de jerez seco

7½ cucharaditas de aceite vegetal

225 g de carne de cerdo, sin hueso

2 cucharaditas de vinagre de vino tinto

½ cucharadita de azúcar

2 dientes de ajo picados

½ cebolla amarilla chica, en rebanadas de 0.5 cm de grosor

8 cebollines enteros, en trozos de 5 cm

½ cucharadita de aceite de ajonjolí

Los granos de pimienta Szechwan son engañosamente fuertes. Utilice guantes de hule o de plástico cuando los triture y no se toque los ojos o los labios cuando los maneje.

FAJITAS DE CERDO ENCEBOLLADAS

Rinde de 2 a 3 porciones

1. Para preparar la salsa para marinar, ponga los granos de pimienta en una sartén chica. Áselos a fuego medio-bajo; mueva la sartén con frecuencia, hasta que estén aromáticos, por unos 2 minutos. Deje enfriar. Tritúrelos en un mortero (o póngalos entre toallas de papel y tritúrelos con un martillo).

2. Pase los granos de pimienta a un recipiente mediano. Agregue la fécula de maíz, 2 cucharaditas de salsa de soya, 2 cucharaditas de jerez y 1½ cucharaditas de aceite vegetal; revuelva bien.

3. Corte la carne en rebanadas de 0.3 cm de grosor, y luego en tiras de 5×1 cm. Agregue a la marinada; revuelva para bañar. Deje reposar por 30 minutos.

4. En un recipiente chico, mezcle la salsa de soya y el jerez restantes, el vinagre y el azúcar; revuelva bien.

5. En un wok o en una sartén grande, caliente el aceite vegetal restante a fuego alto. Incorpore el ajo y luego la carne; sofríala hasta que pierda su color rosado en el centro, por unos 2 minutos. Ponga la cebolla; sofríala durante 1 minuto. Incorpore el cebollín; sofríalo por 30 segundos. Añada la mezcla de soya y vinagre; cueza, revolviendo, durante 30 segundos. Incorpore el aceite de ajonjolí.

FAJITAS DE CERDO ENCEBOLLADAS

450 g de carne de cerdo, sin hueso, en tiras

¼ de taza de mostaza Dijon

3 cucharaditas de salsa de soya

1 sobre (90 g) de tallarín instantáneo sabor a pollo

1 lata (225 g) de piña en trozos, escurrida; conserve el jugo

½ taza de agua

2 cucharadas de azúcar morena

1 cucharada de fécula de maíz

½ cucharadita de jengibre fresco rallado

2 tazas de floretes de brócoli

½ taza de col morada o verde picada

½ taza de pimiento morrón rojo picado

½ taza de cebolla poco picada

2 cucharadas de aceite vegetal

CERDO CON MOSTAZA AGRIDULCE

Rinde 4 porciones

En un recipiente mediano, ponga las tiras de cerdo, 2 cucharadas de mostaza y 1 cucharadita de salsa de soya. Tape y refrigere por 1 hora.

En un recipiente chico, mezcle la mostaza y la salsa de soya restantes con el sobre de sazonador de pollo del tallarín, el jugo de piña que conservó, el agua, el azúcar, la fécula de maíz y el jengibre. Cueza el tallarín siguiendo las instrucciones del sobre; escúrralo.

En una sartén grande, vierta el aceite; sofría las verduras a fuego medio-alto hasta que estén suaves; retírelas de la sartén. Agregue la mezcla de carne; sofría de 3 a 4 minutos o hasta que pierda su color rosado. Regrese las verduras a la sartén con los trozos de piña y la mezcla de fécula de maíz; caliente hasta que la mezcla se espese y comience a hervir. Añada el tallarín cocido; revuelva para bañarlo. Adorne a su gusto. Sirva de inmediato.

CERDO CON MOSTAZA AGRIDULCE

450 g de lomo de cerdo o filete de lomo, sin hueso
2 dientes de ajo picados
2 cucharaditas de jengibre fresco picado
2 cucharadas de aceite de cacahuate (maní) o vegetal
1 frasco (210 g) de elote baby, enjuagado y escurrido
180 g (2 tazas) de tirabeques (vainas) frescas o
1 bolsa (180 g) de tirabeques descongelados, partidos por la mitad si son largos
½ taza de salsa para sofreír
Arroz o tallarín chino de huevo, cocido y caliente (opcional)

CERDO Y VERDURAS SOFRITOS

Rinde 4 porciones

1. Corte la carne a través de la fibra en rebanadas de 0.5 cm de grosor; corte cada rebanada en tiras de 3×0.5 cm. Ponga la carne con el ajo y el jengibre en un recipiente chico.

2. Caliente un wok o una sartén grande a fuego medio-alto. Añada 1 cucharada de aceite; caliente bien. Agregue la mezcla de carne; sofríala por 3 minutos o hasta que la carne pierda su color rosado. Retire del wok.

3. En el wok, caliente el aceite restante. Incorpore el elote y los tirabeques; sofríalos durante 3 minutos si son frescos o por 2 minutos si están descongelados, o hasta que se suavicen y los elotes se calienten. Vierta la salsa para sofreír; sofría durante 30 segundos o hasta que hierva la salsa.

4. Regrese la carne al wok junto con el jugo que haya soltado; deje que se caliente. Sirva sobre el arroz, si lo desea.

4 **chuletas de cerdo, sin hueso, cortadas en cubos de 1.5 cm**
2 **cucharaditas de comino molido**
1 **cucharadita de cardamomo molido**
1 **cucharadita de canela en polvo**
1 **cucharadita de cilantro molido**
1 **cucharadita de macis molido**
½ **cucharadita de pimienta**
¼ **de cucharadita de sal**
1 **cucharada de aceite vegetal**
2 **cebollas grandes picadas**
3 **dientes de ajo picados**
¾ **de taza de caldo de res**
3 **cucharadas de miel**
2 **cucharadas de jugo de limón**
1 **recipiente (225 ml) de yogur natural sin grasa**
2 **cucharadas de harina**
¼ **de taza de perejil picado**
2 **tazas de arroz cocido y caliente**
  Almendras rebanadas, tostadas (opcional)
  Gajos de mandarina (opcional)

CERDO HINDÚ CON MIEL

Rinde 4 porciones

En una bolsa de plástico o de papel, ponga el comino, el cardamomo, la canela, el cilantro, el macis, la pimienta y la sal. Incorpore la carne; sacuda hasta que la carne se cubra con las especias. En una sartén grande, caliente el aceite a fuego medio-alto. Fría la cebolla y el ajo hasta que estén suaves, pero no dorados. Agregue la carne; fríala de 2 a 3 minutos o hasta que se dore. Incorpore el caldo, la miel y el jugo de limón. Deje que hierva; reduzca el fuego. Tape y deje cocer por unos 10 minutos o hasta que la carne esté suave; revuelva de vez en cuando. En un recipiente chico, mezcle el yogur con la harina; añada a la sartén. Incorpore el perejil. Cueza a fuego medio, revolviendo sin cesar, hasta que la mezcla se espese. Sirva el guiso sobre el arroz. Si lo desea, agregue las almendras y adorne con los gajos de mandarina.

6 **champiñones asiáticos secos**
1 **rebanada (120 g) de jamón ahumado u horneado, en tiras de 5×0.5×0.5 cm**
3 **cebollines enteros, en rebanadas diagonales delgadas**
450 **g de carne molida de cerdo**
¼ **de taza de castañas de agua picadas**
1 **cucharada de fécula de maíz**
1 **cucharada de aceite oscuro de ajonjolí**
1 **cucharada de salsa de soya**
1 **cucharadita de jengibre fresco picado**
½ **cucharadita de azúcar Rebanadas de cebolla cambray morada y cebollín para adornar**

CERDO Y JAMÓN AL VAPOR

Rinde 4 porciones

1. Ponga los champiñones en un recipiente chico y cúbralos con agua caliente. Déjelos reposar por 30 minutos y escúrralos.

2. Sacuda el exceso de agua de los champiñones. Corte los tallos y deséchelos. Corte los sombreros en tiras delgadas; póngalos en un recipiente mediano.

3. Reserve 2 cucharadas de tiras de jamón. Pique finamente el resto del jamón; agregue al champiñón. Conserve 1 cucharada de rebanadas de cebollín y mezcle el resto con el champiñón.

4. Agregue la carne, las castañas de agua, la fécula de maíz, el aceite, la salsa de soya, el jengibre y el azúcar; revuelva un poco. Ponga la mezcla en un refractario de 23 cm o en un molde para pay, engrasado.

5. Para cocer la carne al vapor, ponga en un wok una rejilla de alambre. Añada agua hasta 2.5 cm por debajo de la rejilla. (El agua no debe tocar la rejilla.) Tape el wok; ponga el agua a hervir a fuego alto. Con cuidado, coloque el refractario sobre la rejilla. Tape y reduzca el fuego a medio. Deje cocer al vapor de 25 a 30 minutos hasta que esté firme. Con cuidado, saque el refractario del wok.

6. Distribuya el jamón y el cebollín que reservó. Adorne, si lo desea. Sirva de inmediato.

CERDO Y JAMÓN AL VAPOR

675 g de espaldilla o lomo de
cerdo, en trozos de
2.5 cm
1 cucharadita de jengibre
molido
¼ de cucharadita de canela
en polvo
¼ de cucharadita de
pimienta roja molida
1 cucharada de aceite de
cacahuate (maní) o
vegetal
1 cebolla grande poco
picada
3 dientes de ajo picados
400 ml de consomé de pollo
¼ de taza de jerez seco
1 bolsa (unos 285 g) de
zanahoria baby,
descongelada
1 pimiento morrón verde
grande, en trozos de
2.5 cm
3 cucharadas de salsa de
soya
1 ½ cucharadas de fécula de
maíz
Cilantro fresco para
adornar

GUISO CANTONÉS DE CERDO

Rinde 6 porciones

1. Espolvoree la carne con el jengibre, la canela y la pimienta; cúbrala bien. Caliente una cacerola grande o una olla pesada a fuego medio-alto. Agregue el aceite; caliéntelo bien.

2. Ponga la carne en la cacerola; dórela por todos lados. Agregue la cebolla y el ajo; cueza por 2 minutos, revolviendo con frecuencia. Vierta el consomé y el jerez. Hierva a fuego alto. Reduzca el fuego a medio-bajo. Tape y deje cocer por 40 minutos.

3. Incorpore la zanahoria y el pimiento; tape y deje cocer durante 10 minutos o hasta que la carne esté suave. En una taza, disuelva la fécula de maíz con la salsa de soya; no deben quedar grumos. Vierta en el guiso. Cueza y revuelva por 1 minuto o hasta que hierva y la salsa se espese. Sirva en platos hondos. Adorne con cilantro.

GUISO CANTONÉS DE CERDO

1 taza de agua
6 cucharadas de jugo de limón
6 cucharadas de salsa de soya
4 dientes de ajo finamente picados
1 ½ cucharaditas de fécula de maíz
½ cucharadita de pimienta blanca
¼ de cucharadita de sal
Pizca de pimienta roja
4 chuletas de cerdo, de unos 2.5 cm de grosor
1 cucharada de aceite vegetal
⅔ de taza de jalea de ciruela
¼ de taza de almendras rebanadas, ligeramente tostadas
¼ de taza de la parte blanca del cebollín, rebanada

CHULETAS CON SALSA DE CIRUELA Y ALMENDRA

Rinde 4 porciones

Mezcle los primeros 8 ingredientes. Marine las chuletas en la mezcla durante 1 hora o por toda la noche. Retire las chuletas; conserve la marinada. En una sartén grande, ponga el aceite y saltee la carne, a fuego alto, de 2 a 3 minutos de cada lado o hasta que se dore. Retire de la sartén. Agregue la salsa que conservó y la jalea de ciruela. Cueza a fuego medio por unos 5 minutos, hasta que la mezcla se espese y cubra el dorso de una cuchara. Acomode las chuletas en la sartén en una capa. Deje cocer, tapado, de 5 a 7 minutos. Destape y continúe cociendo de 3 a 4 minutos o hasta que las chuletas estén bien cocidas y suaves. Para servir, ponga las chuletas en un platón; añada 1 cucharada de almendra sobre cada chuleta. Vierta la salsa sobre la carne y adorne con el cebollín.

450 g de carne molida de cerdo

1 cebolla chica, en rebanadas delgadas

2 cucharadas de jengibre fresco rallado

1 diente de ajo, pelado y machacado

2 tazas de col y zanahoria ralladas

3 cucharadas de salsa de soya

2 cucharadas de jugo de limón

1 cucharada de miel

2 cucharaditas de cilantro molido

1 cucharadita de aceite de ajonjolí

½ cucharadita de pimienta roja machacada

4 tortillas de harina grandes (de 25 cm de diámetro), calientes

Cilantro fresco picado, para adornar

BURRITOS DE CERDO TAILANDESES

Rinde 4 porciones

Caliente una sartén antiadherente grande a fuego alto. Ase la carne hasta que pierda su color rosado, de 3 a 4 minutos. Agregue la cebolla, el jengibre, el ajo, la col y la zanahoria; sofríalos por 2 minutos hasta que estén cocidos. En un recipiente chico, mezcle el resto de los ingredientes, excepto las tortillas y el cilantro; incorpore a la sartén. Revuelva sin cesar para mezclar bien los ingredientes, más o menos durante 1 minuto. Sirva porciones iguales sobre las tortillas calientes; adorne con el cilantro. Enrolle y sirva.

TIEMPO DE PREPARACIÓN: 15 minutos

SOFRITO CON NUEZ Y MIEL

Rinde de 4 a 6 porciones

450 g de filete o lomo de
  cerdo
¾ de taza de jugo de
  naranja
⅓ de taza de miel
3 cucharadas de salsa de
  soya
1 cucharada de fécula de
  maíz
¼ de cucharadita de
  jengibre molido
2 cucharadas de aceite
2 zanahorias rebanadas
2 tallos de apio, rebanados
  diagonalmente
½ taza de nueces de la
  India

Corte la carne en tiras delgadas. En un recipiente chico, mezcle el jugo de naranja, la miel, la salsa de soya, la fécula de maíz y el jengibre; revuelva bien. Caliente 1 cucharada de aceite en una sartén grande a fuego medio-alto. Agregue la zanahoria y el apio; sofríalos por unos 3 minutos. Retire las verduras de la sartén. Vierta el aceite restante. Añada la carne; sofríala durante unos 3 minutos. Regrese las verduras; incorpore la salsa y las nueces. Cueza a fuego medio-alto y revuelva hasta que la salsa hierva y se espese. Sirva sobre arroz.

FILETE ORIENTAL GLASEADO

Rinde de 4 a 6 porciones

⅓ de taza de salsa teriyaki
  para glasear
1 cucharada de jerez seco
½ cucharadita de jugo de
  jengibre*
¼ de cucharadita de
  ralladura de cáscara de
  naranja
2 filetes de cerdo (de
  340 g cada uno)

Con el exprimidor de ajos, presione suficiente jengibre hasta obtener ½ cucharadita de jugo.

Mezcle la salsa teriyaki, el jerez, el jugo de jengibre y la ralladura de naranja. Ponga la carne sobre el asador, a 10 o 12.5 cm del carbón. Ase por 25 minutos; voltee la carne de vez en cuando. Barnice con la salsa ambos lados de la carne. Cueza durante 10 minutos más o hasta que el termómetro insertado en la parte más gruesa de la carne registre 70 °C; voltéela y barnícela a menudo con la salsa restante. Deje reposar por 10 minutos. Para servir, corte la carne, a través de la fibra, en rebanadas delgadas.

SOFRITO CON NUEZ Y MIEL

Arroz con Nuez (receta
más adelante)
225 g de carne de cerdo, en
tiras de 5×1 cm
½ taza de cebolla rebanada
1 diente de ajo picado
4 ciruelas frescas, partidas
por la mitad, sin hueso
y en rebanadas gruesas
1 taza de yogur natural
bajo en grasa
1 cucharada de harina de
trigo
1½ cucharaditas de jengibre
fresco rallado
½ cucharadita de cúrcuma
molida
⅛ de cucharadita de
pimienta negra
Rebanadas de ciruela
adicionales, gajos de
naranja y cebollín
rebanado

CERDO SALTEADO TANDOORI

Rinde 4 porciones

Prepare el Arroz con Nuez. En una sartén
antiadherente, ase la carne por 2 minutos o hasta que
se dore; voltéela de vez en cuando. Pásela a un platón.
Ponga en la sartén la cebolla y el ajo; cuézalos durante
1 minuto. Agregue las ciruelas; cueza y revuelva por
1 minuto. Retire del fuego y regrese la carne a la sartén.
Mezcle la harina con el yogur; vierta en la sartén.
Incorpore el jengibre, la cúrcuma y la pimienta. Ponga a
hervir; reduzca el fuego y deje cocer durante
10 minutos; revuelva de vez en cuando. Sirva sobre el
Arroz con Nuez y rodee con las rebanadas de ciruela,
los gajos de naranja y el cebollín.

ARROZ CON NUEZ

En una cacerola mediana, ponga a hervir 2 tazas de
agua. Agregue ¾ de taza de arroz integral y ¼ de taza
de granos de trigo. (Puede omitir los granos de trigo y
utilizar 1 taza de arroz integral.) Vuelva a hervir.
Reduzca el fuego a bajo; tape y deje cocer de 40 a
45 minutos o hasta que el arroz esté suave y haya
absorbido el líquido.

CERDO SALTEADO TANDOORI

⅓ de taza de agua
⅓ de taza de salsa de soya
¼ de taza de cebollines, en
    rebanadas delgadas
3 cucharadas de miel
3 cucharadas de aceite
    oscuro de ajonjolí
2 cucharadas de ajo
    picado
2 cucharadas de semillas
    de ajonjolí
1 cucharada de jengibre
    fresco rallado
1 cucharadita de pimienta
    negra
1.500 kg de costillas de cerdo

CHULETAS LUNA COREANA

Rinde 8 porciones

Para preparar la marinada, mezcle todos los ingredientes, excepto las costillas, en un recipiente chico. Meta las costillas en una bolsa grande de plástico. Vierta encima la marinada; mueva la bolsa para bañar las costillas. Cierre la bolsa. Marine en el refrigerador por toda la noche. En un asador, ponga en el centro un recolector de grasa rectangular y acomode a los costados el carbón. Ase las costillas en el centro de la parrilla, con el asador tapado, de 35 a 45 minutos o hasta que estén doradas y bien cocidas; voltéelas una vez.

1 pieza de tofu
225 g de carne molida de
    cerdo
1 cucharada de jerez seco
1 cucharadita de jengibre
    fresco picado
1 diente de ajo picado
½ taza de consomé de pollo
1 cucharada de fécula de
    maíz
3 cucharadas de salsa de
    soya
1 cucharada de vinagre
½ cucharadita de pimienta
    roja machacada
1 cucharada de aceite
1 cebolla, en trozos de
    1.5 cm de grosor
1 pimiento morrón verde,
    en trozos de 1.5 cm

SOFRITO HUNAN CON TOFU

Rinde 4 porciones

Corte el tofu en cubos de 1.5 cm; escúrralos bien sobre varias capas de toallas de papel. Mientras tanto, en un recipiente chico, mezcle la carne con el jerez, el jengibre y el ajo; deje reposar por 10 minutos. Mezcle el consomé con la fécula de maíz, la salsa de soya, el vinagre y la pimienta. Caliente un wok o una sartén grande a fuego medio-alto; agregue la carne. Cueza, revolviendo para separar los grumos de carne, durante unos 3 minutos o hasta que empiece a dorarse; retire. Caliente el aceite en el mismo wok. Agregue la cebolla y el pimiento; sofríalos por 4 minutos. Añada la carne y la mezcla de salsa de soya. Cueza, revolviendo, hasta que la mezcla hierva y se espese. Con delicadeza, mezcle el tofu; caliente bien. Sirva de inmediato sobre arroz.

¼ de taza de melaza
2 cucharadas de jerez para cocinar
2 cucharadas de salsa de soya
1 cucharada de salsa hoisin
450 g de carne de cerdo, sin hueso, en tiras delgadas
2 cucharadas de aceite
1 taza de espárragos o tirabeques (vainas), cortados diagonalmente
1 taza de zanahorias rebanadas diagonalmente (2 medianas)
¾ de taza de caldo de res o agua
2 cucharadas de fécula de maíz
Semillas de ajonjolí tostadas (opcional)
Vermicelli o tallarín oriental cocido

CERDO SOFRITO CON VERDURAS

Rinde 4 porciones

En un recipiente mediano, mezcle la melaza con el vino, la salsa de soya y la salsa hoisin; revuelva bien. Agregue el cerdo; revuelva para bañarlo. Tape y refrigere de 1 a 2 horas o por toda la noche.

En una sartén grande, caliente 1 cucharada de aceite. Sofría los espárragos y la zanahoria de 3 a 5 minutos o hasta que estén suaves. Retírelos de la sartén. Añada el aceite restante y la mezcla de carne; sofría por 5 minutos o hasta que la carne se dore. En un recipiente chico, mezcle el caldo con la fécula de maíz; disuelva bien. Vierta en la sartén; cueza hasta que la mezcla se espese, moviendo sin cesar. Regrese las verduras a la sartén; deje que se calienten bien. Ponga encima las semillas de ajonjolí, si lo desea. Acompañe con el vermicelli o el tallarín oriental.

900 g de costillas de cerdo, partidas por la mitad a lo largo*
¼ de taza más 1 cucharada de salsa de soya
3 cucharadas de salsa hoisin
3 cucharadas de jerez seco
1 cucharada de azúcar
1 cucharadita de jengibre fresco picado
2 dientes de ajo picados
¼ de cucharadita de cinco especias chinas en polvo
2 cucharadas de miel
1 cucharada de vinagre de manzana

Pida a su carnicero que las parta.

COSTILLAS GLASEADAS CON MIEL

Rinde unas 4 porciones

1. Corte las costillas entre los huesos para obtener trozos de 15 cm. Quite el exceso de grasa. Ponga las costillas en una bolsa grande de plástico.

2. Para preparar la marinada, mezcle en un recipiente chico ¼ de taza de salsa de soya con la salsa hoisin, 2 cucharadas de jerez, el azúcar, el jengibre, el ajo y las cinco especias en polvo; revuelva bien. Vierta sobre las costillas. Cierre la bolsa; póngala en un recipiente grande. Refrigere durante 8 horas o por toda la noche; voltee la bolsa de vez en cuando.

3. Caliente el horno a 180 °C. Forre un molde grande para horno con papel de aluminio. Ponga las costillas sobre una rejilla en el molde; conserve la marinada. Hornee por 30 minutos; voltee las costillas y barnícelas con la salsa. Continúe horneando durante 40 minutos o hasta que las costillas estén suaves cuando las pique con un tenedor.

4. Para glasearlas, mezcle en un recipiente chico la miel con el vinagre y la salsa de soya y el jerez restantes; revuelva bien. Barnice las costillas con la mitad de la mezcla. Póngalas en el asador eléctrico, de 10 a 15 cm de la fuente de calor; áselas hasta que se glaseen, de 2 a 3 minutos. Voltee las costillas. Barnícelas con la mezcla de miel restante. Ase hasta que se glaseen. Córtelas en porciones individuales. Adorne, si lo desea.

COSTILLAS GLASEADAS CON MIEL

SALSA

¼ **de taza de agua**

1½ **cucharadas de salsa de soya**

1 **cucharada de fécula de maíz**

1 **cucharada de jerez seco**

1 **cucharadita de aceite oriental de ajonjolí**

¼ **de cucharadita de pimienta negra**

CERDO Y VERDURAS

1 **cucharada de salsa de soya**

1 **cucharada de fécula de maíz**

225 g **de carne de cerdo, sin hueso, en tiras delgadas de 0.5 cm**

2 **cucharadas de aceite**

4 **huevos bien batidos**

1 **cucharadita de ajo fresco picado**

1 **cucharadita de jengibre picado**

1 **bolsa (30 g) de champiñones orientales secos; remójelos en agua por 20 minutos, desprenda los tallos y rebánelos en tiras**

2 **tazas de col rallada**

1 **lata (420 g) de verduras para chop suey, escurridas**

10 **tortillas de harina (de 20 a 25 cm) calientes**

1 **frasco (285 ml) de salsa agridulce**

CERDO MU SHU

Rinde 5 porciones

En un recipiente chico, mezcle los ingredientes para la salsa. En un recipiente mediano, disuelva la fécula de maíz con la salsa de soya. Agregue la carne y báñela con la salsa. En una sartén antiadherente grande, caliente 1 cucharada de aceite a fuego bajo. Añada el huevo; cuézalo como tortilla de huevo. Retírelo de la sartén y rebánelo en tiras de 5 cm. Caliente el aceite restante en la misma sartén. Agregue la mezcla de cerdo, el ajo y el jengibre; sofría hasta que la carne pierda su color rosado. Retírela de la sartén y escúrrala. Incorpore los champiñones, sofríalos por 1 minuto. Revuelva la salsa que reservó; viértala en la sartén. Cueza, revolviendo sin cesar, hasta que la salsa se espese y burbujee. Regrese la carne y el huevo a la sartén junto con la col y las verduras; caliente bien y revuelva de vez en cuando. Unte las tortillas con salsa agridulce; corone con ½ taza de la mezcla de carne. Enrolle las tortillas. Sirva con la salsa agridulce restante.

CERDO MU SHU

BROCHETAS DE CERDO AL CURRY

Rinde 4 porciones

450 g de lomo de cerdo, sin hueso, en cubos de 1.5 cm
1 taza de yogur natural bajo en grasa
2 cucharadas de jugo de naranja
1 cucharada de cilantro molido
½ cucharadita de cúrcuma
½ cucharadita de comino molido
½ cucharadita de sal
¼ de cucharadita de jengibre molido
4 brochetas

Para la marinada, mezcle en un recipiente mediano el yogur, el jugo de naranja y los sazonadores; revuelva bien. Agregue la carne; revuelva para bañarla con la marinada. Tape y refrigere de 4 a 24 horas. Escurra la carne y deseche la marinada. Seque la carne ligeramente con toallas de papel. Ensarte la carne en las brochetas. Áselas sobre carbón, volteándolas con frecuencia, por unos 10 minutos, hasta que estén bien doradas.

TIEMPO DE PREPARACIÓN: 10 minutos
TIEMPO DE COCCIÓN: 10 minutos

LOMO DE CERDO TERIYAKI

Rinde 4 porciones

1 lomo de cerdo entero
½ taza de salsa de soya baja en sodio
¼ de taza de jerez seco
2 cucharadas de cebollín rebanado
1 cucharada de azúcar morena
1 cucharada de jengibre fresco rallado *o*
½ cucharadita de jengibre seco molido
1 diente de ajo picado

Mezcle todos los ingredientes en una bolsa de plástico; cierre la bolsa y revuelva bien. Deje reposar a temperatura ambiente de 20 a 30 minutos (o por toda la noche en el refrigerador). Retire el lomo de la bolsa y deseche la marinada. Ponga el lomo en una olla baja y áselo en el horno a 230 °C, de 20 a 25 minutos, hasta que el termómetro para carne insertado en la parte más gruesa registre de 68 a 70 °C. Sáquelo del horno y déjelo reposar de 5 a 10 minutos antes de rebanarlo.

450 g de lomo de cerdo
½ taza de salsa de soya
2 dientes de ajo picados
1 cucharada de jengibre
    fresco rallado *o*
    1 cucharadita de
    jengibre seco molido
1 cucharada de aceite de
    ajonjolí
¼ de taza de miel
2 cucharadas de azúcar
    morena
4 cucharadas de semillas
    de ajonjolí

LOMO CON MIEL Y AJONJOLÍ

Rinde 4 porciones

Mezcle la salsa de soya, el ajo, el jengibre y el aceite de ajonjolí. Meta el lomo en una bolsa de plástico grueso; vierta la mezcla de soya para bañarlo. Deje marinar durante 2 horas a temperatura ambiente, o por toda la noche en el refrigerador. Retire la carne de la bolsa y deseche la marinada; seque un poco la carne. En un platón, mezcle la miel y el azúcar morena. En otro platón, coloque las semillas de ajonjolí. Ruede la carne en la mezcla de miel; báñelo bien. Después, ruédelo sobre las semillas de ajonjolí. Ase en una olla a 200 °C, de 20 a 30 minutos, hasta que el termómetro insertado en la carne registre 70 °C. Ponga en un platón, corte en rebanadas delgadas y sirva.

TIEMPO DE PREPARACIÓN: 10 minutos
TIEMPO DE COCCIÓN: 30 minutos

AVES PERFECTAS

POLLO SOFRITO CON LIMÓN Y NUEZ

Rinde 6 porciones

1 cucharada de aceite de cacahuate (maní)
450 g de filetes de pollo, en trozos de 3.5 cm
½ taza de champiñones
¼ de taza de cebollín
2 dientes de ajo picados
1 taza de tiras de zanahoria
½ taza de consomé de pollo
1 a 2 cucharadas de jerez
2 cucharaditas de azúcar
½ cucharadita de ralladura de cáscara de limón
3 cucharadas de jugo de limón
1 cucharada de fécula de maíz
⅛ de cucharadita de pimienta blanca
1 bolsa (180 g) de tirabeques (vainas)
⅓ de taza de nuez de la India, picada

CALIENTE el aceite a fuego medio-alto en una sartén grande. Ponga el pollo y fríalo de 7 a 8 minutos o hasta que pierda su color rosado en el centro.

INCORPORE el champiñón, el cebollín y el ajo; cueza, revolviendo, por 1 minuto o hasta que las verduras estén suaves. Agregue la zanahoria, el consomé de pollo, el jerez, el azúcar y la ralladura de limón; cueza, revolviendo, de 1 a 2 minutos más.

MEZCLE el jugo de limón, la fécula de maíz y la pimienta en un recipiente chico; revuelva hasta que se incorporen. Vierta sobre el pollo; cueza y revuelva de 1 a 2 minutos o hasta que se espese un poco.

AGREGUE los tirabeques; cueza y revuelva por 1 minuto o hasta que todo esté bien caliente. Sirva sobre arroz cocido caliente, si lo desea; añada la nuez de la India.

POLLO SOFRITO CON LIMÓN Y NUEZ

½ **taza más 1 cucharada de fécula de maíz**
1 taza de agua
3 cucharadas de jerez seco
3 cucharadas de vinagre de manzana
3 cucharadas de salsa hoisin
4 cucharaditas de salsa de soya
2 cucharaditas de consomé de pollo granulado
1 pollo entero (de 1.350 a 1.800 kg), cortado en piezas*
Aceite vegetal para freír
2 cucharaditas de jengibre fresco picado
2 cebollas amarillas medianas picadas
225 g de brócoli fresco, en trozos de 2.5 cm
1 pimiento morrón rojo o verde, picado
2 latas (de 120 g cada una) de champiñón botón entero, escurrido
225 g de vermicelli de arroz chino, suavizado en agua hirviente (opcional)
Tiras de pimiento morrón rojo para adornar

Corte los muslos, las piernas y la mitad de la pechuga en tres piezas. Corte cada ala en dos piezas.

POLLO HOISIN

Rinde 6 porciones

1. En un recipiente chico, mezcle 1 cucharada de fécula de maíz, el agua, el jerez, el vinagre, la salsa hoisin, la salsa de soya y el consomé en polvo; revuelva bien.

2. En un recipiente grande, ponga la fécula de maíz restante. Agregue las piezas de pollo y cúbralas bien.

3. En una sartén grande o en un wok, vierta 2.5 cm de aceite. Caliéntelo a fuego alto hasta que alcance 190 °C. Añada ⅓ de las piezas de pollo, una a la vez; fríalas hasta que pierdan su color rosado en el centro, por unos 5 minutos. Escurra el pollo sobre toallas de papel. Repita con el pollo restante.

4. Deje 2 cucharadas de aceite en la sartén y deseche el resto. Incorpore el jengibre y sofríalo por 1 minuto. Ponga la cebolla y sofríala durante 1 minuto; agregue el brócoli, el pimiento y los champiñones; sofríalos por 2 minutos.

5. Revuelva la mezcla de fécula de maíz y viértala en la sartén. Cueza, revolviendo, hasta que la salsa hierva y se torne clara. Regrese el pollo a la sartén. Cueza hasta que el pollo esté bien caliente, por unos 2 minutos. Sirva sobre el vermicelli caliente y adorne, si lo desea.

POLLO HOISIN

SOFRITO DE POLLO A LA NARANJA

Rinde 6 porciones

½ taza de jugo de naranja
2 cucharadas de aceite de ajonjolí
2 cucharadas de salsa de soya
1 cucharada de jerez seco
2 cucharaditas de jengibre fresco rallado
1 cucharadita de ralladura de cáscara de naranja
1 diente de ajo picado
675 g de pechugas de pollo, deshuesadas y sin piel, en tiras
3 tazas de verduras frescas, como pimiento morrón verde y rojo, tirabeques (vainas), zanahoria, cebollín, champiñones y cebolla
1 cucharada de fécula de maíz
½ taza de trozos o mitades de nuez de la India

En un recipiente grande de vidrio, mezcle el jugo de naranja, 1 cucharada de aceite, la salsa de soya, el jerez, el jengibre, la ralladura de naranja y el ajo. Incorpore el pollo; tape y marine en el refrigerador por 1 hora. Escurra el pollo y conserve la marinada. En una sartén grande o en un wok, caliente el aceite restante a fuego medio-alto. Agregue el pollo; sofríalo por 3 minutos o hasta que el pollo esté dorado. Añada las verduras, sofríalas de 3 a 5 minutos o hasta que estén suaves. Disuelva la fécula de maíz en la marinada; vierta en la sartén y revuelva hasta que la salsa hierva y se espese. Incorpore la nuez de la India; cueza por 1 minuto más. Sirva con arroz.

POLLO GLASEADO MIEL-LIMÓN

Rinde 6 porciones

½ taza de miel
2 cucharadas de jugo de limón
2 cucharadas de cilantro fresco picado
1 cucharada de salsa de soya
2 cucharaditas de chile jalapeño sin semillas, en tiras
1½ cucharaditas de ajo picado
6 mitades de pechugas de pollo con hueso

En un recipiente chico, mezcle todos los ingredientes, excepto el pollo; revuelva bien. Ponga el pollo en un refractario; vierta la mitad de la marinada sobre el pollo. Tape y refrigere durante 2 horas o por toda la noche. Conserve el resto de la marinada. Ase el pollo sobre carbón por unos 15 minutos o hasta que pierda su color rosado en el centro; voltéelo y barnícelo con la marinada que conservó a la mitad del tiempo de cocción.

SOFRITO DE POLLO A LA NARANJA

½ taza de salsa de soya
¼ de taza de mostaza
   preparada
2 cucharadas de miel
2 cucharadas de jugo de
   limón
½ cucharadita de jengibre
   molido
4 cuartos de pollo
   Pilaf de arroz cocido y
   caliente (opcional)

POLLO ORIENTAL A LA PARRILLA

Rinde 4 porciones

En un recipiente grande de vidrio, mezcle la salsa de soya, la mostaza, la miel, el jugo de limón y el jengibre. Agregue el pollo; voltéelo para bañarlo bien. Tape y deje marinar en el refrigerador por 1 hora. Retire el pollo y vierta la marinada en una cacerola chica. Hiérvala a fuego medio-alto; consérvela caliente. Ponga el pollo en el asador, con la piel hacia arriba, a unos 20 cm del fuego. Áselo por 45 minutos, volteándolo de vez en cuando. Después, barnícelo con la marinada varias veces y áselo durante 15 minutos más o hasta que pueda insertar con facilidad un tenedor en la carne y el jugo salga claro, no rosado. Acompañe con pilaf de arroz, si lo desea.

½ taza de salsa de soya
   Jugo de 2 o 3 limones
¼ de taza de vino blanco
2 cucharaditas de azúcar
2 cucharaditas de jengibre
   picado *o* 1 cucharadita
   de jengibre fresco
   rallado
3 dientes de ajo
   machacados
14 muslos de pollo

MUSLOS DE POLLO CON JENGIBRE Y AJO

Rinde 4 porciones

Para la marinada, mezcle la salsa de soya, el jugo de limón, el vino, el azúcar, el jengibre y el ajo en un recipiente chico. Ponga los muslos en una bolsa de plástico y vierta la marinada. Saque el aire de la bolsa y ciérrela bien. Voltee la bolsa para bañar bien el pollo. Refrigere durante 6 horas o por toda la noche; voltee la bolsa una o dos veces. Ponga los muslos con la salsa en un refractario grande de vidrio rociado con aceite en aerosol. Hornee a 180 °C durante 1 hora o hasta que el jugo salga claro. La salsa debe glasear el pollo.

ARROZ ASIÁTICO CON AJONJOLÍ (PÁGINA 323) Y POLLO ORIENTAL A LA PARRILLA

POLLO SOFRITO TAILANDÉS

Rinde 4 porciones

4 mitades de pechuga de pollo, deshuesadas y sin piel, en tiras de 1.5 cm

2 cucharadas de aceite vegetal

2 cucharaditas de jengibre fresco rallado

2 dientes de ajo picados

2 tazas de floretes de brócoli

1 calabaza amarilla mediana, en rebanadas de 0.5 cm de grosor

1 pimiento morrón rojo mediano, en tiras de 5 cm

⅓ de taza de crema de cacahuate (maní)

¼ de taza de salsa de soya

2 cucharadas de vinagre blanco

2 cucharaditas de azúcar

½ cucharadita de pimienta roja machacada

⅓ de taza de consomé de pollo, sin grasa y poca sal

225 g de linguine, cocido como indica la envoltura

2 cebollines enteros, en rebanadas delgadas

En una sartén grande, ponga el aceite y caliéntelo a fuego medio-alto. Agregue el pollo, el jengibre y el ajo; fríalos por unos 5 minutos o hasta que el pollo esté ligeramente dorado y haya perdido su color rosado. Pase la mezcla de pollo a un recipiente. En la misma sartén, ponga el brócoli, la calabaza y el pimiento. Fría durante unos 5 minutos o hasta que las verduras estén suaves. Pase las verduras al recipiente con el pollo. Añada a la sartén la crema de cacahuate, la salsa de soya, el vinagre, el azúcar y la pimienta; vierta el consomé de pollo. Regrese el pollo y las verduras a la sartén; deje que se calienten bien. Sirva sobre el linguine. Espolvoree con el cebollín.

1 bolsa (30 g) de champiñón negro chino seco
¼ de taza de salsa de soya baja en sodio
2 cucharadas de vinagre de arroz
3 dientes de ajo picados
450 g de pechugas de pollo, deshuesadas y sin piel
½ taza de consomé de pollo
1 cucharada de fécula de maíz
2 cucharadas de aceite de cacahuate (maní) o vegetal
1 frasco (210 g) de fukurotake (champiñón de la paja de arroz) escurrido
3 cebollines, en trozos de 2.5 cm
Arroz blanco o tallarín chino de huevo, cocido y caliente (opcional)

Moo Goo Gai Pan

Rinde 4 porciones

1. Ponga el champiñón seco en un recipiente chico; cúbralo con agua caliente. Remójelo por 20 minutos para que se suavice. Escúrralo; quite el exceso de agua. Deseche los tallos; rebane los sombreros.

2. En un recipiente mediano mezcle la salsa de soya, el vinagre y el ajo. Corte el pollo a lo ancho en tiras de 1.5 cm. Bañe el pollo con la mezcla de salsa de soya. Deje marinar a temperatura ambiente por 20 minutos.

3. En una taza, disuelva la fécula de maíz en el consomé hasta suavizar.

4. Caliente un wok o una sartén grande a fuego medio-alto. Agregue 1 cucharada de aceite y caliéntela. Escurra el pollo; conserve la marinada. Ponga el pollo en el wok; sofríalo por 3 minutos o hasta que pierda su color rosado. Retírelo del wok.

5. Caliente en el wok el aceite restante; añada el champiñón seco, el fukurotake y el cebollín. Sofríalos por 1 minuto.

6. Revuelva la mezcla de consomé y viértala en el wok junto con la marinada que conservó. Sofría durante 1 minuto o hasta que la salsa hierva y se espese.

7. Regrese el pollo al wok junto con el jugo que haya soltado; caliente. Sirva sobre arroz, si lo desea.

⅓ de taza de almendras enteras blanqueadas

450 g de pechugas o muslos de pollo, deshuesados y sin piel

2 dientes de ajo picados

1 cucharadita de jengibre fresco picado

¼ de cucharadita de pimienta roja machacada

¾ de taza de consomé de pollo

¼ de taza de salsa de soya

4 cucharaditas de fécula de maíz

4 cardos chinos (pak choi) (unos 340 g)

2 cucharadas de aceite de cacahuate (maní) o vegetal

2 zanahorias medianas, en rebanadas delgadas

Tallarín chow mein o arroz cocido y caliente

POLLO CON ALMENDRA

Rinde 4 porciones

1. Caliente el horno a 180 °C. Ponga la almendra sobre una charola para hornear. Ase de 6 a 7 minutos hasta que se dore; revuélvala una vez.

2. Corte el pollo en trozos de 2.5 cm. En un recipiente mediano, mezcle el pollo con el ajo, el jengibre y la pimienta. Marine a temperatura ambiente por 15 minutos.

3. En un recipiente chico, disuelva la fécula de maíz en el consomé de pollo y la salsa de soya; revuelva hasta suavizar.

4. Corte los cardos chinos en trozos de 1.5 cm. Corte las hojas por la mitad a lo ancho.

5. Caliente un wok o una sartén grande a fuego medio-alto. Agregue 1 cucharada de aceite y caliéntela. Incorpore la mezcla de pollo y sofríala por 3 minutos o hasta que el pollo pierda su color rosado. Retire del fuego.

6. Vierta en el wok el aceite restante; deje que se caliente. Luego añada el cardo y la zanahoria; sofríalos por 5 minutos o hasta que las verduras estén suaves. Revuelva la mezcla de consomé y viértala en el wok junto con las hojas de cardo; sofría durante 1 minuto o hasta que la salsa hierva y se espese.

7. Regrese al wok el pollo junto con su jugo; caliéntelo bien. Incorpore la almendra. Sirva sobre el tallarín chow mein.

POLLO CON ALMENDRA

1 limón
1 cucharadita de tomillo
seco
½ cucharadita de sal
¼ de cucharadita de
pimienta blanca molida
450 g de piezas de pavo, en
tiras de 6×2.5 cm
450 g de brócoli fresco
1 taza de consomé de
pollo
1 cucharada de fécula de
maíz
3 cucharadas de aceite
vegetal
1 cucharada de
mantequilla
115 g de champiñón botón,
lavado y rebanado
1 cebolla morada
mediana, pelada,
rebanada y en anillos
1 lata (400 g) de elote
baby, cortado,
enjuagado y escurrido*
Arroz cocido y caliente
Rebanadas de limón
para adornar

*Puede sustituirlo con 435 g de
elote baby entero y cortado en
trozos de 2.5 cm.

Pavo Sofrito con Brócoli

Rinde de 4 a 6 porciones

1. Ralle finamente la cáscara de limón. Obtenga
2 cucharadas de jugo del limón. Mezcle el jugo de limón
con la ralladura, el tomillo, la sal y la pimienta.

2. Agregue el pavo a la mezcla de limón; báñelo bien.
Deje marinar por 30 minutos.

3. Corte el brócoli en floretes. Pele los tallos y después
rebánelos diagonalmente en trozos de 5 cm.

4. En una taza, disuelva la fécula de maíz en el
consomé.

5. Ponga 4 tazas de agua en un wok; ponga a hervir a
fuego medio-alto. Cueza los tallos de brócoli por
1 minuto. Añada los floretes; cueza durante 2 minutos
más o hasta que estén suaves. Escurra y enjuague con
agua fría.

6. Caliente el wok a fuego medio-alto. Incorpore
1 cucharada de aceite y la mantequilla; ponga a
calentar. Agregue el champiñón; sofríalo por 2 minutos
o hasta que esté cocido. Añada la cebolla y sofríala
durante 2 minutos. Pase a un recipiente grande.

7. En el wok, caliente 1 cucharada de aceite. Sofría la
mitad de las tiras de pavo en una capa por 1½ minutos
o hasta que estén bien doradas por todos lados.
Colóquelas en el recipiente junto con el champiñón.
Repita el procedimiento con el aceite y el pavo
restantes.

8. Ponga el elote en el wok y caliéntelo por 1 minuto.
Revuelva la mezcla de fécula de maíz; viértala en el
wok y déjela cocer hasta que burbujee. Incorpore el
pavo, el brócoli, el champiñón y la cebolla; caliente
bien. Sirva sobre arroz. Adorne, si lo desea.

PAVO SOFRITO CON BRÓCOLI

2 cucharaditas de
  pimentón
½ cucharadita de comino
  molido
½ cucharadita de cilantro
  molido
¼ de cucharadita de
  jengibre molido
⅛ de cucharadita de
  pimienta roja molida
8 muslos de pollo,
  deshuesados y sin piel
  (unos 565 g)
2 cucharadas más
  1 cucharadita de jugo
  de limón
2 cucharadas de
  margarina baja en
  calorías, derretida
1 taza de pan molido
  Aceite en aerosol
225 g de yogur natural sin
  grasa, a temperatura
  ambiente
½ taza de cilantro fresco
¼ de taza de menta fresca
¼ de cucharadita de sal
  Rebanadas de limón
  para adornar
  Arroz cocido y caliente
  (opcional)

POLLO HORNEADO BOMBAY

Rinde 4 porciones

En un recipiente chico, mezcle el pimentón con el comino, el cilantro, el ajonjolí y la pimienta. Ponga el pollo entre dos trozos de plástico; aplánelo con un mazo para carne o con un rodillo hasta que tenga 1.5 cm de grosor. Espolvoree ambos lados del pollo con la mezcla de pimentón. En un recipiente extendido, mezcle las 2 cucharadas de jugo de limón con la margarina y remoje el pollo; después, revuélquelo sobre el pan molido; cúbralo bien. Póngalo sobre una charola para hornear rociada con aceite en aerosol. Hornee a 220 °C, de 17 a 20 minutos o hasta que pierda su color rosado en el centro. En la licuadora o en el procesador de alimentos, ponga el yogur, el cilantro, la menta, el jugo de limón restante y la sal; licue hasta que se incorporen. Al servir, vierta la salsa sobre el pollo. Adorne con rebanadas de limón y sirva sobre el arroz, si lo desea.

POLLO BOMBAY AL HORNO Y PILAF DE ARROZ Y SHIITAKE (PÁGINA 319)

- 1 cucharadita de comino molido
- ½ cucharadita de sal
- ¼ de cucharadita de pimienta de Cayena
- ¼ de cucharadita de canela en polvo
- ¼ de cucharadita de clavos molidos
- Raita (receta más adelante)
- 2 dientes de ajo chicos picados
- 1 chile jalapeño chico, sin semillas y en tiras (opcional)
- 1 cucharada de jengibre fresco picado o rallado
- 1 pechuga de pavo (de 450 a 565 g), en cubos de 1.5 cm
- 1 a 2 cucharadas de aceite vegetal
- 4 pitas (pan árabe) partidas por la mitad (opcional)

BROCHETAS DE PAVO TANDOORI

Rinde 4 porciones

En un recipiente chico, mezcle el comino, la sal, la pimienta, la canela y los ajos; reserve ½ cucharadita de la mezcla de comino para la Raita. Prepare la Raita. En el recipiente con la mezcla de comino, agregue el ajo, el chile y el jengibre. Ponga el pavo en un recipiente grande; rocíelo con el aceite y revuélvalo para bañarlo. Espolvoree encima la mezcla de comino; revuelva para cubrirlo. Ensarte el pavo en brochetas de metal o de madera. (Remoje en agua caliente las brochetas de madera durante 30 minutos para evitar que se quemen.) Engrase ligeramente la parrilla caliente para evitar que se peguen las brochetas. Ase el pavo, con el asador tapado, a fuego medio-alto, de 7 a 12 minutos o hasta que el pavo pierda su color rosado; voltee las brochetas una vez. Sirva sobre las pitas, si lo desea, con la Raita.

RAITA

- 1 taza de yogur natural bajo en grasa
- ¾ de taza de pepino pelado, sin semillas y en cubos chicos
- 1½ cucharadas de menta fresca picada
- 2 a 3 cucharaditas de miel
- ½ cucharadita de la mezcla de comino que reservó de la receta principal

En un recipiente chico, mezcle todos los ingredientes. Tape y refrigere hasta el momento de servir.

800 g de alas de pollo
Sal al gusto
Pimienta negra molida al gusto
2 cucharadas de aceite vegetal
1 taza de floretes de brócoli
1 lata (225 g) de castañas de agua rebanadas, escurridas
4 zanahorias rebanadas
4 cebollas de cambray, en rebanadas delgadas
½ taza de agua
¼ de taza de azúcar morena
¼ de taza de salsa de soya
3 cucharadas de jerez seco o vinagre blanco
2 dientes de ajo finamente picados
2 cucharaditas de jengibre rallado
2 tazas de arroz cocido y caliente
Cebolla de cambray rebanada adicional para adornar (opcional)

POLLO SOFRITO TERIYAKI

Rinde de 4 a 6 porciones

Sazone las alitas con sal y pimienta.

En un wok o en una sartén antiadherente grande, caliente el aceite a fuego medio-alto; sofría el brócoli por 1 minuto. Agregue la castaña de agua y la zanahoria; sofría durante 1 minuto más. Incorpore la cebolla y sofría por unos segundos. Retire las verduras del fuego.

Ponga las alitas en el wok y fríalas hasta que empiecen a dorarse por todos lados, durante unos 5 minutos. Reduzca el fuego a bajo; tape y cueza por 10 minutos, volteando de vez en cuando hasta que pierdan su color rosado. Ponga las alitas sobre toallas de papel y deseche la grasa. Regrese las alitas y las verduras al wok. Añada el resto de los ingredientes, excepto el arroz y los ingredientes para adornar; revuelva hasta que estén bien mezclados. Cueza, volteando con frecuencia, hasta que las alitas y las verduras estén glaseadas y la salsa se espese, de 3 a 5 minutos. Sirva caliente sobre arroz; ponga encima las rebanadas de cebolla adicionales, si lo desea.

2 gallinas de Cornualles (de 675 a 800 g cada una), descongeladas
¼ de taza de salsa de soya
2 cucharadas de jerez seco
1 cucharadita de azúcar
⅔ de taza más 1 cucharada de fécula de maíz
¼ de taza de aceite vegetal
1 jengibre fresco (de unos 2.5 cm) pelado y cortado en 4 rebanadas
2 dientes de ajo machacados
1 taza de consomé de pollo
1 cebolla amarilla grande poco picada
360 g de tirabeques (vainas)
Lunas crecientes de calabaza amarilla, calabacita, zanahoria y pimiento morrón rojo para adornar

GALLINAS ESTOFADAS

Rinde de 2 a 4 porciones

1. Quite el pescuezo y la menudencia de las gallinas; envuélvalos y congélelos para utilizarlos en otro guiso o deséchelos. Enjuague las gallinas y las cavidades debajo del chorro de agua fría; séquelas con toallas de papel. Corte las gallinas en cuartos, quite el espinazo y el hueso de la pechuga.

2. Para la marinada, mezcle la salsa de soya, el jerez y el azúcar en un recipiente grande; revuelva bien. Agregue los cuartos de gallina; revuelva para bañarlos bien. Tape y refrigere por 1 hora para que se marinen; revuelva de vez en cuando.

3. Escurra las gallinas y conserve la marinada. Ponga ⅔ de taza de fécula de maíz en un plato extendido o en un molde para pay. Espolvoree las gallinas con la fécula de maíz. Mezcle la fécula de maíz restante con la marinada; revuelva bien.

4. Caliente un wok a fuego medio-alto por 1 minuto. Rocíe con aceite el wok y caliéntelo durante 30 segundos. Añada el jengibre y el ajo; fríalos por 1 minuto o hasta que el aceite esté aromático. Con una espumadera, saque y deseche el jengibre y el ajo. Incorpore las gallinas y fríalas de 10 a 15 minutos hasta que estén bien doradas por todos lados.

5. Incorpore el consomé y la cebolla al wok; deje que hierva. Tape y reduzca el fuego a bajo; deje cocer hasta que las gallinas se sientan suaves al picarlas con un tenedor y el jugo salga claro; voltéelas de vez en cuando. Coloque las gallinas en un lado del wok y acomode los tirabeques en el centro del recipiente.

6. Tape y deje cocer de 3 a 5 minutos hasta que los tirabeques estén suaves. Revuelva la mezcla de fécula de maíz y viértala en el wok. Deje cocer hasta que la salsa se espese y hierva; revuelva. Pase a un platón. Adorne, si lo desea. Sirva de inmediato.

GALLINAS ESTOFADAS

1 lata (225 g) de piña en
trozos, en jugo sin
endulzar
2 cucharaditas de fécula
de maíz
2 cucharadas de aceite de
cacahuate (maní)
3 mitades de pechuga de
pollo, deshuesadas y
sin piel (unos 450 g),
en trozos de 1.5 cm
2 a 4 chiles serrano rojos,*
sin semillas y en tiras
delgadas (opcional)
2 dientes de ajo picados
2 cebollines, en trozos de
2.5 cm
¾ de taza de nuez de la
India, tostada y sin sal
¼ de taza de albahaca
fresca picada (no utilice
albahaca seca)
1 cucharada de salsa de
pescado
1 cucharada de salsa de
soya
Arroz cocido y caliente
(opcional)
Flor de naranja china
para adornar

*El chile serrano puede irritar la
piel; utilice guantes de hule cuando
los maneje y no se toque los ojos.
Lávese las manos después de
trabajar con ellos.

POLLO SUPREMO CON PIÑA Y ALBAHACA

Rinde 4 porciones

1. Escurra la piña; conserve el jugo. En un recipiente chico, disuelva la fécula de maíz en el jugo de piña.

2. Caliente un wok a fuego alto por 1 minuto. Rocíe con aceite el wok y caliéntelo durante 30 segundos. Agregue el pollo, el chile, si lo desea, y el ajo; sofría por 3 minutos o hasta que el pollo pierda su color rosado. Añada el cebollín; sofríalo durante 1 minuto.

3. Revuelva la mezcla de fécula de maíz; viértala en el wok. Cueza por 1 minuto o hasta que se espese.

4. Incorpore la piña, la nuez de la India, la albahaca, la salsa de pescado y la salsa de soya; sofría por 1 minuto o hasta que esté bien caliente. Sirva sobre arroz y adorne, si lo desea.

POLLO SUPREMO CON PIÑA Y ALBAHACA

1 cucharadita de Garam
   Masala (receta más
   adelante)
½ taza de mantequilla sin
   sal
4 mitades de pechuga o
   muslos de pollo,
   deshuesados y sin piel
   (450 g)
1 huevo batido
3 dientes de ajo picados
2 cucharaditas de jengibre
   picado
½ cucharadita de sal
½ cucharadita de cúrcuma
½ taza de cebolla picada
2 cucharadas de coco
   rallado sin endulzar*
¾ de taza de yogur natural
¼ de taza de crema batida
¼ de taza de nuez de la
   India entera para
   adornar

*Puede sustituirlo con coco
endulzado enjuagado con agua
hirviente.

POLLO FRITO ESTILO MOGUL

Rinde 4 porciones

1. Prepare el Garam Masala.

2. Para preparar mantequilla clarificada o ghee, derrita la mantequilla en una sartén chica a fuego bajo. Retire del fuego. Deseche la espuma blanca que se forma encima. Deseche la grasa de la mantequilla clarificada. Deseche las partículas blancas de leche.

3. Ponga el pollo entre dos trozos de plástico. Aplánelo con un mazo hasta que tenga 0.5 cm de grosor.

4. En un recipiente chico, mezcle el huevo, ½ cucharadita de ajo, 1½ cucharaditas de jengibre, ½ cucharadita de Garam Masala, ¼ de cucharadita de sal y ¼ de cucharadita de cúrcuma. Sumerja el pollo en la mezcla y báñelo bien.

5. En una sartén grande, caliente la mantequilla clarificada a fuego medio-alto. Agregue el pollo y cuézalo de 4 a 5 minutos por lado o hasta que se dore y pierda su color rosado en el centro. Retire el pollo de la sartén; escúrralo sobre toallas de papel.

6. Para preparar la salsa, conserve 2 cucharadas de la mantequilla clarificada en la sartén; deseche el resto. Reduzca el fuego a medio. Añada la cebolla y fríala de 3 a 5 minutos o hasta que se suavice y se dore.

7. Incorpore el coco, el ajo y el jengibre restantes, ½ cucharadita de Garam Masala, ¼ de cucharadita de sal y ¼ de cucharadita de cúrcuma. Fría por 30 segundos.

8. Retire la sartén del fuego. En un recipiente chico, ponga el yogur y varias cucharadas de la salsa caliente; revuelva y vierta la mezcla de yogur en la sartén. Agregue el pollo; voltéelo para bañarlo. Caliente a fuego bajo. Pase el pollo a un platón. Incorpore la crema a la salsa. No deje que hierva. Sirva la salsa sobre el pollo. Adorne con nuez de la India.

GARAM MASALA

2 cucharaditas de semillas de comino
2 cucharaditas de granos de pimienta negra enteros
1 ½ cucharaditas de semillas de cilantro
1 cucharadita de semillas de hinojo
¾ de cucharadita de clavo entero
½ cucharadita de semillas de cardamomo enteras (sin vaina)
1 raja de canela, partida

Caliente el horno a 120 °C. En una charola para pizza o para hornear, ponga las especias; hornéelas por 30 minutos, revolviéndolas de vez en cuando. Muela las especias calientes en un molino para café o para especias limpio (o utilice un mortero). Guarde en un frasco de vidrio con tapa hermética.

¼ de taza de consomé de pollo
2 cucharadas de salsa de soya
2 cucharaditas de fécula de maíz
2 cucharaditas de aceite vegetal
340 g de pechugas de pollo, deshuesadas y sin piel, en tiras
2 a 3 cucharadas de jengibre fresco rebanado
1 diente de ajo picado
4 tazas de verduras frescas (tirabeques -vainas-, germinado de soya, zanahoria rebanada y apio)
1 taza de nuez tostada

SOFRITO DE POLLO CHINO CON NUEZ

Rinde 4 porciones

Mezcle el consomé de pollo con la salsa de soya y la fécula de maíz. En un wok o en una sartén, ponga a calentar el aceite hasta que esté bien caliente, pero sin humear. Agregue el pollo, el jengibre y el ajo. Sofríalos a fuego alto por 2 minutos; retire del fuego. Añada las verduras al wok; revuelva hasta que estén suaves, de 3 a 4 minutos. Regrese el pollo al wok. Incorpore la mezcla de fécula de maíz; sofría durante 1 minuto para que se espese. Ponga la nuez; revuelva. Sirva de inmediato con arroz.

4 pechugas de pollo enteras, deshuesadas y sin piel
½ taza de fécula de maíz
½ cucharadita de sal
⅛ de cucharadita de pimienta negra
4 yemas de huevo ligeramente batidas
¼ de taza de agua
Aceite vegetal para freír
4 cebollines enteros rebanados

SALSA DE LIMÓN
3 cucharadas de fécula de maíz
1½ tazas de agua
½ taza de jugo de limón
3½ cucharadas de azúcar morena
3 cucharadas de miel
2 cucharaditas de consomé de pollo granulado
1 cucharadita de jengibre fresco picado
Ralladura de cáscara de limón y toronjil para adornar

POLLO AL LIMÓN

Rinde de 4 a 6 porciones

1. Corte las pechugas por la mitad; póngalas entre dos trozos de plástico y aplánelas un poco con un mazo para carne o con un rodillo.

2. En un recipiente chico, mezcle la fécula de maíz, la sal y la pimienta. Incorpore poco a poco las yemas de huevo y el agua.

3. En una sartén grande o en un wok, vierta 2.5 cm de aceite. Caliente a fuego alto hasta que alcance 190 °C. Mientras tanto, sumerja las pechugas de pollo, una a la vez, en la mezcla de fécula de maíz.

4. Ponga las pechugas de pollo, dos a la vez, en el aceite caliente; cuézalas hasta que se doren, por unos 5 minutos o hasta que pierdan su color rosado en el centro. Escúrralas sobre toallas de papel. Consérvelas calientes mientras cuece el resto del pollo.

5. Corte cada pechuga en cuatro trozos. Acomódelos en un platón. Ponga encima el cebollín.

6. En una cacerola mediana, combine la fécula de maíz, el agua, el jugo de limón, el azúcar morena, la miel, el consomé granulado y el jengibre; revuelva bien. Cueza a fuego medio, revolviendo sin cesar, hasta que la salsa hierva y se espese, por unos 5 minutos. Vierta sobre el pollo. Adorne, si lo desea.

POLLO AL LIMÓN

1 taza de yogur natural
½ taza de leche de coco
1 cucharada de curry en polvo
1 cucharadita de jengibre fresco rallado
1 diente de ajo machacado
1 cucharadita de jugo de limón
½ cucharadita de sal
½ cucharadita de pimienta negra
450 g de filetes de pollo
6 pitas (pan árabe) (de 15 cm), partidas por la mitad
Cilantro fresco picado
Yogur natural adicional

SATAY TAILANDÉS DE POLLO

Rinde 6 porciones

MEZCLE 1 taza de yogur, la leche de coco, el curry en polvo, el jengibre, el ajo, el jugo de limón, la sal y la pimienta en un recipiente mediano; reserve ⅓ de taza de la mezcla. Sumerja el pollo en la salsa restante; tape y refrigere durante 8 horas por lo menos.

REMOJE en agua 12 brochetas de madera (de 25 cm) por 20 minutos.

RETIRE el pollo de la marinada; deséchela. Ensarte el pollo en las agujas. Ponga las brochetas en la rejilla de un asador eléctrico, rociada con aceite en aerosol. Ase de 10 a 12.5 cm de la fuente de calor, de 4 a 5 minutos. Voltee las brochetas; barnícelas con la mezcla que reservó. Ase por 4 minutos más o hasta que el pollo pierda su color rosado en el centro.

QUITE el pollo de las brochetas. Rellene las pitas con el pollo y corone con el cilantro y una cucharada de yogur.

Sugerencia para Servir: Acompañe con una ensalada de piña, gajos de tangerina y plátanos.

½ taza de salsa teriyaki
½ taza de jalea de ciruela
2 cucharadas de aceite vegetal
2 ciruelas finamente picadas
675 a 900 g de piezas de pollo
Rebanadas de ciruela fresca (opcional)

POLLO TERIYAKI CON CIRUELA

Rinde 4 porciones

En un recipiente grande, mezcle todos los ingredientes, excepto el pollo y las rebanadas de ciruela; revuelva bien. Agregue el pollo; tape y marine en el refrigerador durante 2 horas por lo menos. Ponga el pollo sobre el asador con el carbón a fuego medio-alto. Ase, barnizando de vez en cuando con la marinada y volteando el pollo con frecuencia, por 20 minutos o hasta que la carne pierda su color rosado. Adorne con las rebanadas de ciruela, si lo desea.

SATAY TAILANDÉS DE POLLO

5 cucharaditas de jerez seco
5 cucharaditas de salsa de soya
3½ cucharaditas de fécula de maíz
¼ de cucharadita de sal
3 mitades de pechuga de pollo, deshuesadas y sin piel, en trozos de un bocado
2 cucharadas de consomé de pollo o agua
1 cucharada de vinagre de vino tinto
1½ cucharaditas de azúcar
3 cucharadas de aceite vegetal
⅓ de taza de cacahuates (maníes) salados
6 a 8 chiles picantes chicos secos
1½ cucharaditas de jengibre fresco picado
2 cebollines enteros, en trozos de 4 cm
Cebollín y chile seco adicionales para adornar

POLLO KUNG PAO

Rinde 3 porciones

1. Para la marinada, mezcle 2 cucharaditas de jerez, 2 cucharaditas de salsa de soya, 2 cucharaditas de fécula de maíz y la sal en un recipiente grande; revuelva bien. Agregue el pollo; báñelo bien. Deje reposar por 30 minutos.

2. En un recipiente chico, mezcle 3 cucharaditas de jerez, 3 cucharaditas de salsa de soya, la fécula de maíz restante, el consomé de pollo, el vinagre y el azúcar; revuelva bien.

3. En un wok o en una sartén grande, caliente 1 cucharada de aceite a fuego medio. Agregue los cacahuates; fríalos hasta que estén ligeramente tostados; retírelos del wok.

4. En el wok, caliente el aceite restante a fuego medio. Añada los chiles; sofríalos hasta que comiencen a chamuscarse, por 1 minuto.

5. Aumente el fuego a alto. Ponga la mezcla de pollo; sofría durante 2 minutos. Incorpore el jengibre; sofría hasta que el pollo pierda su color rosado en el centro, más o menos por 1 minuto.

6. Agregue el cacahuate y el cebollín. Revuelva la mezcla de fécula de maíz; viértala en el wok. Cueza, revolviendo, hasta que la salsa hierva y se espese. Adorne, si lo desea.

5 cucharaditas de fécula
de maíz
4 cucharaditas de salsa de
soya
1 cucharada de jerez seco
1 cucharadita de aceite de
ajonjolí
3 mitades de pechuga de
pollo, deshuesadas y
sin piel, en trozos de un
bocado
1 cucharada de frijol negro
salado, fermentado
1 cucharadita de jengibre
fresco picado
1 diente de ajo picado
½ taza de consomé de
pollo
1 cucharada de salsa de
ostión
1 cebolla amarilla mediana
3 cucharadas de aceite
vegetal
450 g de puntas de
espárragos frescas, en
trozos diagonales de
2.5 cm
2 cucharadas de agua
Hojas de cilantro fresco
para adornar

POLLO Y ESPÁRRAGO CON SALSA DE FRIJOL NEGRO

Rinde de 3 a 4 porciones

1. Para la marinada, mezcle 2 cucharaditas de fécula de maíz, 2 cucharaditas de salsa de soya, el jerez y el aceite de ajonjolí en un recipiente grande; revuelva bien. Agregue el pollo; revuelva para bañarlo bien. Tape y refrigere por 30 minutos.

2. Ponga el frijol negro en un colador; enjuáguelo debajo del chorro de agua fría. Pique finamente los frijoles. Mézclelos con el jengibre y el ajo.

3. En un recipiente chico, combine el consomé de pollo, la salsa de ostión, la fécula de maíz y la salsa de soya restantes; revuelva bien.

4. Corte la cebolla en ocho rebanadas; sepárelas.

5. En un wok o en una sartén grande, caliente 2 cucharadas de aceite a fuego alto. Añada el pollo; sofríalo hasta que pierda su color rosado en el centro, por unos 3 minutos. Retírelo del wok.

6. En el wok, caliente el aceite vegetal restante; ponga la cebolla y el espárrago y sofríalos durante 30 segundos.

7. Agregue el agua; tape y deje cocer, revolviendo de vez en cuando, hasta que los espárragos estén suaves, por unos 2 minutos. Regrese el pollo al wok.

8. Revuelva la mezcla de consomé de pollo; vierta en el wok con la mezcla de fríjol. Cueza hasta que la salsa hierva y se espese; revuelva sin cesar. Adorne, si lo desea.

1 taza de cilantro fresco
poco picado
8 dientes de ajo pelados y
poco picados
2 cucharadas de salsa de
pescado
2 chiles jalapeños,* sin
semillas y poco picados
1 cucharada de azúcar
morena
1 cucharadita de curry en
polvo
Ralladura de la cáscara
de 1 limón
1 pollo entero (de unos
1.350 kg) en piezas

*Los chiles jalapeños pueden irritar
la piel; utilice guantes de hule
cuando los maneje y no se toque los
ojos. Lávese las manos después de
trabajar con ellos.

POLLO BARBECUE TAILANDÉS

Rinde 4 porciones

En la licuadora o en el procesador de alimentos, ponga
el cilantro, el ajo, la salsa de pescado, el chile jalapeño,
el azúcar morena, el curry en polvo y la cáscara de
limón; licue hasta obtener una pasta compacta.

Enjuague las piezas de pollo; séquelas con toallas de
papel. Con los dedos, desprenda parte de la piel de la
pechuga y los muslos. Frote más o menos 1 cucharadita
de la pasta de sazonadores debajo de la piel del pollo.
Frote las piezas de pollo por todos lados con el resto de
la pasta. Ponga el pollo en una bolsa grande de plástico
o métalo en un recipiente y tape; marine en el
refrigerador de 3 a 4 horas o por toda la noche.

Prepare el carbón del asador. Barnice la parrilla del asador
con aceite. Ase el pollo sobre el carbón, con la piel hacia
abajo, por unos 10 minutos o hasta que esté bien dorado.
Voltee el pollo y áselo de 20 a 30 minutos más o hasta que
pierda su color rosado en el centro y el jugo salga claro.
(Los muslos y las piernas pueden necesitar de 10 a
15 minutos más de cocción que las pechugas.) Si el pollo
ya está dorado por ambos lados, pero aún necesita más
tiempo de cocción, colóquelo en la orilla de la parrilla,
alejado del fuego directo, para que termine de cocerse.
Adorne a su gusto.

Nota: *Para hornear, ponga el pollo con la piel hacia
arriba en una cacerola ligeramente aceitada. Hornee a
190 °C, de 30 a 45 minutos o hasta que pierda su color
rosado en el centro.*

POLLO BARBECUE TAILANDÉS

½ taza de arroz sin cocer
1 cebolla chica
2 mitades de pechuga de
   pollo, deshuesadas y
   sin piel
1 cucharada de
   mantequilla o
   margarina
1 diente de ajo picado
1 cucharadita de curry en
   polvo
¼ de cucharadita de
   jengibre molido
3 cucharadas de uvas pasa
1 taza de manzana poco
   picada
1 cucharadita de consomé
   de pollo granulado
¼ de taza de yogur natural
   sin grasa
2 cucharaditas de harina
   de trigo
   Rodajas de cebollín
   (opcional)

POLLO AL CURRY

Rinde 2 porciones

1. Cueza el arroz siguiendo las instrucciones de la envoltura.

2. Mientras se cuece el arroz, corte la cebolla en rebanadas delgadas. Corte el pollo en cubos de 1.5 cm.

3. En una sartén mediana, a fuego medio, caliente la mantequilla, el ajo, el curry en polvo y el jengibre. Ponga el pollo; fríalo por 2 minutos. Agregue la cebolla, las uvas pasa y ¾ de taza de la manzana; cueza y revuelva durante 3 minutos. Incorpore el consomé de pollo y ¼ de taza de agua. Reduzca el fuego a bajo; tape y cueza por 2 minutos.

4. En un recipiente chico, mezcle el yogur con la harina. Vierta algunas cucharadas del líquido de la sartén en la mezcla de yogur. Vacíe la mezcla de yogur en la sartén. Cueza y revuelva justo hasta que la mezcla empiece a hervir.

5. Sirva el pollo sobre el arroz; adorne con la manzana restante y las rodajas de cebollín, si lo desea.

TIEMPO DE PREPARACIÓN Y COCCIÓN: 28 minutos

POLLO AL CURRY

675 g de muslos de pollo (de 4 a 6), sin piel
2 ramas de hierba limón
¼ de taza de azúcar
3 cucharadas de salsa de pescado
2 dientes de ajo rebanados
¼ de cucharadita de pimienta negra
1 cucharada de aceite vegetal
1 cucharada de jugo de limón

POLLO CARAMELIZADO CON HIERBA LIMÓN

Rinde 4 porciones

1. Enjuague el pollo y séquelo con toallas de papel.

2. Quite las hojas exteriores de la hierba limón y deséchelas. Corte y deseche la parte superior del tallo. Aplane la hierba limón con un mazo para carne o con el lado plano de un cuchillo de carnicero.

3. Corte la hierba limón en trozos de 2.5 cm.

4. Ponga el pollo en una bolsa grande de plástico; agregue el azúcar, la salsa de pescado, el ajo, la pimienta y la hierba limón. Cierre la bolsa; voltéela para bañar el pollo. Deje marinar en el refrigerador durante 1 hora por lo menos o hasta por 4 horas, volteando la bolsa de vez en cuando.

5. En una sartén grande, caliente el aceite a fuego medio. Saque el pollo de la bolsa; conserve la marinada. Cueza el pollo por 10 minutos o hasta que se dore; voltéelo una vez.

6. Vierta la marinada en la sartén; póngala a hervir a fuego alto de 1 a 2 minutos; luego reduzca el fuego; tape y deje cocer por 30 minutos o hasta que el pollo esté suave y pierda su color rosado en el centro; voltéelo de vez en cuando.

7. Vierta el jugo de limón en la sartén. Voltee las piezas de pollo para que se bañen. Adorne, si lo desea.

POLLO CARAMELIZADO CON HIERBA LIMÓN

POLLO CONDIMENTADO A LA NARANJA

Rinde 4 porciones

2 naranjas
¼ de taza de melaza
1 cucharada de salsa de soya
2 cucharaditas de fécula de maíz
¾ de taza de harina de trigo
½ cucharadita de sal
¼ de cucharadita de polvo para hornear
¾ de taza de agua
450 g de pechugas o muslos de pollo, deshuesados y sin piel, en trozos de 2.5 cm
Aceite vegetal para freír
1 cucharadita de aceite con chile
4 chiles enteros secos
2 dientes de ajo picados
1 ½ cucharaditas de jengibre fresco finamente picado
Arroz cocido y caliente
Flores de naranja y de chile para adornar

1. Con un pelador de verduras, corte tiras de 1.5 cm de ancho de la cáscara de 1 naranja. Corte la cáscara en trozos de 2.5 cm. (Desprenda sólo la porción de color; la parte blanca da un sabor amargo.) Extraiga el jugo de las naranjas.

2. En un recipiente chico, mezcle ½ taza de jugo de naranja, la melaza, la salsa de soya y la fécula de maíz.

3. Revuelva la harina, la sal y el polvo para hornear en un recipiente mediano. Vierta el agua y bata con un batidor de alambre hasta obtener una pasta suave. Agregue el pollo y báñelo.

4. En un wok, caliente unas 3 tazas de aceite vegetal a fuego medio-alto hasta que registre 190 °C en un termómetro para freír. Escurra el exceso de pasta de ⅓ del pollo; con cuidado, coloque el pollo en el wok.

5. Fría por unos 4 minutos o hasta que el pollo esté dorado y pierda su color rosado en el centro. Con una cuchara, revuelva de vez en cuando para evitar que el pollo se pegue. Con una espumadera, pase el pollo a una charola cubierta con toallas de papel; escúrralo. Repita el procedimiento con el pollo restante; vuelva a calentar el aceite entre tandas.

6. Deseche el aceite del wok. Caliente el wok a fuego medio-alto; agregue el aceite con chile, la cáscara de naranja, el chile seco, el ajo y el jengibre; sofría de 30 segundos a 1 minuto o hasta que suelte su olor.

7. Revuelva la mezcla de fécula de maíz; viértala en el wok. Cueza, revolviendo, hasta que la salsa hierva y se espese. Regrese el pollo al wok; revuelva bien. Sirva con arroz. Adorne, si lo desea.

POLLO CONDIMENTADO A LA NARANJA

450 g de mitades de pechuga
de pollo, deshuesadas y
sin piel
⅓ de taza de salsa de soya
2 cucharadas de jugo
fresco de limón
2 dientes de ajo picados
1 cucharadita de jengibre
fresco rallado
¾ de cucharadita de
pimienta roja
machacada
2 cucharadas de agua
¾ de taza de leche de coco
sin endulzar
1 cucharada de crema de
cacahuate (maní)
4 cebollines enteros, en
trozos de 2.5 cm

BROCHETAS SATAY TAILANDESAS

Rinde 4 porciones

1. Rebane transversalmente el pollo en tiras de 1 cm de ancho; póngalas en un refractario.

2. En un recipiente chico, mezcle la salsa de soya, el jugo de limón, el ajo, el jengibre y la pimienta. Reserve 3 cucharadas de la mezcla; tape y refrigere. Agregue el agua a la mezcla restante. Vierta sobre el pollo; báñelo bien. Cúbralo y déjelo marinar en el refrigerador durante 30 minutos por lo menos o hasta por 2 horas, revolviendo la mezcla de vez en cuando.

3. Remoje en agua fría 8 brochetas de madera (de 25 a 30 cm) durante 20 minutos para evitar que se quemen; escúrralas.

4. Prepare el asador para cocción directa.

5. Mientras tanto, en una cacerola chica, combine la leche de coco, la mezcla de salsa de soya que reservó y la crema de cacahuate. Ponga a hervir a fuego medio-alto, moviendo de vez en cuando. Reduzca el fuego a bajo y deje cocer, sin tapar, de 2 a 4 minutos o hasta que la salsa se espese. Consérvela caliente.

6. Escurra el pollo; guarde la marinada. En cada brocheta, ensarte 3 o 4 trozos de pollo en forma de acordeón, alternando con trozos de cebollín. Barnice con la marinada y deseche el resto.

7. Ponga las brochetas sobre el asador. Áselas, sin cubrir, de 6 a 8 minutos o hasta que el pollo pierda su color rosado; voltéelas a la mitad del tiempo de cocción. Acompáñelas con la salsa de cacahuate caliente como dip.

BROCHETAS SATAY TAILANDESAS

2 cucharadas de salsa de
soya
1 cucharada de salsa china
de chile
1 cucharada de jerez seco
2 dientes de ajo picados
¼ de cucharadita de
pimienta roja
machacada
16 filetes de pollo (unos
450 g)
1 cucharada de aceite de
cacahuate (maní)
Arroz cocido y caliente

FILETES DE POLLO SZECHWAN

Rinde 4 porciones

MEZCLE la salsa de soya, la salsa de chile, el jerez, el ajo y la pimienta en un recipiente chico. Agregue el pollo; báñelo bien.

CALIENTE el aceite a fuego medio en una sartén antiadherente grande. Añada el pollo; fríalo por 6 minutos, volteándolo una vez, hasta que se dore y pierda su color rosado en el centro.

SIRVA el pollo con arroz.

225 g de pechugas de pollo,
deshuesadas y sin piel,
finamente picadas
1 cucharada de salsa de
soya
1 diente de ajo picado
¾ de cucharadita de
jengibre
¾ de cucharadita de chile
en polvo
1 cucharada de aceite
½ taza de apio picado
¾ de taza de nuez picada
¼ de taza de cebollín
rebanado
2 cucharadas de salsa
catsup
1 cucharada de vinagre de
manzana
Hojas de lechuga Iceberg
o tortillas de harina
calientes

ROLLOS CHINOS DE POLLO

Rinde 2½ tazas

Mezcle el pollo con la salsa de soya, el ajo, el jengibre y el chile en polvo; deje reposar por 15 minutos. Caliente el aceite en una sartén; cueza la mezcla de pollo hasta que éste pierda su color rosado. Agregue el apio; cueza durante 1 minuto. Incorpore la nuez, el cebollín, la salsa catsup y el vinagre; caliente bien. Enrolle en las hojas de lechuga o en las tortillas, y sirva.

1 bolsa de arroz
225 g de pollo, deshuesado y
sin piel, en trozos de
1.5 cm
½ cucharadita de sal
¼ de cucharadita de
pimienta negra
2 cucharadas de aceite
vegetal
1 diente de ajo picado
½ cucharadita de jengibre
fresco rallado
2 tazas de cebollín
rebanado
diagonalmente
1 taza de champiñón
fresco rebanado
2 cucharadas de salsa de
soya baja en sodio
1 cucharadita de jerez
1 cucharadita de aceite de
ajonjolí con chile estilo
asiático (opcional)

POLLO Y ARROZ FRITOS

Rinde 6 porciones

Prepare el arroz siguiendo las instrucciones de la envoltura.

Sazone el pollo con sal y pimienta. En una sartén grande, caliente el aceite vegetal a fuego medio-alto. Agregue el ajo y el jengibre; fríalos por 1 minuto. Ponga el pollo; sofríalo hasta que pierda su color rosado en el centro. Añada el cebollín y los champiñones; sofríalos hasta que estén suaves. Incorpore la salsa de soya, el jerez y el aceite de ajonjolí, si lo desea. Incorpore el arroz; caliéntelo bien y revuelva de vez en cuando.

800 g de alitas de pollo
6 cucharadas de vinagre
blanco
6 cucharadas de salsa
picante
6 cucharadas de salsa de
soya
2 cucharadas de aceite de
canola
2 cucharadas de jengibre
fresco picado
1½ cucharadas de azúcar
1½ cucharadas de pimienta
roja machacada
1½ cucharaditas de sal

ALITAS SZECHWAN

Rinde de 3 a 4 porciones

Ponga las alas en un recipiente grande. En un recipiente chico, mezcle el resto de los ingredientes; reserve ¼ de taza. Vierta la mezcla de la salsa de soya sobre las alitas; tape y refrigere por 1 hora o más.

Prepare el asador; engrase ligeramente la parrilla. Acomode las alitas en el asador y deseche la marinada. Áselas, sin tapar, de 12.5 a 15 cm del fuego, de 25 a 30 minutos o hasta que pierdan su color rosado y el jugo salga claro; voltéelas y barnícelas a menudo con la mezcla de salsa de soya que reservó.

4 a 6 muslos de pollo,
   deshuesados y sin piel
1 taza de yogur natural
2 dientes de ajo picados
1 cucharadita de sal
3 cucharadas de
   Mantequilla Clarificada
   (página 170)
1 raja de canela, partida
1 cucharadita de semillas
   de cilantro
½ cucharadita de semillas
   de comino
¼ de cucharadita de
   semillas de cardamomo
¼ de cucharadita de granos
   de pimienta negra
   enteros
¼ de cucharadita de
   cúrcuma molida
1 cebolla grande picada
2 cucharaditas de jengibre
   fresco finamente
   picado
½ taza de consomé de
   pollo
1 manzana Granny Smith o
   Jonathan, sin pelar, en
   trozos de 1.5 cm
   Arroz cocido y caliente,
   coco rallado, uvas
   pasa, nuez picada y
   cilantro (opcional)

POLLO AL CURRY

Rinde 4 porciones

1. Corte el pollo en cubos de 2.5 cm; póngalo en un recipiente mediano.

2. En un recipiente chico, mezcle ½ taza de yogur, la mitad del ajo y la sal. Vierta sobre el pollo; revuelva para bañarlo bien. Cubra y refrigere durante 30 minutos por lo menos o hasta por 2 horas; revuelva de vez en cuando.

3. Prepare la Mantequilla Clarificada.

4. Para preparar el curry en polvo, muela la raja de canela, las semillas de cilantro, de comino, de cardamomo y los granos de pimienta en un molino de café o de especias limpio, o muela en un mortero. Incorpore la cúrcuma.

5. En una sartén grande, caliente 2 cucharadas de Mantequilla Clarificada a fuego medio. Agregue el curry en polvo; cueza, revolviendo, por 2 minutos. Ponga la cebolla, el resto del ajo y el jengibre; cueza, revolviendo, durante 5 minutos o hasta que la cebolla esté suave.

6. Coloque la mezcla a un lado en la sartén. Caliente la Mantequilla Clarificada restante. Añada el pollo con la salsa de yogur; cueza, revolviendo, de 4 a 5 minutos o hasta que el pollo comience a tornarse opaco.

7. Incorpore, batiendo, el consomé de pollo en el yogur restante. Vacíe la mezcla en la sartén; ponga a hervir, moviendo sin cesar.

8. Reduzca el fuego a medio-bajo; tape y cueza de 20 a 25 minutos. Destape y cueza por 5 minutos más. Ponga la manzana; cueza durante 2 minutos más. Sirva con el arroz y los condimentos, si lo desea.

continúa en la página 170

POLLO AL CURRY

Pollo al Curry, continuación

MANTEQUILLA CLARIFICADA
1 taza de mantequilla sin sal

1. En una cacerola mediana, derrita la mantequilla a fuego bajo. Con una cuchara quite la espuma blanca y deséchela. Continúe quitando la espuma hasta que quede sólo un líquido claro.

2. Cuele la Mantequilla Clarificada a través de una tela (manta de cielo). Deseche el residuo blanco lechoso del fondo de la cacerola. Guarde la mantequilla tapada en el refrigerador hasta por 2 meses.

---

1 cucharada de aceite de cacahuate (maní) o vegetal
½ cucharadita de aceite con chile picante
8 muslos de pollo (de 675 a 900 g)
2 dientes de ajo picados
¼ de taza de salsa agridulce
1 cucharada de salsa de soya
2 cucharaditas de jengibre fresco picado
Cilantro y tiras de cáscara de naranja para adornar

MUSLOS DE POLLO AL JENGIBRE

Rinde 4 porciones

1. Caliente una sartén antiadherente grande a fuego medio-alto. Agregue el aceite de cacahuate y el aceite con chile; caliéntelos. Fría el pollo, con la piel hacia abajo, por 4 minutos o hasta que se dore.

2. Reduzca el fuego a bajo; voltee el pollo. Tape y cueza de 15 a 18 minutos hasta que el jugo salga claro.

3. Deseche la grasa. Incremente el fuego a medio. Agregue el ajo y cueza por 2 minutos. Combine la salsa agridulce con la salsa de soya y el jengibre. Barnice el pollo con la mitad de la mezcla; voltee el pollo. Barnice con el resto de la mezcla. Cueza durante 5 minutos, volteando una vez más, hasta que la salsa se espese y el pollo se dore. Pase el pollo a un platón; vierta la salsa uniformemente sobre el pollo. Adorne con el cilantro y la cáscara de naranja.

MUSLOS DE POLLO AL JENGIBRE

- 4 cucharadas de salsa de soya
- 2 cucharaditas de jerez seco
- 450 g de pollo, deshuesado, sin piel y en tiras pequeñas
- ¼ de taza de crema de cacahuate (maní)
- 2 cucharadas de vinagre de arroz
- 1 cucharada de consomé de pollo o agua
- 2 cucharaditas de azúcar
- 1½ cucharaditas de aceite de ajonjolí
- 285 g de fideos secos de arroz
- 1 cucharada de aceite vegetal
- 2 cucharaditas de jengibre fresco picado
- 1 cucharadita de ajo picado
- ½ cebolla morada mediana, en rebanadas delgadas
- ½ pepino, pelado, sin semillas y en tiras pequeñas
- 1 zanahoria mediana rallada
- ¼ de taza de cacahuate (maní) tostado, sin sal, poco picado

FIDEOS CON SALSA DE CACAHUATE

Rinde 4 porciones

Para la marinada, mezcle 1 cucharada de salsa de soya y el jerez en un recipiente chico. Agregue el pollo y báñelo bien. Tape y refrigere por 30 minutos.

Para preparar la salsa de cacahuate, combine en otro recipiente la crema de cacahuate, la salsa de soya restante, el vinagre de arroz, el consomé de pollo, el azúcar y el aceite de ajonjolí.

En una cacerola mediana, ponga a hervir 4 tazas de agua. Añada el fideo y revuelva para separarlo. Cueza, revolviendo, por 30 segundos o hasta que el fideo esté ligeramente suave. Escurra en un colador debajo del chorro de agua fría. Escúrralo bien; corte el fideo por la mitad.

Caliente un wok o una freidora grande a fuego alto. Vierta el aceite vegetal; mueva para cubrir los costados. Ponga el jengibre y el ajo; fríalos hasta que suelten su aroma, por unos 5 segundos. Incorpore el pollo y sofríalo durante 1 minuto o hasta que se opaque. Agregue la cebolla y sofríala por 1 minuto. Añada el pepino, la zanahoria y la salsa de cacahuate; cueza, revolviendo, hasta que se espese un poco. Retire del fuego. Ponga el fideo y revuelva hasta que esté bien bañado. Coloque encima el cacahuate.

¾ de taza de crema de coco de lata
3 cucharadas de jugo de limón
3 cucharadas de salsa de soya
8 ramas de cilantro
3 dientes de ajo grandes
3 cebollines grandes picados
3 filetes de anchoa
1 cucharadita de salsa picante
2 pechugas de pollo, deshuesadas y sin piel, partidas por la mitad

POLLO TAILANDÉS CONDIMENTADO

Rinde 4 porciones

En la licuadora, ponga la crema de coco, el jugo de limón, la salsa de soya, el cilantro, el ajo, el cebollín, las anchoas y la salsa picante. Tape y licue hasta que se incorporen. Ponga el pollo en un refractario o en una bolsa de plástico; vierta la marinada. Tape y refrigere durante 2 horas por lo menos; voltee el pollo de vez en cuando. Escurra el pollo y guarde la marinada. Coloque el pollo sobre la parrilla a unos 12.5 cm de la fuente de calor. Barnice generosamente con la marinada. Ase por 5 minutos. Voltee el pollo y barnícelo con la marinada. Ase durante 5 minutos más o hasta que se cueza. Ponga a hervir la marinada que sobró. Sírvala como dip para el pollo.

675 g de pechugas de pollo, deshuesadas y sin piel
1 taza de cebolla en cubos
½ taza de salsa de soya
¼ de taza de aceite de canola
3 cucharadas de jengibre fresco rallado
¾ de taza de azúcar morena
2 cucharadas de fécula de maíz

PECHUGAS DE POLLO AGRIDULCES

Rinde de 3 a 4 porciones

Con un mazo, aplane las pechugas; póngalas en un recipiente largo. Revuelva la cebolla, la salsa de soya, el aceite y el jengibre; reserve 1 taza para barnizar. Vierta el resto de la marinada sobre el pollo; cúbralo y refrigérelo por 1 hora; voltéelo de vez en cuando.

Prepare el asador; engrase ligeramente la parrilla. Escurra el pollo y deseche la marinada. Ase las pechugas, sin tapar, de 12.5 a 15 cm del carbón, de 6 a 10 minutos de cada lado o hasta que pierdan su color rosado en el centro; voltéelas de vez en cuando. Mientras tanto, en una cacerola chica, a fuego medio, mezcle la marinada que reservó con el azúcar y la fécula de maíz; ponga a hervir. Reduzca el fuego a bajo; deje cocer de 5 a 6 minutos o hasta que se espese. Reserve la mitad de la salsa. Con el resto, barnice el pollo durante los últimos 10 minutos del tiempo de cocción. Para servir, vierta la salsa sobre el pollo.

1 cucharada de salvia seca frotada
1 cucharadita de sal
¼ de cucharadita de pimienta negra
1 pato entero (de unos 2.250 kg), descongelado
3 tazas de aceite vegetal
1 cucharada de mantequilla o margarina
2 manzanas Granny Smith o Rome Beauty grandes, descorazonadas y en rebanadas delgadas
½ taza de miel
Ramas de salvia fresca y manzanas silvestres para adornar

PATO CRUJIENTE

Rinde 4 porciones

1. Mezcle la salvia, la sal y la pimienta.

2. Quite el pescuezo y la menudencia del pato. Corte las puntas de las alas y la segunda sección de las alas. Envuélvalas y congélelas para otro uso. Quite y deseche el exceso de grasa y de piel del pato. Enjuague el pato debajo del chorro de agua fría; séquelo con toallas de papel.

3. Corte el pato en cuartos; quite el espinazo y el hueso de la pechuga. Ponga el pato en un refractario de 33×23 cm. Frote el pato con la mezcla de salvia. Cúbralo y refrigérelo por 1 hora.

4. Para cocer el pato al vapor, ponga una rejilla de alambre en un wok. Vierta agua hasta 2.5 cm por debajo de la rejilla. (El agua no debe tocar la rejilla.) Tape el wok; ponga a hervir a fuego alto. Acomode los cuartos de pato, con la piel hacia arriba, en la rejilla. Tape; reduzca el fuego a medio-alto. Deje cocer, al vapor, por 40 minutos o hasta que esté suave; agregue agua caliente al wok para conservar el mismo nivel de agua.

5. Pase el pato cocido a un platón. Saque la rejilla del wok; deseche el agua. Enjuague el wok y séquelo.

6. En el wok, caliente el aceite a fuego medio-alto hasta que registre 190 °C en un termómetro para freír. Con unas pinzas largas, acomode la mitad del pato, con la piel hacia abajo. Fríalo de 5 a 10 minutos hasta que esté crujiente y dorado; voltéelo una vez. Escurra el pato sobre toallas de papel. Fría el resto del pato.

7. Deseche el aceite. Incorpore la mantequilla al wok y derrítala a fuego medio. Agregue las manzanas; cueza, revolviendo con una espumadera, por 5 minutos o hasta que se suavice. Vierta la miel y deje que hierva.

8. Con la espumadera, transfiera la manzana a un platón caliente. Acomode el pato sobre la manzana. Rocíe la mezcla de miel sobre el pato. Adorne.

PATO CRUJIENTE

Manjares sin Carne

2 a 3 cucharaditas de
curry en polvo
450 g de papa (patata)
cocida, rebanada
1 bolsa (450 g) de mezcla
de brócoli, coliflor y
zanahoria
1 lata (435 g) de garbanzo,
escurrido
420 g de tomate rojo
estofado
390 ml de caldo de verduras
o consomé de pollo
2 cucharadas de fécula de
maíz

Verduras Hindúes al Curry

Rinde unas 6 porciones

■ En una sartén grande, ponga el curry en polvo a fuego
alto hasta que libere su olor, por unos 30 segundos.

■ Incorpore la papa, las verduras, el garbanzo y el
tomate rojo; ponga a hervir. Reduzca el fuego a medio-
alto; tape y deje cocer durante 8 minutos.

■ Disuelva la fécula de maíz en el consomé; vierta en las
verduras. Cueza hasta que se espese.

Tiempo de Preparación: 5 minutos
Tiempo de Cocción: 15 minutos

Sugerencia para Servir: *Si quiere servirlo como platillo
principal más nutritivo, agregue pollo cocido. Acompañe
con arroz blanco o integral.*

VERDURAS HINDÚES AL CURRY

225 g de tofu firme
1 cebolla amarilla
   mediana, pelada
1 calabacita mediana
   (225 g)
1 calabaza amarilla
   mediana
1 taza de aceite vegetal
8 champiñones botón
   medianos, rebanados
1 pimiento morrón rojo
   chico, en tiras delgadas
120 g de tirabeques (vainas)
   frescos
¼ de taza de agua
1 cucharada de salsa de
   soya
1 cucharada de pasta de
   tomate rojo
¼ de cucharadita de sal
⅛ de cucharadita de
   pimienta negra

TOFU CON VERDURAS SOFRITOS

Rinde 4 porciones

1. Escurra el tofu sobre toallas de papel. Córtelo a lo ancho en rebanadas de 0.6 cm.

2. Corte la cebolla en 8 rebanadas. Corte la calabacita y la calabaza amarilla a lo ancho en rebanadas de 2.5 cm de grosor. Corte las rebanadas grandes por la mitad.

3. En un wok, caliente el aceite a fuego medio-alto por unos 4 minutos. Agregue el tofu y sofríalo durante unos 3 minutos por lado o hasta que esté dorado; voltéelo una vez. Con una espumadera, saque el tofu y póngalo sobre una charola o un platón grande cubierto con toallas de papel; escurra. Deseche el aceite del wok, pero conserve 2 cucharadas.

4. Caliente el aceite que reservó a fuego medio por 30 segundos. Añada la cebolla y sofríala durante 1 minuto. Incorpore la calabacita, la calabaza amarilla y el champiñón; cueza de 7 a 8 minutos hasta que la calabacita y la calabaza amarilla estén suaves, revolviendo de vez en cuando.

5. Agregue el pimiento morrón, los tirabeques y el agua. Sofríalos de 2 a 3 minutos hasta que estén suaves. Vierta la salsa de soya, la pasta de tomate rojo, la sal y la pimienta negra; revuelva bien. Ponga el tofu frito; sofría hasta que esté bien caliente y cubierto con la salsa; pase la mezcla a un platón.

TOFU CON VERDURAS SOFRITOS

225 g de tofu firme,
  escurrido
4 cucharadas de salsa de
  soya
1 cucharada de aceite
  oscuro de ajonjolí
400 ml de consomé de pollo
2 cucharadas de jerez seco
1 paquete (115 g) de
  fideos de soya
2 tazas de diferentes
  verduras, como brócoli,
  zanahoria y pimiento
  morrón rojo,
  descongelados

Fideos de Soya con Tofu y Verduras

Rinde 6 porciones

1. Coloque el tofu entre toallas de papel y presiónelo un poco; córtelo en cubos o triángulos de 1.5 cm. Acomódelo sobre un plato extendido; báñelo con 1 cucharada de salsa de soya y de aceite de ajonjolí.

2. En una cacerola grande, vierta el consomé, la salsa de soya restante y el jerez. Ponga a hervir; reduzca el fuego. Agregue los fideos de soya; deje cocer, sin tapar, por 7 minutos o hasta que el fideo absorba el líquido, revolviendo de vez en cuando para separar los fideos.

3. Incorpore las verduras; deje que se calienten bien. Añada la mezcla de tofu; tape y deje calentar, más o menos por 1 minuto.

1 taza de consomé de
   pollo
½ taza de mostaza Dijon
⅓ de taza de crema de
   cacahuate (maní)
3 cucharadas de azúcar
   morena
2 cucharadas de salsa de
   soya
1 diente de ajo machacado
½ cucharadita de jengibre
   fresco picado
1 cucharada de fécula de
   maíz
4 tazas de diferentes
   verduras picadas
   (pimiento morrón rojo,
   zanahoria, champiñón,
   cebollín, tirabeques
   -vainas-)
1 cucharada de aceite
   vegetal
450 g de linguine cocido
   Cacahuate (maní) picado
   y pinceles de cebolla de
   cambray, para adornar

TALLARÍN TAILANDÉS CON CACAHUATE

Rinde de 4 a 6 porciones

En una cacerola mediana, mezcle el consomé de pollo, la mostaza, la crema de cacahuate, el azúcar, la salsa de soya, el ajo, el jengibre y la fécula de maíz. Cueza a fuego medio hasta que la mezcla se espese y comience a hervir; reduzca el fuego y conserve caliente.

En una sartén grande, a fuego medio-alto, saltee las verduras en el aceite hasta que estén suaves, por unos 5 minutos. En un tazón grande, ponga la pasta cocida caliente, las verduras y la salsa de cacahuate, revolviendo hasta que estén bañadas. Adorne con el cacahuate picado y los pinceles de cebolla. Sirva de inmediato.

225 g de tofu firme,
  escurrido y en cubos
1 taza de caldo de
  verduras
½ taza de jugo de naranja
⅓ de taza de salsa de soya
1 a 2 cucharaditas de
  aceite con chile picante
½ cucharadita de semillas
  de hinojo
½ cucharadita de pimienta
  negra
2 cucharadas de fécula de
  maíz
3 cucharadas de aceite
  vegetal
3 zanahorias medianas,
  rebanadas
  diagonalmente
1 taza de cebollín entero
  rebanado
3 dientes de ajo picados
2 cucharaditas de jengibre
  picado
120 g de champiñones botón
  rebanados
1 pimiento morrón rojo
  mediano, en cubos de
  2.5 cm
120 g de tirabeques (vainas)
  frescos
225 g de floretes de brócoli,
  cocidos al vapor
½ taza de cacahuates
  (maníes)
4 a 6 tazas de arroz cocido
  y caliente

VERDURAS SZECHWAN SOFRITAS

Rinde de 4 a 6 porciones

1. Para marinar el tofu, póngalo en un refractario redondo o cuadrado de 20 cm. En un recipiente de 2 tazas de capacidad, vierta ½ taza del caldo, el jugo de naranja, la salsa de soya, el aceite con chile, las semillas de hinojo y la pimienta negra; vacíe sobre el tofu. Deje reposar de 15 a 60 minutos. Escúrralo; conserve la marinada.

2. En un recipiente mediano, disuelva la fécula de maíz en el caldo restante. Añada la marinada restante.

3. En un wok o en una sartén grande, caliente el aceite vegetal a fuego alto. Agregue la zanahoria, el cebollín, el ajo y el jengibre; sofríalos por 3 minutos. Incorpore el tofu, los champiñones, el pimiento y los tirabeques; sofríalos de 2 a 3 minutos o hasta que las verduras estén suaves. Agregue el brócoli; sofríalo durante 1 minuto o hasta que esté bien caliente.

4. Revuelva la mezcla de fécula de maíz, viértala en el wok y deje cocer de 1 a 2 minutos o hasta que burbujee. Incorpore el cacahuate. Sirva sobre arroz.

VERDURAS SZECHWAN SOFRITAS

1 calabaza espagueti
(1.350 kg)
⅓ de taza de semillas de
ajonjolí
⅓ de taza de caldo de
verduras
2 cucharadas de salsa de
soya baja en sodio
1 cucharada de azúcar
2 cucharaditas de aceite
oscuro de ajonjolí
1 cucharadita de fécula de
maíz
1 cucharadita de pimienta
roja machacada
1 cucharadita de salsa
inglesa
1 cucharada de aceite
vegetal
2 zanahorias medianas, en
tiras delgadas
1 pimiento morrón rojo
grande, sin semillas y
en rebanadas delgadas
115 g de tirabeques (vainas)
frescos, cortados
diagonalmente por la
mitad
½ taza de cacahuate (maní)
sin sal, poco picado
⅓ de taza de cilantro
fresco picado

CALABAZA ESPAGUETI CON AJONJOLÍ Y CACAHUATE

Rinde 4 porciones

1. Caliente el horno a 180 °C. Rocíe un refractario de 33×23 cm con aceite en aerosol. Lave la calabaza; córtela por la mitad a lo largo. Deseche las semillas. Ponga la calabaza en el refractario, con el lado cortado hacia abajo. Hornee de 45 minutos a 1 hora o hasta que esté un poco suave. Con un tenedor, desprenda las hebras "espagueti" calientes de la calabaza y póngalas en un recipiente grande. (Protéjase las manos con guantes para horno.) Tape y consérvelas calientes.

2. Mientras tanto, ase las semillas de ajonjolí. Caliente el wok a fuego medio-alto. Ponga las semillas y tuéstelas, revolviendo, por 45 segundos o hasta que se doren. Colóquelas en la licuadora, añada el caldo de verduras, la salsa de soya, el azúcar, el aceite de ajonjolí, la fécula de maíz, la pimienta y la salsa inglesa; licue hasta formar un puré espeso.

3. Caliente un wok o una sartén grande a fuego medio-alto por 1 minuto. Rocíe el wok con aceite vegetal y caliéntelo durante 30 segundos. Incorpore la zanahoria y sofríala por 1 minuto. Agregue el pimiento; sofríalo durante 2 minutos o hasta que las verduras estén suaves. Añada los tirabeques; sofríalos por 1 minuto. Revuelva la mezcla de semillas de ajonjolí y viértala en el wok. Cueza, revolviendo, durante 1 minuto o hasta que la salsa se espese.

4. Vacíe la mezcla sobre la calabaza espagueti. Ponga encima el cacahuate y el cilantro; revuelva bien.

CALABAZA ESPAGUETI CON AJONJOLÍ Y CACAHUATE

Salsa de Cacahuate
(página 188)
12 tortillas de harina (de
20 cm)
1 cucharada de aceite de
cacahuate (maní)
3 poros (puerros),
cortados por la mitad a
lo largo y en rebanadas
delgadas
3 zanahorias, en tiras
pequeñas
1 taza de champiñones
shiitake frescos, en
rebanadas delgadas
1 col napa o savoy chica,
rallada (4 tazas)
2 tazas de germinado de
soya, enjuagado y
escurrido
225 g de tofu firme,
escurrido y en tiras de
6.5×0.5 cm
3 cucharadas de salsa de
soya baja en sodio
2 cucharadas de jerez seco
1½ cucharadas de jengibre
fresco picado
2 cucharaditas de fécula
de maíz
1½ cucharaditas de aceite
oscuro de ajonjolí
3 dientes de ajo picados
¾ de taza de cacahuate
(maní) tostado con
miel, finamente picado

VERDURAS MU SHU

Rinde 6 porciones

1. Prepare la Salsa de Cacahuate.

2. Para suavizar y calentar las tortillas,* caliente el horno a 180 °C. Apile las tortillas y envuélvalas con papel de aluminio. Caliéntelas en el horno por 10 minutos.

3. Caliente un wok a fuego medio-alto por 1 minuto. Rocíelo con el aceite de cacahuate y caliéntelo durante 30 segundos. Ponga el poro, la zanahoria y el champiñón; sofríalos por 2 minutos. Agregue la col; sofríala durante 3 minutos o hasta que esté suave. Añada el germinado de soya y el tofu; sofríalos por 1 minuto o hasta que se calienten.

4. En un recipiente chico, mezcle la salsa de soya, el jerez, el jengibre, la fécula de maíz, el aceite de ajonjolí y el ajo; revuelva bien. Vierta en el wok y cueza, revolviendo, por 1 minuto o hasta que se espese.

5. Unte cada tortilla con 1 cucharada de la Salsa de Cacahuate. Ponga ½ taza de la mezcla de verduras en media tortilla; agregue 1 cucharada de cacahuates.

6. Doble la orilla inferior de la tortilla sobre el relleno; doble hacia adentro los costados. Enrolle para encerrar completamente el relleno. O sirva ½ taza de la mezcla de verdura en la mitad de la tortilla. Doble la parte inferior sobre el relleno. Doble a la mitad. Acompañe con la Salsa de Cacahuate restante.

Puede suavizar y calentar las tortillas en el horno de microondas antes de utilizarlas. Apile las tortillas y envuélvalas en plástico. Hornéelas a temperatura ALTA de ½ a 1 minuto; voltéelas y dé ¼ de giro una vez durante el tiempo de calentamiento.

continúa en la página 188

VERDURAS MU SHU

Verduras Mu Shu, continuación

SALSA DE CACAHUATE
3 cucharadas de azúcar
3 cucharadas de agua
3 cucharadas de jerez seco
3 cucharadas de salsa de soya baja en sodio
2 cucharaditas de vinagre de vino blanco
⅓ de taza de crema de cacahuate (maní)

En un recipiente chico, mezcle todos los ingredientes, excepto la crema de cacahuate. Ponga a hervir a fuego medio-alto, moviendo sin cesar. Hierva por 1 minuto o hasta que se disuelva el azúcar. Incorpore la crema de cacahuate; deje enfriar a temperatura ambiente.

---

2 tazas de arroz blanco instantáneo sin cocer
2 cucharaditas de aceite vegetal
2 tazas de floretes de brócoli
1 zanahoria grande rebanada
½ pimiento morrón verde rebanado
¼ de taza de cebolla picada
½ taza de jugo de naranja
½ taza de salsa teriyaki
1 cucharada de fécula de maíz
1 cucharadita de ajo picado envasado
½ cucharadita de jengibre molido
¼ a ½ cucharadita de salsa picante
1 paquete (290 g) de tofu firme bajo en grasa, escurrido y en cubos

TOFU SOFRITO

Rinde 4 porciones

1. Cueza el arroz de acuerdo con las instrucciones de la envoltura.

2. Mientras se cuece el arroz, caliente el aceite en una sartén grande. Agregue el brócoli, la zanahoria, el pimiento y la cebolla; fríalos por 3 minutos.

3. En un recipiente chico, mezcle el jugo de naranja, la salsa teriyaki, la fécula de maíz, el ajo, el jengibre y la salsa picante; revuelva bien. Vierta la salsa sobre las verduras de la sartén. Ponga a hervir; cueza y revuelva por 1 minuto.

4. Añada el tofu; revuelva con delicadeza para bañarlo bien con la salsa. Sirva sobre arroz.

TIEMPO DE PREPARACIÓN Y COCCIÓN: 18 minutos

TOFU SOFRITO

Tofu Vegetariano Sofrito

Rinde 4 porciones

- 1 pieza de tofu
- 2 cucharadas de aceite vegetal
- 1 cucharadita de jengibre picado
- 1 cebolla mediana, en trozos
- ⅛ de cucharadita de sal
- 180 g de tirabeques (vainas) frescos, sin tallo y cortados diagonalmente por la mitad
- ⅓ de taza de salsa para sofreír
- 2 tomates rojos medianos, en trozos
- ¼ de taza de almendras blanqueadas, tostadas

Corte el tofu en cubos de 1.5 cm; escúrralo bien sobre varias capas de toallas de papel. En un wok o en una sartén grande, caliente el aceite a fuego alto. Agregue el jengibre; sofríalo por 30 segundos o hasta que esté aromático. Ponga la cebolla y la sal; sofríala durante 2 minutos. Incorpore los tirabeques; sofría por 1 minuto. Añada la salsa para sofreír, el tomate y el tofu. Revuelva con delicadeza para bañar el tofu y las verduras con la salsa. Reduzca el fuego y cueza justo hasta que el tomate y el tofu estén bien calientes. Coloque encima la almendra; sirva de inmediato.

Tofu Dragón

Rinde 2 porciones

- ¼ de taza de salsa de soya
- 1 cucharada de crema de cacahuate (maní)
- 1 paquete (unos 360 g) de tofu firme, escurrido
- 1 calabacita mediana
- 1 calabaza amarilla mediana
- 2 cucharaditas de aceite de cacahuate (maní) o vegetal
- ½ cucharadita de aceite con chile
- 2 dientes de ajo picados
- 2 tazas (compactas) de hojas de espinaca fresca
- ¼ de taza de nuez de la India o cacahuates (maníes), poco picados (opcional)

Bata la salsa de soya y la crema de cacahuate. Ponga el tofu entre toallas de papel y presiónelo un poco; córtelo en cubos de 1.5 cm. Acomódelos en una capa en un refractario. Vierta la mezcla de salsa de soya sobre el tofu; revuélvalo con delicadeza para bañarlo bien. Deje reposar por 20 minutos a temperatura ambiente. Corte la calabacita y la calabaza amarilla a lo largo en rebanadas de 0.5 cm; corte cada rebanada en tiras de 5×0.5 cm. Caliente una sartén. Incorpore el aceite de cacahuate y el aceite con chile; caliente. Añada el ajo, la calabacita y la calabaza amarilla; sofríalos por 3 minutos. Agregue la mezcla de tofu; cueza hasta que el tofu esté bien caliente y la salsa se espese un poco, moviendo de vez en cuando. Incorpore la espinaca; retire del fuego. Ponga encima la nuez de la India.

340 g de tofu extra firme
Salsa de Cacahuate
   Condimentada (receta
   más adelante)
360 g de tallarines vermicelli
2 cucharaditas de aceite
   de ajonjolí
1 cucharada de cebollín
   picado (sólo la parte
   verde)
2 tazas de germinado de
   soya
1½ tazas de zanahoria
   rallada
½ pimiento morrón verde,
   en tiras delgadas
½ pimiento morrón rojo,
   en tiras delgadas

ENSALADA DE TOFU Y TALLARÍN CON SALSA DE CACAHUATE CONDIMENTADA

Rinde 6 porciones

Envuelva el tofu en toallas de papel. Ponga encima del tofu algo pesado para que suelte el exceso de agua; déjelo reposar por 30 minutos. Córtelo en cubos de 2.5 cm; colóquelo en un recipiente mediano.

Prepare la Salsa de Cacahuate Condimentada. Vierta sobre el tofu; revuelva con delicadeza para bañarlo. Cubra con envoltura de plástico; déjelo reposar a temperatura ambiente por unos 30 minutos.

Cueza el vermicelli siguiendo las instrucciones del paquete; enjuáguelo y escúrralo.

Caliente el aceite en un wok. Agregue el cebollín; sofríalo por 30 segundos. Añada el germinado de soya, la zanahoria y el pimiento; sofría durante 1 minuto. Incorpore el vermicelli y la mezcla de tofu; cueza hasta que esté caliente, moviendo de vez en cuando.

SALSA DE CACAHUATE CONDIMENTADA

1 cucharada de ajo picado
1 cucharada de jengibre fresco picado
¼ de taza de crema de cacahuate (maní)
3 cucharadas de consomé de pollo o agua
2½ cucharadas de salsa de soya baja en sodio
2 cucharadas de salsa inglesa
1 cucharada más 1½ cucharaditas de azúcar
1 cucharada más 1½ cucharaditas de vino de
   arroz o sake
1 cucharadita de pasta de chile o chiles rojos
   secos machacados

En la licuadora, procese el ajo y el jengibre hasta que estén finamente picados. Agregue el resto de los ingredientes; procese hasta que se mezclen.

¾ de taza de arroz (perla o
glutinoso)
1¾ tazas de agua
400 ml de consomé de pollo
1 cucharada de salsa de
soya
2 cucharaditas de azúcar
2 cucharaditas de vinagre
de vino tinto
2 cucharadas de fécula de
maíz
3 cucharadas de aceite de
cacahuate (maní)
1½ cucharaditas de jengibre
fresco finamente
picado
2 dientes de ajo, en
rebanadas delgadas
1 pimiento morrón rojo,
en tiras de 0.5 cm
1 pimiento morrón verde,
en tiras de 0.5 cm
225 g de champiñones botón,
en cuartos
120 g de champiñones
shiitake u otro
champiñón exótico, en
rebanadas delgadas
1 cucharadita de aceite
oscuro de ajonjolí
Aceite vegetal para freír

BOLAS DE ARROZ CON CHAMPIÑONES Y PIMIENTOS

Rinde de 4 a 6 porciones

1. Ponga el arroz en un colador; enjuáguelo debajo del chorro de agua fría. Coloque el arroz en una cacerola mediana y vierta 1½ tazas de agua.

2. Hierva el arroz. Reduzca el fuego a bajo; tape y deje cocer de 15 a 20 minutos hasta que se absorba el líquido. Retire del fuego; deje enfriar.

3. Mezcle el consomé de pollo, la salsa de soya, el azúcar y el vinagre. En una taza, disuelva la fécula de maíz con el agua restante; revuelva bien.

4. En un wok., caliente 1 cucharada de aceite de cacahuate. Añada el jengibre y el ajo; sofríalos por 10 segundos. Agregue las tiras de pimiento; sofríalas hasta que estén suaves. Retire del fuego.

5. Vierta en el wok el aceite de cacahuate restante. Incorpore los champiñones; sofríalos de 2 a 3 minutos o hasta que estén suaves. Retire del fuego.

6. Vacíe la mezcla de consomé de pollo en el wok y deje que hierva. Revuelva la mezcla de fécula de maíz; viértala en el wok. Cueza hasta que la salsa hierva y se espese un poco, moviendo sin cesar. Incorpore el aceite de ajonjolí. Regrese las verduras al wok; tape.

7. Con el arroz forme 12 bolas (de 5 cm). (Con las manos húmedas es más fácil manejar el arroz.)

8. En una sartén, caliente de 5 a 7.5 cm de aceite vegetal. Ponga 4 bolas de arroz; fríalas de 2 a 3 minutos o hasta que se esponjen y se doren, volteándolas de vez en cuando. Sáquelas y escúrralas sobre toallas de papel. Repita el procedimiento con las bolas de arroz restantes; vuelva a calentar el aceite entre tandas. Sirva la mezcla de verduras sobre las bolas de arroz.

BOLAS DE ARROZ CON CHAMPIÑONES Y PIMIENTOS

½ taza de salsa de soya
   baja en sodio
⅓ de taza de azúcar
¼ de taza de jugo de limón
2 chiles tailandeses rojos
   frescos o 1 chile
   jalapeño rojo grande,*
   sin semillas y
   finamente picado
225 g de tortitas de tofu
   firmes
2 camotes (batatas)
   medianos, pelados
1 jícama (de unos 225 g)
   o 1 lata (225 g) de
   castañas de agua
   rebanadas, escurridas
2 poros (puerros) grandes
1 taza de aceite vegetal
225 g de vermicelli de arroz
   seco, muy delgado
¼ de taza de cacahuates
   (maníes) tostados sin
   sal, picados
2 cucharadas de menta
   picada
2 cucharadas de cilantro
   fresco picado
   Hojas de menta para
   adornar

*Los chiles pueden irritar la piel;
utilice guantes de hule cuando los
maneje y no se toque los ojos.
Lávese las manos después de
trabajar con ellos.

FIDEOS DE ARROZ VEGETARIANOS

Rinde 4 porciones

1. En un recipiente chico, mezcle la salsa de soya, el azúcar, el jugo de limón y los chiles; revuelva bien.

2. Escurra el tofu sobre toallas de papel. Córtelo en 4 rebanadas; corte cada rebanada diagonalmente en 2 triángulos.

3. Corte el camote en rebanadas de 0.5 cm.

4. Pele la jícama y córtela en rebanadas de 0.5 cm. Corte cada rebanada en cuadros de 2.5 cm. (Omita este paso si va a utilizar castañas de agua.)

5. Corte los poros por la mitad a lo largo. Enjuague y corte a lo ancho en rebanadas de 0.5 cm.

6. En un wok, caliente el aceite a fuego medio-alto por unos 4 minutos. Agregue el tofu y sofríalo durante unos 4 minutos por lado o hasta que se dore. Retire el tofu con una espumadera y acomódelo en una charola para hornear o en un platón grande cubierto con toallas de papel; escúrralo.

7. Vuelva a calentar el aceite. Añada la jícama y sofríala por unos 5 minutos o hasta que se dore un poco, moviendo de vez en cuando. Con la espumadera, pásela a la charola con toallas de papel; escúrrala. Repita el procedimiento con el camote, en 2 tandas; recaliente el aceite entre tandas.

8. Incorpore el poro; sofríalo por 1 minuto. Pase el poro a un escurridor grande colocado sobre un tazón a prueba de calor para que se escurra. Conserve 1 cucharada del aceite.

continúa en la página 196

FIDEOS DE ARROZ VEGETARIANOS

Fideos de Arroz Vegetarianos,
continuación

9. Vierta 4 tazas de agua en el wok; hierva a fuego alto. Agregue el vermicelli y cueza por 3 minutos o hasta que esté suave pero aún firme, moviendo con frecuencia. Escúrralo en un colador y enjuáguelo debajo del chorro de agua para detener la cocción; escúrralo de nuevo y póngalo en un recipiente grande. Añada el aceite que reservó; revuelva ligeramente para bañarlo.

10. Corte varias veces el vermicelli cocido para que las hebras queden de 20 a 25 cm de largo.

11. Revuelva la salsa de soya y viértala en el wok; caliente a fuego medio justo hasta que se disuelva el azúcar. Incorpore el vermicelli y revuelva para bañarlo. Con delicadeza, ponga el tofu, el camote, la jícama, el poro, el cacahuate, la menta y el cilantro. Adorne con hojas de menta.

---

1 paquete (unos 360 g) de tofu firme, escurrido
2 cucharadas de salsa de soya
2 cucharaditas de jengibre fresco picado
1 taza de consomé de pollo
1 cucharada de fécula de maíz
1 ½ tazas de floretes de brócoli
1 cucharadita de aceite con chile
2 cucharaditas de aceite oscuro de ajonjolí
¼ de taza de cilantro o cebollín poco picado

TOFU MA PO

Rinde 2 porciones de plato principal o 4 de guarnición

1. Ponga el tofu entre toallas de papel y presiónelo un poco; córtelo en cuadros o triángulos de 1.5 cm. Colóquelos en un refractario; báñelos con la salsa de soya y el jengibre.

2. En una taza, disuelva la fécula de maíz en ¼ de taza de consomé. En una sartén de 25 cm de diámetro, ponga el consomé restante, el brócoli y el aceite con chile. Hierva a fuego alto. Reduzca el fuego a medio. Tape y cueza por 3 minutos o hasta que el brócoli esté suave.

3. Revuelva la mezcla de consomé y vacíe en la sartén. Cueza, revolviendo, por 1 minuto o hasta que hierva y la salsa se espese. Incorpore el tofu. Deje cocer, sin tapar, hasta que el tofu esté caliente. Vierta el aceite de ajonjolí. Agregue el cilantro.

2 huevos
2 claras de huevo
½ taza de germinado de trigo, enjuagado y escurrido
½ taza de champiñones picados
2 cucharadas de cebollín, en rebanadas delgadas
2 cucharadas de salsa de soya
1 cucharada de aceite de cacahuate (maní) o vegetal
1 taza de consomé de pollo
1 cucharada de fécula de maíz
¼ de cucharadita de azúcar
¼ de cucharadita de pimienta negra

Foo Yung de Huevo

Rinde 2 porciones de plato principal o 4 de guarnición

1. En un recipiente grande, bata los huevos y las claras de huevo. Incorpore el germinado de soya, los champiñones, el cebollín y 1 cucharada de salsa de soya.

2. Caliente una sartén antiadherente grande a fuego medio-alto. Vierta el aceite; caliéntelo bien. Para hacer las tortillas de huevo, vierta ¼ de taza de la mezcla de huevo en la sartén (la mezcla de huevo se extenderá; no amontone las tortillas en la sartén.) Cueza de 1 a 2 minutos hasta que cuaje la parte inferior de las tortillas. Voltee las tortillas; cuézalas de 1 a 2 minutos hasta que estén bien cocidas. Retírelas y consérvelas calientes. Repita el procedimiento con la mezcla de huevo restante.

3. En un recipiente chico, disuelva la fécula de maíz en el consomé; vacíe en la sartén. Incorpore el azúcar y la pimienta; cueza, revolviendo, por 1 minuto o hasta que la salsa hierva y se espese.

4. Vierta la salsa sobre las tortillas calientes; sirva de inmediato.

Variante: *Agregue a la mezcla de huevo ½ taza de camarón cocido picado o ½ taza de carne de cerdo asada y en cubos.*

1 pieza grande de coliflor
(de unos 565 g)
2 cucharadas de aceite de
oliva
1 taza de cebollín
rebanado
3 dientes de ajo picados
2 cucharadas de jengibre
fresco picado
2 cucharaditas de curry en
polvo
½ cucharadita de comino
molido
½ cucharadita de cúrcuma
molida
3 tazas de agua
400 g de tomates rojos
estofados, con su jugo
½ cucharadita de sal
1 taza de lentejas rojas
1 cucharada de jugo de
limón
Arroz Basmati
Aromático (receta más
adelante)

ARROZ CON LENTEJA AL CURRY

Rinde 6 porciones

1. Corte la coliflor en floretes.

2. En una cacerola grande, caliente el aceite a fuego medio. Agregue el cebollín, el ajo, el jengibre, el curry, el comino y la cúrcuma; cueza, revolviendo, por 5 minutos. Añada el agua, el tomate con su jugo y la sal; ponga a hervir a fuego alto.

3. Mientras tanto, enjuague las lentejas debajo del chorro de agua fría; deseche cualquier basura o las lentejas manchadas. Ponga las lentejas en la cacerola. Reduzca el fuego a bajo. Tape y deje cocer de 35 a 40 minutos o hasta que estén suaves. Incorpore la coliflor y el jugo de limón. Tape y deje cocer de 8 a 10 minutos más o hasta que la coliflor esté suave.

4. Mientras tanto, prepare el Arroz Basmati Aromático.

5. Sirva la mezcla de lenteja sobre el Arroz Basmati Aromático. Adorne, si lo desea.

ARROZ BASMATI AROMÁTICO

2 tazas de jugo de manzana
¾ de taza de agua
½ cucharadita de sal
1½ tazas de arroz basmati blanco o texmati
2 rebanadas delgadas de jengibre
1 raja de canela (de 5 cm de largo)

En una cacerola mediana, ponga a hervir el jugo, el agua y la sal. Agregue el resto de los ingredientes; reduzca el fuego a bajo. Tape; deje cocer de 25 a 30 minutos o hasta que se absorba el líquido. Quite y deseche el jengibre y la canela.

ARROZ CON LENTEJA AL CURRY

⅓ de taza de agua

4 cucharaditas de salsa de soya baja en sodio

1 cucharada de vino de arroz o vino blanco seco

2 cucharaditas de fécula de maíz

1 ½ cucharaditas de azúcar

¼ de cucharadita de consomé de pollo granulado

1 paquete (290 g) de tofu extra firme, escurrido

3 cucharaditas de aceite vegetal

3 tazas de champiñones, en rebanadas delgadas

1 taza de poro (puerro) rebanado

2 dientes de ajo picados

2 cucharaditas de jengibre fresco picado

2 tazas de zanahoria, en rebanadas diagonales

3 tazas de espinaca, picada y cocida al vapor

4 tazas de arroz cocido y caliente

TOFU DE VERDURAS SOFRITO

Rinde 4 porciones

En un recipiente chico, mezcle el agua, la salsa de soya, el vino de arroz, la fécula de maíz, el azúcar y el consomé granulado. Ponga el tofu entre toallas de papel y presiónelo un poco; córtelo en cuadros o triángulos de 1.5 cm.

Rocíe un wok o una sartén grande con aceite en aerosol; caliente a fuego medio-alto. Agregue 1 cucharadita de aceite. Añada el champiñón, el poro, el ajo y el jengibre; sofríalos de 2 a 3 minutos o hasta que las verduras estén suaves. Sáquelas del wok.

Vierta en el wok el aceite restante. Incorpore la zanahoria; sofríala de 5 a 6 minutos o hasta que esté suave. Vacíe la mezcla de fécula de maíz; sofría más o menos por 1 minuto o hasta que la mezcla hierva y se espese. Agregue la mezcla de champiñón, el tofu y la espinaca. Tape y cueza durante 1 minuto aproximadamente o hasta que esté bien caliente. Sirva sobre arroz.

TOFU DE VERDURAS SOFRITO

450 g de espagueti
1 taza de crema de cacahuate (maní) con trozos
1 taza de jugo de naranja
¼ de taza de salsa de soya
¼ de taza de aceite de ajonjolí
¼ de taza de aceite vegetal
2 cucharadas de vinagre de manzana
1 cucharada de salsa picante
1 cucharadita de sal
2 cebollines grandes rebanados
1 pepino mediano rebanado

ESPAGUETI CON AJONJOLÍ

Rinde 6 porciones

■ Prepare el espagueti siguiendo las instrucciones de la envoltura, escúrralo.

■ Mientras tanto, en un recipiente grande, bata la crema de cacahuate, el jugo de naranja, la salsa de soya, el aceite de ajonjolí, el aceite vegetal, el vinagre, la salsa picante y la sal hasta que se incorporen. Agregue el espagueti cocido y el cebollín; revuelva bien. Sírvalo caliente o tápelo y refrigérelo para servirlo frío. Justo antes de servir, báñelo con jugo de naranja adicional, si es necesario. Adorne con rebanadas de pepino.

2 cucharadas de aceite vegetal
225 g de queso de soya firme (tofu), escurrido y en cubos de 1 cm
½ taza de agua
2 cucharadas de salsa de ostión
4 cucharaditas de jerez
4 cucharaditas de salsa de soya
1 cucharada de fécula de maíz
120 g de champiñones frescos rebanados
6 cebollines, en trozos
3 tallos de apio, en trozos diagonales de 1 cm
1 pimiento morrón rojo o verde, en cubos de 1 cm

QUESO DE SOYA CON SALSA DE OSTIÓN

Rinde 4 porciones

En un wok o en una sartén grande, caliente 1 cucharada de aceite a fuego alto. Agregue el tofu y sofríalo hasta que empiece a dorarse, por unos 3 minutos. Retírelo del fuego. En un recipiente chico, mezcle el agua, la salsa de ostión, el jerez, la salsa de soya y la fécula de maíz hasta suavizar. Caliente en el wok el aceite restante, a fuego alto. Incorpore el champiñón, el cebollín, el apio y el pimiento; sofría por 1 minuto. Regrese el tofu al wok; mueva un poco. Revuelva la mezcla de salsa de ostión y vierta en el wok. Cueza, revolviendo, hasta que el líquido comience a hervir; cueza por 1 minuto más.

180 g de espagueti cocido
225 g de tofu firme,
    escurrido y en cubos de
    2.5 cm
  1 cucharada de salsa de
    soya baja en sodio
1 ½ tazas de caldo de
    verduras o agua
  2 cucharadas de fécula de
    maíz
  1 cucharada de aceite
    vegetal
  2 tazas de apio rebanado
  1 taza de floretes de
    brócoli
¾ de taza de pimiento
    morrón rojo, en trozos
⅓ de taza de cebollín
    rebanado
  8 tiras (de 3.5×1 cm) de
    cáscara de naranja
  1 cucharadita de jengibre
    fresco picado
    Rebanadas de naranja
    para adornar

VERDURAS Y TOFU A LA NARANJA

Rinde 4 porciones

Cueza el espagueti siguiendo las instrucciones de la envoltura; escúrralo y consérvelo caliente. Mientras tanto, en un recipiente mediano, ponga el tofu con la salsa de soya. En una taza, disuelva la fécula de maíz en el caldo de verduras hasta suavizar. En una sartén antiadherente grande o en un wok, caliente el aceite. Añada el apio, el brócoli, el pimiento, el cebollín, la cáscara de naranja y el jengibre. Sofría hasta que las verduras estén suaves, por unos 4 o 5 minutos. Revuelva la mezcla de fécula de maíz y viértala sobre las verduras; hierva y revuelva sin cesar hasta que la mezcla se espese un poco, más o menos durante 1 minuto. Con delicadeza, incorpore la mezcla de tofu; cueza hasta que se caliente, por 1 minuto aproximadamente. Sirva sobre el espagueti. Adorne con las rebanadas de naranja.

225 g de soba (fideos de
   trigo sarraceno
   japonés) sin cocer
1 cucharada de aceite de
   oliva light
2 tazas de champiñones
   shiitake rebanados
1 pimiento morrón rojo
   mediano, en tiras
   delgadas
2 chiles rojos secos
   enteros chicos *o* ¼ de
   cucharadita de
   pimienta roja
   machacada
1 diente de ajo picado
2 tazas de col napa rallada
½ taza de consomé de
   pollo bajo en sodio
2 cucharadas de tamari
   bajo en sodio o de
   salsa de soya
1 cucharada de vino de
   arroz o jerez seco
2 cucharaditas de fécula
   de maíz
1 paquete (400 g) de tofu
   firme, escurrido y en
   cubos de 2.5 cm
2 cebollines, en rebanadas
   delgadas

SOBA SOFRITO

Rinde 4 porciones (de 2 tazas)

1. Cueza el soba siguiendo las instrucciones de la envoltura; omita la sal. Escúrralo.

2. En una sartén antiadherente grande o en un wok, caliente el aceite a fuego medio. Ponga el champiñón, el pimiento, el chile seco y el ajo. Cueza por 3 minutos o hasta que el champiñón esté suave.

3. Agregue la col. Tape y deje cocer durante 2 minutos o hasta que se cueza.

4. En un recipiente chico, mezcle el consomé de pollo, el tamari, el vino de arroz y la fécula de maíz. Vierta la salsa sobre la mezcla de verduras. Cueza por 2 minutos o hasta que la salsa burbujee.

5. Incorpore el tofu y el soba; revuelva ligeramente hasta que esté bien caliente. Añada encima el cebollín.

SOBA SOFRITO

MARISCOS ESPLÉNDIDOS

CAMARÓN Y CARNE AL CURRY CON CHABACANO

Rinde 4 porciones

½ taza de salsa para carne
⅓ de taza de mermelada de chabacano (albaricoque)
2 cucharaditas de curry en polvo
2 dientes de ajo picados
450 g de camarón grande, pelado y desvenado
450 g de filete de bola de res, en cubos de 2.5 cm
1 taza de tirabeques (vainas), cortados a la mitad
Couscous cocido y caliente

Remoje en agua 8 brochetas de madera (de 25 cm) durante 30 minutos por lo menos.

En un recipiente chico, mezcle la salsa para carne, la mermelada, el curry y el ajo. Ponga el camarón y la carne en un recipiente no metálico; bañe con ½ taza de la mezcla de salsa para carne. Tape y refrigere por 2 horas, moviendo de vez en cuando.

Escurra el camarón y la carne y deseche la marinada. Alternadamente, ensarte el camarón, la carne y los tirabeques en las brochetas. Ase las brochetas con el carbón rojo o en asador eléctrico, a 15 cm de la fuente de calor, durante 5 minutos de cada lado o hasta que la carne tenga el término deseado y el camarón esté opaco; báñelas con la salsa restante. Sirva de inmediato con el couscous.

CAMARÓN Y CARNE AL CURRY CON CHABACANO

Arroz al Coco y Jengibre (receta más adelante)
1 cucharada de aceite vegetal
450 g de camarón mediano crudo, pelado y desvenado
3 dientes de ajo picados
1 taza de piña finamente picada o 1 lata (225 g) de trozos de piña, escurridos
2 cucharadas de azúcar morena
1 cucharada de salsa de pescado
2 cucharaditas de curry en polvo
¼ de cucharadita de pimienta roja machacada
3 cebollines, en rebanadas delgadas
Chalote para adornar
¼ de taza de coco tostado
¼ de taza de cacahuate (maní) asado picado, con o sin sal
¼ de taza de cilantro picado
¼ de taza de pimiento morrón rojo en cubos

CAMARÓN AL CURRY CON ARROZ AL COCO Y JENGIBRE

Rinde 4 porciones

Prepare el Arroz al Coco y Jengibre.

Mientras tanto, caliente un wok o una sartén grande a fuego alto. Vierta el aceite y cubra la superficie del wok. Agregue el camarón y el ajo; fríalos de 2 a 3 minutos, hasta que todo el camarón se torne rosado y opaco. Con una espumadera, pase a un recipiente. Ponga la piña, el azúcar morena, la salsa de pescado, el curry en polvo y la pimienta en el wok; deje que hierva a fuego alto, sin dejar de mover. Reduzca el fuego a medio; cueza por 2 minutos. Incorpore la mezcla de camarón y el cebollín; cueza durante 1 minuto o hasta que el camarón esté bien caliente.

Sirva el Arroz al Coco y Jengibre, y acomode encima el camarón y la salsa; adorne con el chalote, si lo desea. En recipientes chicos, ponga el coco tostado, el cacahuate, el cilantro y el pimiento para espolvorearlos sobre las porciones individuales.

ARROZ AL COCO Y JENGIBRE

3 tazas de agua
2 tazas de arroz blanco de grano largo
1 taza de leche de coco sin endulzar
2 cucharadas de azúcar
2 cucharaditas de jengibre fresco rallado

En una cacerola mediana, a fuego alto, ponga el agua, el arroz, la leche de coco, el azúcar y el jengibre. Cuando hierva, reduzca el fuego a bajo; tape y deje cocer por 25 minutos o hasta que se absorba el líquido. Esponje el arroz con un tenedor.

CAMARÓN AL CURRY CON ARROZ AL COCO Y JENGIBRE

225 g de tallarín plano de
   arroz
3 cucharadas de salsa
   catsup
3 cucharadas de salsa de
   pescado
2 cucharadas de azúcar
   morena
1 cucharada de jugo de
   limón
1 chile jalapeño, sin
   semillas y finamente
   picado
1 cucharadita de curry en
   polvo
2 cucharadas de aceite de
   cacahuate (maní)
450 g de camarón mediano,
   pelado y desvenado
3 dientes de ajo picados
3 huevos ligeramente
   batidos
2 tazas de germinado de
   soya fresco, enjuagado
   y escurrido
⅔ de taza de cacahuates
   (maníes) asados (con
   sal o sin sal), picados
3 cebollines, en rebanadas
   delgadas
1 zanahoria chica rallada
¾ de taza de col morada o
   verde rallada
½ taza de cilantro poco
   picado
1 limón, en rebanadas

PAD THAI

Rinde 4 porciones

1. Ponga el tallarín en un tazón grande; cúbralo con agua caliente. Déjelo reposar de 10 a 30 minutos o hasta que esté suave y manejable.

2. Para preparar la salsa, mezcle ¼ de taza de agua, la salsa catsup, la salsa de pescado, el azúcar, el jugo de limón, el chile jalapeño y el curry en polvo en un recipiente mediano.

3. Caliente un wok o una sartén grande a fuego alto. Vierta 1 cucharada de aceite y cubra la superficie. Agregue el camarón; sofríalo por 2 minutos o hasta que el camarón se torne rosado y opaco. Con una espumadera, páselo a un recipiente.

4. Reduzca el fuego a medio. Añada el aceite restante y caliente por 15 segundos. Ponga el ajo; fríalo durante 20 segundos o hasta que se dore. Incorpore los huevos; cueza por 2 minutos o justo hasta que cuaje; voltéelo y revuelva cada 30 segundos para que se mezclen. Vierta la salsa.

5. Aumente el fuego a alto. Agregue el tallarín; revuélvalo para bañarlo con la salsa. Cueza de 2 a 4 minutos, moviendo con frecuencia, hasta que el tallarín esté suave. (Agregue agua, 1 cucharada a la vez, si la salsa se absorbe por completo y el tallarín aún está seco.)

6. Añada el camarón cocido, 1½ tazas de germinado de soya, el cacahuate y el cebollín; cueza, revolviendo, de 1 a 2 minutos o hasta que esté bien caliente.

7. Pase la mezcla a un platón grande. Apile el germinado restante, la zanahoria, la col, el cilantro y las rebanadas de limón alrededor del tallarín. Exprima el limón sobre el tallarín antes de comerlo.

PAD THAI

1 paquete (30 g) de
    champiñón negro chino
    seco*
1 taza de consomé de
    pollo
3 cucharadas de salsa de
    soya
2 cucharadas de jerez seco
4½ cucharaditas de fécula
    de maíz
2 cucharadas de aceite de
    cacahuate (maní) o
    vegetal
225 g de camarón mediano,
    pelado y desvenado
225 g de vieiras de bahía o
    de mar, cortadas por la
    mitad
2 dientes de ajo picados
180 g (2 tazas) de tirabeques
    (vainas) frescos,
    cortados
    diagonalmente por la
    mitad
    Tortilla de Tallarín con
    Ajonjolí (página 306) o
    arroz cocido y caliente
    (opcional)
¼ de taza de cebollín, en
    rebanadas delgadas
    (opcional)

*Puede sustituirlo con 1½ tazas de
champiñón fresco rebanado. Omita
el paso 1.

MARISCOS SOFRITOS

Rinde 4 porciones

1. Ponga los champiñones en un recipiente chico;
cúbralos con agua tibia. Remójelos por 20 minutos para
que se suavicen. Escúrralos; quite el exceso de agua.
Deseche los tallos y rebane los sombreros.

2. En otro recipiente chico, mezcle el consomé con la
salsa de soya y el jerez; disuelva ahí la fécula de maíz.

3. Caliente un wok o una sartén grande a fuego medio-
alto. Agregue 1 cucharada de aceite; caliéntelo; luego
añada el camarón, las vieiras y el ajo; sofría por
3 minutos o hasta que los mariscos se tornen opacos.
Retírelos del fuego.

4. Ponga en el wok el aceite restante. Incorpore los
champiñones y los tirabeques; sofríalos por 3 minutos o
hasta que los tirabeques estén suaves.

5. Revuelva la mezcla de consomé y viértala en el wok.
Sofría durante 2 minutos o hasta que la salsa hierva y se
espese.

6. Regrese al wok los mariscos junto con el jugo
acumulado; deje que se calienten bien. Sirva sobre la
Tortilla de Tallarín con Ajonjolí, si lo desea. Adorne con
el cebollín.

3 a 5 cucharadas de aceite vegetal

8 champiñones finamente picados

4 cucharaditas de fécula de maíz

1 taza de agua

2 cucharaditas de consomé de pollo granulado

2 cucharaditas de salsa de soya

1 cucharadita de azúcar

8 huevos

½ cucharadita de sal

⅛ de cucharadita de pimienta negra

225 g de germinado de soya, enjuagado y escurrido

225 g de camarón, pelado, desvenado y finamente picado

4 cebollines enteros finamente picados

1 tallo de apio finamente picado

Camarón entero cocido y cebollín en tiras para adornar

OMELETES DE CAMARÓN

Rinde 4 porciones

1. En una sartén chica, caliente 1 cucharada de aceite. Agregue los champiñones; fríalos por 1 minuto. Retírelos de la sartén.

2. En una olla chica, mezcle la fécula de maíz, el agua, el consomé granulado, la salsa de soya y el azúcar; revuelva hasta que se incorporen. Cueza y mueva a fuego medio hasta que la mezcla hierva y se espese, por unos 5 minutos. Conserve caliente.

3. En un recipiente grande, mezcle los huevos, la sal y la pimienta. Bata hasta que tenga espuma. Añada el germinado, el camarón, el cebollín, el apio y el champiñón; revuelva bien.

4. Para cada omelet, caliente ½ cucharada de aceite en una sartén. Vierta ½ taza de la mezcla de huevo. Cueza hasta que empiece a dorarse, de 2 a 3 minutos de cada lado. Con suavidad, empuje la porción cocida hacia el centro e incline la sartén para permitir que la porción cruda fluya por debajo.

5. Apile las omeletes en un platón; vierta encima la mezcla de salsa de soya caliente. Adorne, si lo desea.

SALSA

2 cucharadas de aceite
vegetal
1 cebolla amarilla chica
finamente picada
1 cucharadita de curry en
polvo
1½ cucharadas de jerez seco
1 cucharada de salsa satay
2 cucharaditas de salsa de
soya
1 cucharadita de azúcar
¼ de taza de crema o leche

CAMARÓN

2 claras de huevo
ligeramente batidas
4 cucharaditas de fécula
de maíz
1 cucharada de jerez seco
1 cucharada de salsa de
soya
2 latas (de 195 g cada
una) de carne de
cangrejo, escurrida y
desmenuzada
8 cebollines enteros
finamente picados
2 tallos de apio finamente
picados
675 g de camarón grande,
pelado y desvenado
½ taza de harina de trigo
3 huevos
3 cucharadas de leche
2 a 3 tazas de pan molido
(de 8 a 10 rebanadas
de pan)
Aceite vegetal para freír

CAMARÓN RELLENO DE CANGREJO

Rinde 4 porciones

Para la salsa, caliente 2 cucharadas de aceite a fuego medio en una cacerola chica. Ponga la cebolla; fríala hasta que se suavice, por unos 3 minutos. Agregue el curry en polvo; cueza, revolviendo, durante 1 minuto. Vierta 1½ cucharadas de jerez, la salsa satay, 2 cucharaditas de salsa de soya y el azúcar; cueza y mueva por 2 minutos. Incorpore la crema; deje que hierva. Cueza durante 2 minutos, revolviendo de vez en cuando. Conserve caliente.

Para el camarón, mezcle las claras de huevo, la fécula de maíz, 1 cucharada de jerez y 1 cucharada de salsa de soya en un recipiente mediano; revuelva hasta que se incorporen. Añada la carne de cangrejo, el cebollín y el apio; revuelva bien.

Corte profundamente cada camarón por el dorso, sin atravesarlo. Aplánelos un poco, con suavidad, con un mazo para carne o con un rodillo. Rellene los camarones con la mezcla de cangrejo, presionando la ranura con el dorso de la cuchara o con una espátula chica. Enharine ligeramente los camarones

En un recipiente poco profundo, bata los huevos y la leche con un tenedor, hasta que se incorporen. Remoje los camarones en la mezcla de huevo, con el relleno hacia arriba; con una cuchara, bañe la parte superior de cada camarón para que quede bien cubierto. Cubra los camarones con el pan molido; presione un poco el pan contra el camarón. Ponga los camarones en una capa sobre charolas para hornear o platones. Refrigere por 30 minutos.

Vierta 2.5 cm de aceite en una sartén grande o en un wok. Caliéntelo a fuego alto a 190 °C. Ponga de cuatro a cinco camarones a la vez; fríalos hasta que se doren, por unos 3 minutos. Escúrralos sobre toallas de papel. Acompañe con la salsa.

CAMARÓN RELLENO DE CANGREJO

2 calabacitas medianas
2 calabazas amarillas
    medianas
¼ de taza de sake
¼ de taza de salsa de soya
2 cucharadas de azúcar
675 g de filetes de salmón
    rojo con piel (de
    3.75 cm de grosor)
2 cucharadas de aceite
    vegetal
1 cucharada de
    mantequilla
¼ de cucharadita de sal
¼ de cucharadita de
    pimienta negra
1 cucharada de semillas
    de ajonjolí, tostadas*
    Rebanadas de limón
    (opcional)

Para tostar las semillas de ajonjolí, en un wok, a fuego medio-alto, cuézalas y revuélvalas por unos 45 segundos o hasta que comiencen a brincar y a dorarse. Retire del wok y póngalas en un recipiente chico.

TERIYAKI DE SALMÓN

Rinde 4 porciones

1. Corte la calabacita y la calabaza amarilla en tiras pequeñas. En una taza, mezcle el sake con la salsa de soya y el azúcar; revuelva hasta que se disuelva el azúcar.

2. Enjuague y seque el salmón. Pase los dedos sobre la superficie cortada del salmón; deseche las espinas que encuentre. Corte a lo ancho en 4 trozos.

3. Caliente un wok a fuego alto. Vierta 1 cucharada de aceite; caliéntela por 30 segundos. Agregue la calabacita, la calabaza y la mantequilla; fría de 4 a 5 minutos hasta que se doren y estén suaves. Sazone con sal y pimienta. Pase a un platón. Añada las semillas de ajonjolí; tape y conserve caliente.

4. Vierta en el wok el aceite restante y caliente bien a fuego alto. Con cuidado, coloque los filetes con la piel hacia arriba. Cueza por 4 minutos o hasta que se doren. Reduzca el fuego a medio-alto. Voltee el pescado. Fría, con la piel hacia abajo, de 8 a 10 minutos o hasta que el pescado se desmenuce con facilidad cuando lo pique con un tenedor; de vez en cuando, despegue el pescado de la sartén. Ponga el pescado en el platón sobre la verdura. Tape y consérvelo caliente.

5. Deseche la grasa del wok. Revuelva la mezcla de soya y viértala en el wok. Ponga a hervir hasta que la mezcla se reduzca a la mitad y se espese un poco. Vierta la salsa sobre el pescado. Acompañe con rebanadas de limón, si lo desea.

TERIYAKI DE SALMÓN

SAZONADORES
1 cucharada de salsa de
frijol negro al ajo
1 cucharadita de agua
½ cucharadita de azúcar

450 g de filetes de pescado
1 cucharada de fécula de
maíz
1½ cucharaditas de salsa de
ostión
2 cucharadas de aceite
vegetal
2 cebollines picados
2 tallos de apio, en tiras
1 zanahoria mediana, en
tiras

PESCADO Y FRIJOL NEGRO AL AJO

Rinde 4 porciones

1. En un tazón, mezcle los ingredientes para sazonar.

2. Enjuague el pescado y séquelo con toallas de papel. Córtelo en trozos de 2.5 cm; póngalos en un recipiente.

3. Disuelva la fécula de maíz en la salsa de ostión. Vierta sobre el pescado; revuelva para bañarlo. Marine por 10 minutos.

4. En un wok, caliente el aceite. Agregue el cebollín; sofríalo hasta que suelte su aroma.

5. Añada el pescado y sofríalo hasta que esté medio cocido, más o menos por 1 minuto.

6. Incorpore el apio, la zanahoria y la mezcla de sazonadores. Sofría hasta que se cuezan todos los ingredientes.

3 cucharaditas de aceite
oscuro de ajonjolí
3 cucharadas de vino
chino de arroz o jerez
2 cucharadas de salsa de
soya
2 cucharaditas de jengibre
fresco picado
2 cucharaditas de azúcar
¼ de cucharadita de
pimienta negra
675 g de filetes de pez
espada
1 cucharada de aceite
450 g de champiñones
frescos rebanados
2 cebollines rebanados
¼ de taza de cilantro

PEZ ESPADA ASIÁTICO

Rinde de 4 a 6 porciones

En un recipiente de 2 litros de capacidad, mezcle 2 cucharaditas de aceite de ajonjolí, el vino, la salsa de soya, el jengibre, el azúcar y la pimienta. Agregue el pescado y báñelo bien; tápelo y refrigérelo por 2 horas. En una sartén, caliente el aceite vegetal. Añada el champiñón; fríalo, revolviendo, hasta que esté bien dorado. Retire del fuego; incorpore el cebollín, el cilantro, la sal y el aceite de ajonjolí restante; conserve caliente. Escurra el pescado y deseche la marinada. Engrase ligeramente la parrilla del asador; áselo sobre carbón rojo por unos 4 minutos de cada lado o hasta que se desmenuce con facilidad cuando lo pique con un tenedor. Sirva la mezcla de champiñón sobre el pescado.

1 taza de mermelada de naranja
3 cucharadas de salsa de soya
2 cucharadas de vinagre blanco
2 cucharaditas de salsa picante
4½ cucharaditas de fécula de maíz
2 cucharadas de aceite vegetal
1 cucharada de jengibre fresco picado
1 cucharada de ajo picado
24 camarones gigantes, pelados y desvenados
1 pimiento morrón rojo picado
1 pimiento morrón amarillo o verde, picado
3 tazas de floretes de brócoli (más o menos 1 pieza)
½ taza de agua
1 taza de cebollas de cambray picadas

CAMARÓN MANDARÍN CON VERDURAS SOFRITAS

Rinde de 4 a 6 porciones

En un recipiente chico, mezcle la mermelada de naranja, la salsa de soya, el vinagre, la salsa picante y la fécula de maíz. Revuelva para disolver bien la fécula de maíz.

Caliente una sartén grande o un wok a fuego alto durante 1 minuto; después, rocíe con aceite vegetal. Caliéntelo por 30 segundos; agregue el jengibre, el ajo y el camarón. Sofríalos de 2 a 3 minutos hasta que el camarón se torne rosado. Retire el camarón de la sartén.

Ponga el pimiento y los floretes de brócoli en la sartén; cuézalos a fuego alto por 1 minuto. Vierta el agua; tape y reduzca el fuego a medio. Cueza de 4 a 5 minutos o hasta que las verduras estén suaves.

Destape la sartén y aumente el fuego a alto. Incorpore el camarón y la mezcla de mermelada. Cueza el camarón durante otros 2 minutos hasta que la salsa se espese y el camarón esté completamente cocido. Sazone con sal y pimienta negra recién molida, al gusto.

Incorpore la cebolla y sirva con arroz cocido.

1 cucharada de semillas de ajonjolí

450 g de vieiras de mar

225 g de espagueti de trigo integral

3 cucharadas de aceite de ajonjolí

¼ de taza de consomé de pollo o jugo de almeja

3 cucharadas de jugo de limón

2 cucharadas de salsa de ostión

1 cucharada de fécula de maíz

1 cucharada de salsa de soya

½ cucharadita de ralladura de cáscara de limón

1 cucharada de aceite vegetal

2 zanahorias, en tiras pequeñas

1 pimiento morrón amarillo, en tiras delgadas

4 rebanadas de jengibre fresco pelado

1 diente de ajo picado

180 g de tirabeques (vainas) frescos, cortados, o 1 bolsa (180 g) de tirabeques descongelados

2 cebollines, en rebanadas delgadas

VIEIRAS AL LIMÓN CON AJONJOLÍ

Rinde 4 porciones

1. Para tostar las semillas de ajonjolí, caliente una sartén chica a fuego medio. Agregue las semillas; cueza y revuelva por unos 5 minutos o hasta que se doren.

2. Enjuague las vieiras y séquelas con toallas de papel.

3. Cueza el espagueti siguiendo las instrucciones de la envoltura. Escúrralo en un colador. Ponga el espagueti en un recipiente grande; báñelo con 2 cucharadas de aceite de ajonjolí. Tápelo y consérvelo caliente.

4. Mezcle el consomé, el jugo de limón, la salsa de ostión, la fécula de maíz, la salsa de soya y la ralladura de limón hasta que se incorporen.

5. En una sartén grande o en un wok, caliente el aceite de ajonjolí restante y el aceite vegetal a fuego medio. Añada la zanahoria y el pimiento; sofría de 4 a 5 minutos o hasta que estén suaves. Pase a un recipiente grande.

6. Ponga el jengibre y el ajo en la sartén; sofríalos por 1 minuto a fuego medio-alto. Incorpore las vieiras; sofríalas durante 1 minuto. Agregue los tirabeques y el cebollín; sofríalos de 2 a 3 minutos o hasta que los tirabeques se tornen verde brillante y la vieira se opaque. Saque y deseche las rebanadas de jengibre. Pase la mezcla al mismo recipiente de las verduras; deje el líquido en la sartén.

7. Revuelva la mezcla de consomé; vierta en la sartén. Cueza y revuelva por 5 minutos o hasta que se espese. Regrese la mezcla de vieiras a la sartén; cueza durante 1 minuto. Sirva de inmediato sobre el espagueti caliente; espolvoree con las semillas de ajonjolí tostadas.

VIEIRAS AL LIMÓN CON AJONJOLÍ

¼ de taza de salsa de soya
2 cucharadas de jugo de limón
1 cucharada de azúcar
1 cucharadita de comino molido
2 dientes de ajo picados
½ cucharadita de chile en polvo
450 g de camarón grande, pelado y desvenado
3 cucharadas de aceite vegetal
½ manojo chico de cilantro poco picado

CAMARÓN JAVA

Rinde 4 porciones

■ Mezcle la salsa de soya, el jugo de limón, el azúcar, el comino, el ajo y el chile en polvo; revuelva hasta incorporar bien. Agregue el camarón y revuelva para bañarlo; deje marinar por 15 minutos.

■ Caliente un wok a fuego alto por 1 minuto aproximadamente. Rocíe el aceite en el wok y caliéntelo durante 30 segundos. Añada el camarón con la salsa; sofríalo por unos 4 minutos o hasta que el camarón se torne rosado y opaco. Incorpore la mitad del cilantro; revuelva. Pase a un platón. Adorne con el cilantro restante. Sirva con arroz.

½ taza de aceite vegetal
2 chalotes grandes, en rebanadas delgadas
1 lata (400 ml) de leche de coco sin endulzar
1 cucharadita de pasta roja de curry tailandesa
⅓ de taza de agua
1 cucharada de azúcar
1 cucharada de salsa de pescado
Cáscara de 1 limón finamente picada
450 g de camarón, pelado, desvenado y sin cola
½ taza de albahaca, en tiras delgadas
Arroz de jazmín cocido
2 tazas de rebanadas de piña
½ taza de cacahuate (maní)
Hojas de albahaca fresca

CAMARÓN TAILANDÉS AL CURRY

Rinde 4 porciones

En un wok, caliente el aceite a fuego alto. Agregue el chalote; fríalo hasta que esté crujiente y dorado. Retírelo del wok; escúrralo sobre toallas de papel. Guárdelo para adornar. En una sartén, vierta la mitad de la leche de coco; póngala a hervir a fuego medio, moviendo de vez en cuando. Cueza hasta que el aceite suba a la superficie. Añada la pasta de curry; cuézala por 2 minutos. Mezcle la leche de coco restante con el agua; vierta en la sartén e incorpore el azúcar, la salsa de pescado y la cáscara de limón. Cueza hasta que la salsa se reduzca y se espese. Agregue el camarón y las tiras de albahaca; reduzca el fuego a bajo. Cueza de 3 a 5 minutos o hasta que el camarón se torne rosado y opaco. Sirva sobre el arroz de jazmín; adorne con la piña, el cacahuate, la albahaca y el chalote que guardó.

CAMARÓN JAVA

1 a 2 chiles jalapeños,*
poco picados
1 limón
1 ½ tazas de albahaca fresca
1 taza de cilantro fresco
¼ de taza de menta fresca
¼ de taza de cacahuate
(maní) tostado (con o
sin sal)
4 cebollines, en rebanadas
delgadas
2 cucharadas de coco
endulzado rallado
2 cucharadas de jengibre
picado
3 dientes de ajo picados
½ cucharadita de azúcar
½ taza de aceite de
cacahuate (maní)
1 kg de filetes de pescado
sin espinas (como
salmón, hipogloso,
bacalao o huachinango)
Rebanadas de limón y
pepino para adornar

*Los chiles jalapeños pueden irritar
la piel; utilice guantes de hule
cuando los maneje y no se toque los
ojos. Lávese las manos después de
trabajar con ellos.*

PESCADO HORNEADO CON PESTO TAILANDÉS

Rinde de 4 a 6 porciones

1. Ponga el chile jalapeño en la licuadora o en el procesador de alimentos. Pele el limón y añada la cáscara a la licuadora.

2. Exprima el limón y obtenga 2 cucharadas de jugo; viértalas en la licuadora.

3. Agregue la albahaca, el cilantro, la menta, el cacahuate, el cebollín, el coco, el jengibre, el ajo y el azúcar; licue hasta picar finamente. Con el motor encendido, vierta lentamente el aceite; licue hasta que se incorpore.

4. Caliente el horno a 190 °C. Enjuague el pescado y séquelo con toallas de papel.

5. Acomode los filetes de pescado en un refractario aceitado. Unte una capa delgada de pesto sobre cada filete.

6. Hornee por 10 minutos o hasta que el pescado se desmenuce con facilidad cuando lo pique con un tenedor, y que sólo se torne opaco en el centro. Con una espátula ancha, acomode el pescado en un platón. Adorne, si lo desea.

PESCADO HORNEADO CON PESTO TAILANDÉS

1 cucharada de cebolla en polvo
¼ de taza de salsa de soya
¼ de taza de jugo de limón
¼ de taza de aceite de oliva o vegetal
¼ de taza de miel
225 g de camarón mediano sin cocer, pelado y desvenado
225 g de filete de sirloin sin hueso, en cubos de 2.5 cm
16 tomates cherry
2 tazas de sombreros de champiñón
1 pimiento morrón verde mediano, en trozos

BROCHETAS DE CAMARÓN Y CARNE

Rinde unas 8 porciones

En un refractario de 33×23 cm, mezcle la cebolla en polvo, la salsa de soya, el jugo de limón, el aceite y la miel.

En brochetas de metal, ensarte, alternadamente, el camarón, la carne, los tomates, los champiñones y el pimiento. Ponga las brochetas en el refractario; voltéelas para bañarlas. Cubra y deje marinar en el refrigerador durante 2 horas por lo menos, volteando las brochetas de vez en cuando. Retire las brochetas del refractario; conserve la marinada.

Ase al carbón o en asador eléctrico, volteando y bañando a menudo las brochetas con la marinada que conservó, hasta que el camarón se torne rosado y la carne esté cocida. (No barnice con la marinada durante los últimos 5 minutos de cocción.)

Sugerencia para Servir: *Acompañe con elote (maíz), ensalada verde mixta y pan de ajo tostado.*

---

3 cucharadas de salsa teriyaki para marinar
2 cucharadas de perejil fresco picado
1 cucharadita de jugo de limón
2 filetes de hipogloso, de 2 cm de grosor, cortados por la mitad a lo ancho
4 rebanadas de limón, cortadas por la mitad

TERIYAKI DE HIPOGLOSO AL LIMÓN

Rinde 4 porciones

Mezcle la salsa teriyaki, el perejil y el jugo de limón; ponga el pescado en una bolsa grande de plástico y vierta encima la salsa. Saque el aire de la bolsa y ciérrela. Voltee la bolsa varias veces para bañar bien los filetes. Refrigere por 1 hora, volteando la bolsa de vez en cuando. Mientras tanto, encienda el carbón para asar. Saque el pescado de la bolsa; conserve la marinada. Ponga el pescado sobre la parrilla del asador, de 10 a 12.5 cm del carbón encendido. Cueza por 4 minutos; voltee el pescado. Barnícelo con la marinada que conservó y corone con las rebanadas de limón. Cueza durante 4 minutos más o hasta que el pescado se desmenuce con facilidad con un tenedor.

BROCHETAS DE CAMARÓN Y CARNE

2 tazas de agua
1 taza de arroz de grano largo
2 cucharadas de salsa de soya
½ cucharadita de pimienta roja machacada
¼ de taza de aceite de oliva
½ taza de cebollín picado
½ taza de apio picado
½ taza de pimiento morrón verde o rojo picado
½ taza de champiñón picado
1 taza de brócoli picado
2 tazas de espinaca o col morada
1 taza de germinado de soya fresco, enjuagado y escurrido
2 dientes de ajo machacados
1 taza de rebanadas de tomate rojo o 1 tomate rojo mediano
360 g de surimi de cangrejo o langosta, desmenuzado o picado
½ taza de rebanadas de pepino
¼ de taza de huevo cocido picado
¼ de taza de cacahuate (maní) tostado

MARISCOS SOFRITOS CON ARROZ INDONESIO

Rinde 6 porciones

En una cacerola de 2 litros de capacidad, ponga el agua, el arroz, la salsa de soya y la pimienta. Tape y deje que hierva. Reduzca el fuego a bajo y cueza por 15 minutos o hasta que el arroz esté suave y absorba el agua.

Mientras tanto, caliente el aceite en un wok o en una sartén de 30 cm de diámetro, a fuego medio. Agregue el cebollín, el apio, el pimiento y los champiñones; cueza por 3 minutos, moviendo con frecuencia. Añada el brócoli y cueza, revolviendo, durante 2 minutos. Incorpore la espinaca, el germinado de soya y el ajo; al final, ponga el arroz cocido. Reduzca el fuego a bajo; corone con las rebanadas de tomate y el surimi. Tape y caliente bien, por unos 3 minutos. Adorne con pepino, huevo y cacahuate. Sírvalo caliente o a temperatura ambiente.

SALSA

⅓ de taza de melaza

¼ de taza de vinagre de manzana

2 cucharadas de fécula de maíz

2 cucharadas de jugo de piña

2 cucharadas de salsa catsup

2 cucharadas de salsa de soya

450 g de pez espada o huachinango, en trozos de 2.5 cm

¼ de taza de fécula de maíz

3 cucharadas de aceite vegetal

1 pimiento morrón verde, rojo o amarillo, en tiras

2 cebollines picados

1 lata (225 g) de piña en trozos, en su jugo, escurrida; conserve 2 cucharadas de jugo para la salsa

Tomates cherry, partidos por la mitad

Arroz o tallarín cocido y caliente

PESCADO AGRIDULCE

Rinde 4 porciones

En un recipiente mediano, mezcle todos los ingredientes para la salsa; revuelva bien. Espolvoree el pescado con ¼ de taza de la fécula de maíz. En una sartén grande, caliente 2 cucharadas de aceite. Sofría el pescado por 5 minutos o hasta que se desmorone con facilidad con un tenedor. Retire de la sartén. Caliente el aceite restante. Sofría el pimiento y el cebollín durante 2 minutos o hasta que estén suaves. Vierta la salsa; cueza hasta que se espese. Agregue el pescado, la piña y los tomates; cueza hasta que estén bien calientes. Sirva con arroz o tallarín.

4 filetes de huachinango o corbinato (de 120 a 180 g cada uno)

¼ de taza de mirin* o vino blanco

3 cucharadas de salsa de soya

1 cucharada de aceite oscuro de ajonjolí

1 ½ cucharaditas de jengibre fresco rallado

¼ de cucharadita de pimienta roja machacada

1 bolsa (285 g) de espinaca fresca

1 cucharada de aceite de cacahuate (maní) o vegetal

1 diente de ajo picado

El mirin es un vino dulce japonés que se vende en tiendas orientales y en la sección gastronómica de supermercados grandes.

PESCADO EMPAPELADO SHANGHAI

Rinde 4 porciones

1. Prepare el asador para cocción directa.

2. En un refractario, ponga el pescado en una capa. En un recipiente chico, mezcle el mirin, la salsa de soya, el aceite de ajonjolí, el jengibre y la pimienta; vierta sobre el pescado. Tape y deje marinar en el refrigerador mientras prepara la espinaca.

3. Entretanto, lave la espinaca; séquela con toallas de papel. Corte y deseche los tallos.

4. En una sartén grande, caliente el aceite de cacahuate a fuego medio. Agregue el ajo; fríalo por 1 minuto. Añada la espinaca; cuézala, revolviendo, durante unos 3 minutos, moviendo con una cuchara de madera.

5. Ponga la mezcla de espinaca en el centro de cuatro cuadros de papel de aluminio, de 30×30 cm. Escurra el pescado y conserve la marinada. Ponga 1 filete de pescado sobre cada porción de espinaca. Rocíe uniformemente con la marinada y envuelva.

6. Ponga los paquetes sobre la parrilla. Ase, con el asador tapado, de 15 a 18 minutos o hasta que el pescado se desmenuce con facilidad al picarlo con un tenedor.

PESCADO EMPAPELADO SHANGHAI

4 cebollines enteros
1 cucharada de aceite
vegetal
2 cucharadas de
mantequilla o margarina
450 g de camarón mediano,
pelado y desvenado
1 cucharada de curry en
polvo
2 dientes de ajo picados
½ cucharadita de sal
½ cucharadita de azúcar
½ cucharadita de ralladura
de cáscara de limón
½ taza de crema espesa
¼ de taza de chiles picados
Bulgur cocido
3 cucharadas de cacahuate
(maní) tostado, sin sal,
poco picado
Coco tostado o chutney
embotellado (opcional)
Champiñones enoki y
tiras de pimiento
morrón rojo para
adornar

CAMARÓN MALABAR

Rinde 4 porciones

■ Corte diagonalmente el cebollín en trozos de 2.5 cm.

■ Caliente un wok a fuego alto, más o menos por
1 minuto. Rocíe el wok con el aceite; caliéntelo durante
30 segundos. Agregue el cebollín y sofríalo, por
1 minuto aproximadamente o hasta que esté suave.
Póngalo en un recipiente chico.

■ Coloque la mantequilla en el wok; cubra el fondo y
caliéntela por 30 segundos. Añada el camarón, el curry
en polvo, el ajo, la sal, el azúcar y la ralladura de limón;
sofría durante unos 3 minutos o hasta que el camarón
se torne rosado y opaco. Incorpore la crema y los chiles;
cueza, revolviendo, hasta que esté caliente. Agregue el
cebollín.

■ Sirva el camarón sobre el bulgur. Coloque encima el
cacahuate y el coco, si lo desea. Adorne a su gusto.

*Nota: Para tostar el coco, caliente el horno a 150 °C.
Ponga el coco en una charola para hornear y hornee de
4 a 6 minutos o hasta que se dore un poco, moviendo con
frecuencia.*

2 cucharadas de aceite
vegetal
450 g de langostinos,
pelados y desvenados
3 cucharadas de salsa de
ajo con chile
1 cebollín, en rebanadas

LANGOSTINOS AL AJILLO CON CHILE

Rinde 4 porciones

1. Caliente el aceite en un wok o en una sartén.

2. Ponga los langostinos y sofríalos hasta que se tornen
rosados.

3. Vierta la salsa de ajo con chile y sofría hasta que los
langostinos estén bien cocidos. Espolvoree con el
cebollín y sirva.

CAMARÓN MALABAR

3 cucharadas de salsa de soya
2 cucharadas de jerez seco
2 dientes de ajo picados
450 g de filetes de salmón
2 cucharadas de cilantro fresco finamente picado

SALMÓN CHINO A LA PARRILLA

Rinde 4 porciones

1. En un refractario, revuelva la salsa de soya, el jerez y el ajo. Ponga el salmón; voltéelo para bañarlo. Tape y refrigere durante 30 minutos por lo menos o hasta por 2 horas.

2. Escurra el salmón; conserve la marinada. Acomode los filetes (con la piel hacia abajo) sobre la rejilla aceitada del asador eléctrico o en la parrilla del asador con el carbón encendido. Ase de 12.5 a 15 cm del fuego durante 10 minutos. Rocíe con la marinada después de 5 minutos de asado; deseche la marinada restante. Espolvoree encima el cilantro.

450 g de camarón, pelado y desvenado
½ taza de consomé de pollo
¼ de taza de salsa de soya
3 cucharadas de jerez seco o vino blanco
2 cucharadas de fécula de maíz
2 cucharaditas de jengibre fresco picado
¼ de taza de aceite
1 bolsa (180 g) de tirabeques (vainas) descongelados y secos o 225 g de tirabeques frescos
3 cebollines, en trozos de 2.5 cm
½ lata (225 g) de castañas de agua, rebanadas
Arroz cocido y caliente (opcional)

CAMARÓN CON TIRABEQUES

Rinde 4 porciones

Mezcle el consomé de pollo, la salsa de soya, el jerez, la fécula de maíz y el jengibre. En una sartén o en un wok, caliente el aceite. Sofría el camarón a fuego alto hasta que se torne rosado; retire de la sartén. Sofría los tirabeques, el cebollín y las castañas de agua por separado, a fuego alto, de 3 a 4 minutos hasta que estén suaves. Retire de la sartén. Regrese todos los ingredientes a la sartén. Revuelva la mezcla de salsa de soya y viértala en la sartén. Cueza hasta que la salsa se espese un poco, de 2 a 3 minutos. Sirva sobre arroz, si lo desea.

SALMÓN CHINO A LA PARRILLA

225 g de tofu firme, escurrido
1 cucharada de salsa de soya
¼ de taza de consomé de pollo
3 cucharadas de salsa de ostión
2 cucharaditas de fécula de maíz
1 cucharada de aceite de cacahuate (maní)
180 g (2 tazas) de tirabeques (vainas)
225 g de cangrejo cocido descongelado, en trozos
Torta de Tallarín con Ajonjolí (página 306)
2 cucharadas de cilantro picado

CANGREJO SOFRITO

Rinde 4 porciones

1. Presione un poco el tofu entre toallas de papel; córtelo en cuadros o triángulos de 1 cm. Póngalo en un refractario y rocíelo con la salsa de soya.

2. En una taza, disuelva la fécula de maíz en el consomé y la salsa de ostión.

3. Caliente un wok o una sartén grande a fuego medio-alto. Agregue el aceite; caliéntelo. Añada los tirabeques; sofríalos por 3 minutos. Ponga la carne de cangrejo; sofríala durante 1 minuto. Revuelva la mezcla de consomé y viértala en el wok. Sofría por 30 segundos o hasta que la salsa hierva y se espese.

4. Incorpore el tofu; caliente bien. Sirva sobre la Torta de Tallarín con Ajonjolí, si lo desea. Espolvoree con el cilantro.

---

1 cucharadita de fécula de maíz
½ taza de consomé de pollo
1 cucharadita de salsa de ostión
½ cucharadita de jengibre
¼ de cucharadita de azúcar
⅛ de cucharadita de pimienta negra
1 cucharada de aceite
450 g de camarón grande, pelado y desvenado
225 g de brócoli picado
2 latas (de 120 g) de champiñones enteros
1 lata (225 g) de retoños de bambú rebanados

CAMARÓN Y VERDURAS DORADOS

Rinde 4 porciones

Mezcle la fécula de maíz con el consomé, la salsa de ostión, el jengibre picado, el azúcar y la pimienta; revuelva hasta que se incorporen.

En un wok, caliente el aceite. Ponga el camarón; sofríalo hasta que se torne rosado, por unos 3 minutos. Agregue el brócoli; sofríalo durante 1 minuto. Incorpore el champiñón y los retoños de bambú; sofríalos por 1 minuto.

Revuelva la mezcla de fécula de maíz; viértala en el wok. Cueza hasta que la salsa hierva y se espese.

**675 g de filetes de atún,* de
2 cm de grosor**
¼ de taza de salsa de soya
2 cucharadas de sake
1 cucharada de azúcar
**½ cucharadita de jengibre
fresco picado**
**¼ de cucharadita de ajo
picado**
**1 ½ cucharadas de aceite
vegetal**
**2 limones chicos, partidos
por la mitad**
**4 trozos de jengibre en
salmuera** (opcional)**

**Puede sustituir el atún con salmón,
hipogloso, pez espada u otro
pescado de carne firme, si lo desea.*

***El jengibre en salmuera se
conserva en vinagre dulce. Está a la
venta en tiendas orientales.*

TERIYAKI DE ATÚN

Rinde 4 porciones

1. Corte el atún en 4 trozos iguales; acomódelo en un refractario en una capa.

2. En un recipiente chico, mezcle la salsa de soya, el sake, el azúcar, el jengibre picado y el ajo; revuelva hasta que se disuelva el azúcar.

3. Vierta la salsa sobre el atún. Déjelo marinar en el refrigerador, volteando con frecuencia, por 40 minutos.

4. Escurra el atún y conserve la marinada. Caliente el aceite en una sartén grande a fuego medio. Ponga el atún; cueza hasta que empiece a dorarse, de 2 a 3 minutos. Voltéelo; cueza hasta que se torne opaco, de 2 a 3 minutos.

5. Reduzca el fuego a medio-bajo; vierta la marinada sobrante sobre el atún. Agregue las mitades de limón, con la parte cortada hacia abajo. Cueza y, con cuidado, voltee una vez el atún hasta que esté bañado y la salsa burbujee, de 1 a 1 ½ minutos.

6. Sirva de inmediato con los limones y con el jengibre en salmuera, si lo desea.

4 a 5 cucharadas de aceite vegetal

2 huevos ligeramente batidos

⅔ de taza de camarón mediano pelado, en trozos de 2 cm

3 dientes de ajo picados

1 a 2 cucharadas de chile serrano fresco picado

4 a 6 tazas de arroz cocido, refrigerado por una noche

1 cucharada de azúcar

1 cucharada de nam pla (salsa de pescado, opcional)

1 cucharada de salsa de soya

1 lata (180 g) de atún blanco en agua, escurrido y desmenuzado

½ taza de cacahuates (maníes), tostados y picados

¼ de taza de albahaca fresca picada

2 cucharadas de cilantro fresco picado

Rebanadas de limón para adornar

Arroz Frito Tailandés con Atún

Rinde de 4 a 6 porciones

En un wok, caliente 1 cucharada del aceite a fuego medio-alto; agregue el huevo y cueza, revolviendo, hasta que esté parcialmente cocido, pero no cuajado. Páselo a un platón. Limpie el wok con una toalla de papel. Vierta 2 cucharadas de aceite en el wok; caliéntelo.

Ponga el camarón, el ajo y el chile, sofríalos hasta que el camarón se torne rosado, por unos 3 minutos. Retire la mezcla de camarón. Vierta el aceite restante en el wok; sofría el arroz, el azúcar, el nam pla, si lo desea, y la salsa de soya hasta que el arroz esté bien caliente. Agregue el atún y los cacahuates; deje que se caliente.

Regrese la mezcla de camarón y los huevos al wok; pique el huevo con la espátula con la que lo sofrió. Incorpore la albahaca y el cilantro; revuelva con cuidado. Sirva y adorne con rebanadas de limón; exprima un limón sobre el arroz, si lo desea.

TIEMPO DE PREPARACIÓN: 15 minutos

ARROZ FRITO TAILANDÉS CON ATÚN

½ bolsa (15 g) de
   champiñón shiitake
   seco
½ pepino chico sin pelar
1 cucharada de azúcar
2 cucharaditas de fécula
   de maíz
3 cucharadas de vinagre
   de arroz
2 cucharadas de salsa de
   soya baja en sodio
1 cucharada de aceite
   vegetal
450 g de camarón mediano,
   pelado y desvenado
2 dientes de ajo picados
¼ de cucharadita de
   pimienta roja
   machacada
1 pimiento morrón rojo
   grande, en tiras
   delgadas y cortas
   Tallarín de huevo estilo
   chino, cocido y caliente

CAMARÓN AGRIO Y PICANTE

Rinde 4 porciones

Ponga el champiñón en un recipiente chico; cúbralo con agua caliente. Remójelo por 20 minutos para que se suavice. Escúrralo; quite el exceso de agua. Deseche los tallos y rebane los sombreros. Corte el pepino por la mitad a lo largo; deseche las semillas y rebánelo a lo ancho. En un recipiente chico, mezcle el azúcar con la fécula de maíz. Vierta el vinagre y la salsa de soya; revuelva bien.

En un wok o en una sartén antiadherente grande, caliente el aceite a fuego medio. Ponga el camarón, el ajo y la pimienta; sofría por 1 minuto. Agregue el champiñón y el pimiento; sofría durante 2 minutos o hasta que el camarón se torne opaco. Revuelva la mezcla de vinagre y viértala en el wok. Cueza y revuelva por 30 segundos o hasta que la salsa hierva y se espese. Incorpore el pepino; sofríalo hasta que esté bien caliente. Sirva sobre el tallarín, si lo desea.

3 cucharadas de aceite
   vegetal
450 g de camarón, pelado y
   desvenado
⅔ de cucharadita de sal
5 cucharadas de salsa de
   ajo con miel
2 cebollines rebanados
2 cucharadas de salsa de
   ajo con chile

CAMARÓN CON AJO Y MIEL

Rinde 4 porciones

Caliente el aceite en un wok. Ponga el camarón y sofríalo hasta que se torne rosado; mientras se cuece, sazónelo con sal. Incorpore la salsa de ajo con miel, el cebollín y la salsa de ajo con chile. Sofría hasta que el cebollín esté suave y la salsa se caliente.

CAMARÓN AGRIO Y PICANTE

4 filetes de pez espada o hipogloso (unos 675 g en total)

¼ de taza de cebollín picado

2 cucharadas de Sal con Ajonjolí (receta más adelante)

2 cucharadas de pasta picante de soya*

2 cucharadas de salsa de soya

4 cucharaditas de azúcar

1 cucharada de aceite oscuro de ajonjolí

4 dientes de ajo picados

⅛ de cucharadita de pimienta negra

Disponible en tiendas gastronómicas o en tiendas orientales.

PEZ ESPADA A LA PARRILLA CON SALSA PICANTE

Rinde 4 porciones

Rocíe la parrilla del asador o del asador eléctrico con aceite en aerosol. Encienda el carbón del asador o caliente el asador eléctrico.

Enjuague el pescado y séquelo con toallas de papel. Acomódelo en un refractario. En un recipiente chico, mezcle el cebollín, la Sal con Ajonjolí, la pasta de soya, la salsa de soya, el azúcar, el aceite de ajonjolí, el ajo y la pimienta; revuelva bien. Vierta la mitad de la marinada sobre el pescado; voltee el pescado y vacíe el resto de la marinada. Cubra con plástico y refrigere por 30 minutos.

Retire el pescado de la marinada y deséchela. Ponga el pescado sobre la parrilla y áselo de 4 a 5 minutos de cada lado, o hasta que se torne opaco y se desmenuce con facilidad cuando lo pique con un tenedor. Adorne al gusto.

SAL CON AJONJOLÍ

½ taza de semillas de ajonjolí

¼ de cucharadita de sal

Para tostar las semillas de ajonjolí, caliéntelas en una sartén grande a fuego medio-bajo; mueva o sacuda la sartén con frecuencia hasta que las semillas comiencen a brincar y a dorarse, de 4 a 6 minutos. Deje que se enfríen.

Machaque las semillas y la sal en un mortero o procese en un molino de café o de especias limpio. Refrigere en un frasco con tapa para usarla en otras recetas orientales.

PEZ ESPADA A LA PARRILLA CON SALSA PICANTE

ENSALADAS PERFECTAS

225 g de pasta pelo de ángel
sin cocer
½ taza de crema de
cacahuate (maní)
¼ de taza de salsa de soya
¼ a ½ cucharadita de
pimienta roja
machacada
2 cebollines, en rebanadas
delgadas
1 zanahoria rallada

ENSALADA TAILANDESA CALIENTE DE TALLARÍN

Rinde 4 porciones

1. Cueza la pasta siguiendo las instrucciones de la envoltura.

2. Mientras se cuece la pasta, mezcle la crema de cacahuate con la salsa de soya y la pimienta en un recipiente mediano; revuelva hasta que se incorporen.

3. Escurra la pasta; conserve 5 cucharadas del agua de cocción. Vierta el agua caliente de la pasta en la mezcla de crema de cacahuate y revuelva hasta que se incorpore; bañe la pasta con la salsa. Espolvoree el cebollín y la zanahoria; revuelva. Sírvalo caliente o a temperatura ambiente.

TIEMPO DE PREPARACIÓN Y COCCIÓN: 12 minutos

ENSALADA TAILANDESA CALIENTE DE TALLARÍN

340 g de filete de sirloin
⅓ de taza de aceite vegetal
⅓ de taza de vinagre de
   arroz*
¼ de taza de salsa de soya
   baja en sodio
1 chile jalapeño o serrano
   finamente picado
2 dientes de ajo picados
1 cucharada de jengibre
   fresco picado
½ cucharadita de hojuelas
   de pimienta roja
1 bolsa (250 g) de ejotes
   (judías verdes) estilo
   francés, descongelados
   y escurridos
2 zanahorias, partidas por
   la mitad y en rebanadas
   delgadas
1 pepino pelado, sin
   semillas y rebanado
4 tazas de arroz integral
   cocido
  Hojas de menta fresca
   picada (opcional)

*Puede sustituirlo con vinagre de
vino blanco.

ENSALADA TAILANDESA PARA LLEVAR

Rinde 6 porciones

Congele parcialmente la carne; rebánela a través de la fibra en tiras de 0.5 cm y póngala en un tazón grande. En un recipiente chico, mezcle el aceite (excepto 1 cucharada), con el vinagre, la salsa de soya, la mitad del chile, el ajo, el jengibre y las hojuelas de pimienta. Vierta sobre la carne; deje marinar por 1 hora. Escurra la carne; deseche la marinada. En una sartén grande, caliente el aceite restante a fuego medio-alto; agregue la carne y el chile restante; cueza de 3 a 5 minutos o hasta que pierda su color rosado. En un recipiente grande, mezcle la carne, el líquido de la sartén, los ejotes, la zanahoria, el pepino y el arroz. Revuelva y espolvoree encima la menta, si lo desea.

ENSALADA TAILANDESA PARA LLEVAR

ADEREZO

1 taza compacta de menta o de albahaca, poco picada

1 taza de aderezo de vinagreta para ensalada con aceite de oliva

⅓ de taza de salsa de pimienta de Cayena

3 cucharadas de jengibre fresco pelado y picado

3 cucharadas de azúcar

3 dientes de ajo picados

2 cucharaditas de salsa inglesa

ENSALADA

1 espaldilla de res (unos 675 g)

6 tazas de ensalada verde mixta, lavada y picada

1 taza de pepino pelado y rebanado

⅓ de taza de cacahuates (maníes) picados

ENSALADA TAILANDESA DE RES

Rinde 6 porciones

Ponga los ingredientes para el Aderezo en la licuadora o en el procesador de alimentos. Tape y licue hasta que se incorporen. Reserve 1 taza del Aderezo. Meta la carne en una bolsa grande de plástico; vierta el resto del Aderezo sobre la carne. Cierre la bolsa y deje marinar en el refrigerador por 30 minutos.

Coloque la carne sobre el asador; conserve la marinada. Ase sobre el carbón por unos 15 minutos para término medio-crudo; rocíe con frecuencia con la marinada. Deje reposar la carne durante 5 minutos. Para servir, rebane la carne diagonalmente y acomódela sobre las hojas de ensalada y el pepino. Espolvoree con el cacahuate y rocíe con el Aderezo que reservó. Sirva caliente. Adorne a su gusto.

TIEMPO DE PREPARACIÓN: 20 minutos
TIEMPO DE MARINADO: 30 minutos
TIEMPO DE COCCIÓN: 15 minutos

225 g de filetes de res suaves (sirloin, rib eye o lomo), sin hueso
⅓ de taza de salsa para sofreír
1 cucharadita de vinagre blanco destilado
¼ a ½ cucharadita de pimienta roja machacada
1 diente de ajo exprimido
Hojas de lechuga (opcionales)
3 tazas de lechuga iceberg finamente picada
3 cucharadas de aceite vegetal
1 berenjena mediana, en tiras julianas
1 zanahoria mediana, en tiras julianas
6 cebollines, en trozos de 3.5 cm; separe la parte verde de la blanca

ENSALADA DE RES Y BERENJENA SOFRITAS

Rinde de 2 a 3 porciones

Corte la carne a través de la fibra en rebanadas delgadas; luego, en tiras. Mezcle la salsa para sofreír con el vinagre, la pimienta y el ajo. Rocíe la carne con 1 cucharada de la mezcla de la salsa para sofreír; deje a un lado el resto de la mezcla. Cubra un refractario grande o un platón grande con las hojas de lechuga; acomode la lechuga picada en el centro. En un wok o en una sartén grande, caliente 1 cucharada de aceite a fuego alto. Añada la carne y sofríala por 1 minuto; retire del wok. Caliente el aceite restante en el wok; agregue la berenjena y sofríala por 6 minutos. Incorpore la zanahoria y las secciones blancas del cebollín; sofríalas durante 3 minutos. Incorpore la parte verde del cebollín; sofríala por 2 minutos más. Vierta el resto de la mezcla de salsa para sofreír y regrese la carne. Cueza y revuelva justo hasta que la carne y las verduras estén bañadas con la salsa. Acomode la mezcla sobre la lechuga rallada; revuelva bien antes de servir. Sirva de inmediato.

450 g de camarón mediano
    cocido o 2 tazas de
    pollo cocido y
    deshebrado
    Hojas de lechuga
    romana
2 nectarinas frescas,
    partidas por la mitad,
    sin semillas y en
    rebanadas delgadas
2 tazas de pepino
    rebanado
2 tallos de apio, en tiras
    de 7.5 cm de largo
1/3 de taza de rábano rojo
    rallado
    Aderezo de Ajonjolí
    (receta más adelante) o
    aderezo bajo en calorías
2 cucharaditas de semillas
    de ajonjolí (opcional)

ENSALADA PÉTALO JAPONÉS

Rinde 4 porciones

Cubra 4 platos extendidos con las hojas de lechuga; acomode en el centro los camarones. En el lado derecho del camarón, acomode las rebanadas de nectarina en forma de abanico; en el lado izquierdo, las rebanadas de pepino; en la parte superior del plato, el apio, y en la parte inferior, el rábano. Prepare el aderezo; vierta 3 cucharadas sobre cada plato de ensalada. Espolvoree con las semillas de ajonjolí, si lo desea.

ADEREZO DE AJONJOLÍ

En un recipiente chico, mezcle ½ taza de vinagre de vino de arroz (*no* sazonado), 2 cucharadas de salsa de soya baja en sodio, 2 cucharaditas de azúcar y 2 cucharaditas de aceite oscuro de ajonjolí. Revuelva hasta que se disuelva el azúcar.

Rinde más o menos ⅔ de taza.

340 g de jamón, en cubos
4 cucharadas de aceite
4 tazas de col rallada
1 pimiento morrón rojo,
    en tiras delgadas
180 g de tirabeques (vainas),
    partidos por la mitad
2 dientes de ajo
    machacados
½ cucharadita de jengibre
3 cucharadas de jerez seco
3 cucharadas de salsa de
    soya
1 cucharada de vinagre
½ cucharadita de salsa
    picante
180 g de macarrón, cocido

ENSALADA DE PASTA Y JAMÓN SOFRITO

Rinde 6 porciones

En una sartén grande, caliente 2 cucharadas de aceite a fuego medio. Agregue la col, el pimiento y los tirabeques; sofría por 3 minutos y retire de la sartén. Añada el aceite restante. Incorpore el ajo y el jengibre; sofría durante 30 segundos. Ponga el jamón y sofríalo por 3 minutos.

Vierta el jerez, la salsa de soya, el vinagre y la salsa picante. Ponga a hervir, moviendo sin cesar. Reduzca el fuego y deje cocer por 1 minuto. Retire del fuego; incorpore el macarrón y las verduras; revuelva para bañarlos. Sirva frío.

ENSALADA PÉTALO JAPONÉS

1 bolsa (450 g) de filetes de pavo, deshuesados y sin piel

6 cucharadas de aceite de cacahuate (maní)

1 manojo chico de cebollas de cambray, en trozos diagonales de 2.5 cm

1 pimiento morrón rojo, en tiras julianas

1 calabacita mediana, en tiras julianas

1 lata (225 g) de castañas de agua, rebanadas y escurridas

1 diente de ajo picado

1 cucharada de salsa de soya baja en sodio

4 tazas de tallarín oriental u otra pasta cocida (225 g sin cocer)

2 tazas de col china o col napa rallada

⅓ de taza de Salsa Teriyaki Light (receta más adelante)

Ramas de cilantro fresco (opcional)

ENSALADA DE PAVO SOFRITA

Rinde 6 porciones

Rebane los filetes a lo largo por la mitad siguiendo la fibra; después, en trozos de 2.5 cm. En un wok o en una sartén antiadherente grande, caliente 2 cucharadas de aceite a fuego-alto. Ponga el pavo y sofríalo de 2 a 3 minutos. Agregue las cebollas y el pimiento; sofríalos por 1 minuto. Incorpore la calabacita, las castañas de agua y el ajo; sofría durante 1 minuto más o hasta que las verduras estén suaves y el pavo esté bien cocido. Vierta la salsa de soya.

En un recipiente grande, mezcle el tallarín y la col. En un recipiente chico, bata el aceite restante con la salsa teriyaki. Pase la mezcla de pavo al recipiente; bañe con la salsa teriyaki. Adorne con el cilantro. Acompañe con elote (maíz) estilo oriental o con frituras de arroz y té helado, si lo desea.

TIEMPO DE PREPARACIÓN: 10 minutos
TIEMPO DE COCCIÓN: 6 minutos

SALSA TERIYAKI LIGHT

⅓ de taza de jugo de limón
1 jengibre fresco (de 2.5 cm) pelado y en cubos
1 diente de ajo
1 cucharada de salsa de soya baja en sodio
2 cucharaditas de aceite oscuro de ajonjolí
1 cucharadita de pasta oriental de chile
   (opcional)
Pizca de azúcar

Ponga el jugo de limón en un recipiente chico; con un exprimidor de ajos, exprima el jengibre sobre el jugo de limón; deseche la pulpa. Exprima el ajo y agregue el resto de los ingredientes. Revuelva bien. Tape y refrigere hasta por 1 semana. Utilice esta salsa para marinar, como dip o como aderezo para ensalada. Cuando la utilice para marinar, deséchela; no vuelva a usarla como dip o aderezo para ensalada.

TIEMPO DE PREPARACIÓN: 5 minutos

225 g de tofu firme,
  escurrido
8 papas (patatas) rojas
  chicas (565 g), lavadas
2 zanahorias grandes
  peladas
120 g de ejotes (judías
  verdes) frescos,
  cocidos al vapor
1 cucharada de salsa de
  soya
2 cucharaditas de azúcar
225 g de col verde
120 g de germinado de soya,
  enjuagado y escurrido
1 pepino chico pelado y
  rebanado
  Salsa de Cacahuate
  (página 256)
⅓ de taza de aceite vegetal
4 huevos cocidos duros,
  pelados y refrigerados

GADO-GADO (ENSALADA DE VERDURAS INDONESIA)

Rinde 4 porciones

1. Corte el tofu en 4 rebanadas delgadas; envuélvalas en toallas de papel. Póngalas sobre un platón; ponga encima un objeto pesado para eliminar el exceso de líquido. Deje reposar por 30 minutos.

2. Mientras tanto, para cocer las verduras al vapor, ponga una vaporera de bambú de 30 cm en un wok. Agregue agua hasta 1 cm *por debajo* de la vaporera. (El agua no debe tocarla.) Retire la vaporera; tape el wok y ponga a hervir el agua a fuego alto. Coloque las papas en la vaporera y acomódela dentro del wok sobre el agua hirviente. Tape y deje cocer las papas por 10 minutos. Añada la zanahoria; tape y deje cocer durante 5 minutos.

3. Incorpore el ejote a la vaporera; tape y deje cocer de 5 a 10 minutos más hasta que las verduras estén suaves cuando las pique con un tenedor. Con cuidado, saque la vaporera del wok.

4. Desenvuelva el tofu. En una taza, mezcle la salsa de soya con el azúcar; revuelva bien y vierta sobre el tofu; deje reposar por 30 minutos para que se marine.

5. Vierta en el wok 4 tazas de agua; hierva a fuego alto. Corte la col en tiras de 1 cm. Agregue al wok; cueza más o menos por 1 minuto o justo hasta que se suavice. Retírela y póngala en un recipiente con agua fría. Añada al wok el germinado de soya. Cueza durante 10 segundos y escúrralo en un colador. Enjuague el germinado debajo del chorro de agua fría y póngalo en un recipiente. Escurra la col en el colador. Refrigere la col, el germinado de soya y el pepino, en recipientes separados. Seque el wok con toallas de papel.

6. Prepare la Salsa de Cacahuate.

continúa en la página 256

GADO-GADO (ENSALADA DE VERDURAS INDONESIA)

Gado-Gado (Ensalada de Verduras Indonesia), continuación

7. Caliente el wok a fuego alto por 1 minuto. Vierta el aceite y caliéntelo durante 15 segundos. Agregue el tofu marinado y fríalo por unos 4 minutos de cada lado o hasta que esté bien dorado. Escúrralo sobre toallas de papel. Córtelo en cuadros de 2 cm.

8. Corte los ejotes cocidos en trozos de 5 cm. Corte la zanahoria en tiras julianas. Corte las papas en rebanadas de 1 cm. Corte los huevos a lo largo en cuartos.

9. Divida la col, la zanahoria y el ejote en 4 platos extendidos. Acomode encima las papas, los huevos y el pepino. Añada con los cuadros de tofu y el germinado de soya. Acompañe con la Salsa de Cacahuate.

SALSA DE CACAHUATE

- **1 cucharada de aceite vegetal**
- **3 chalotes medianos o ½ cebolla pelada y finamente picada**
- **2 dientes de ajo picados**
- **1 cucharada de azúcar morena**
- **½ cucharadita de sal**
- **¼ a ½ cucharadita de pimienta roja molida**
- **½ taza de crema de cacahuate (maní)**
- **½ a ⅔ de taza de agua**
- **2 a 3 cucharadas de jugo de limón**
- **Chile jalapeño rebanado para adornar**

En una cacerola chica, caliente el aceite a fuego medio. Agregue el chalote y el ajo; fríalos por 1 minuto. Incorpore el azúcar morena, la sal y la pimienta al gusto hasta que se mezclen. Retire del fuego. Añada la crema de cacahuate y ½ taza de agua, revolviendo hasta suavizar. Vierta jugo de limón al gusto. Si la salsa está espesa, agregue más agua, 1 cucharada a la vez, hasta que tenga la consistencia deseada. Adorne, si lo desea.

1 litro más 3 cucharadas de agua

3 muslos de pollo (unos 420 g)

2 pepinos medianos, partidos por la mitad a lo largo, sin semillas y en rebanadas delgadas

1 zanahoria grande, en tiras pequeñas

1 cucharadita de sal

2 cucharadas de salsa de pescado

1 ½ cucharadas de azúcar

1 ½ cucharadas de jugo de limón

1 diente de ajo finamente picado

½ taza de cacahuate (maní) tostado sin sal

4 camarones gigantes, pelados, desvenados y cocidos

1 cucharada de cilantro fresco picado

1 cucharada de hojas de menta fresca picada

1 cucharada de albahaca fresca picada

1 cucharada de cebollín picado (sólo la parte verde)

ENSALADA DE POLLO Y PEPINO (GOI GA TOM)

Rinde 4 porciones

1. En una cacerola mediana, ponga a hervir 1 litro de agua a fuego alto. Ponga el pollo y reduzca el fuego a bajo; deje cocer, tapado, hasta que esté suave, por unos 25 minutos. Escurra el pollo; deje reposar hasta que esté lo suficientemente frío para manejarlo. Desprenda la piel y deshuese el pollo; corte en cubos de 0.5 cm.

2. Mientras tanto, mezcle el pepino con la zanahoria en un recipiente grande; sazónelo con sal. Revuelva; deje reposar por 15 minutos.

3. Para el aderezo, en un recipiente chico, combine el agua restante con la salsa de pescado, el azúcar, el jugo de limón y el ajo; revuelva hasta que se disuelva el azúcar.

4. Pique el cacahuate; luego, macháquelo un poco en un mortero o con un rodillo sobre una tabla para picar.

5. Deseche el líquido que se haya acumulado en la mezcla de pepino.

6. En un recipiente mediano, combine el pepino, el pollo y el cacahuate; rocíe con el aderezo. Revuelva bien; refrigere, tapado, de 30 minutos a 2 horas.

7. Corte el camarón por la mitad a lo largo; conserve la cola. En un recipiente chico, mezcle el cilantro, la menta, la albahaca y el cebollín.

8. Pase la ensalada a una ensaladera. Adorne con el camarón; corone con la mezcla de hierbas.

450 g de filete de espaldilla de res

3 cucharadas de sazonador tailandés

1 tallo de hierba limón

2 chiles rojos tailandeses o 1 chile jalapeño rojo,* sin semillas y en tiras

1 diente de ajo picado

2 cucharadas de cilantro fresco picado

2 cucharadas de albahaca fresca picada

1 cucharada de cebolla morada picada

1 cucharada de salsa de pescado

Jugo de 1 limón

1 zanahoria grande rallada

1 pepino picado

4 tazas de diferentes hojas para ensalada

Chiles para adornar

Los chiles pueden irritar la piel; utilice guantes de hule cuando maneje chiles y no se toque los ojos. Lávese las manos después de trabajar con ellos.

ENSALADA TAILANDESA CON CARNE

Rinde 4 porciones

1. Prepare el asador para cocción directa.

2. Ponga la carne en un platón; condiméntela con 1 cucharada de sazonador. Tape y deje marinar por 15 minutos.

3. Para picar el tallo de hierba limón, recorte las raíces y las hojas exteriores secas. Pique finamente la base hasta obtener 1 cucharada.

4. Ase la carne al carbón o en un asador eléctrico, de 5 a 6 minutos de cada lado o hasta que tenga el término deseado. Deje enfriar por 10 minutos sobre una tabla para picar.

5. Mientras tanto, en un recipiente mediano, mezcle el sazonador restante, la hierba limón, el chile, el ajo, el cilantro, la albahaca, la cebolla, la salsa de pescado y el jugo de limón; revuelva bien.

6. Corte la carne a través de la fibra, en rebanadas delgadas. Agregue al aderezo la carne de res, la zanahoria y el pepino; revuelva para bañarlos. Acomode sobre una cama de hojas verdes. Adorne, si lo desea.

ENSALADA TAILANDESA CON CARNE

1 taza de almendras
   blanqueadas, en tiras
1 cucharada de
   mantequilla
2 pechugas de pollo
   enteras, deshuesadas y
   sin piel, en cubos
¼ de taza más 1 cucharada
   de aceite de oliva
1 ½ cucharadas de salsa de
   soya
1 diente de ajo finamente
   picado
1 cucharada de vinagre de
   vino blanco
1 ½ cucharaditas de azúcar
¾ de cucharadita de
   jengibre rallado o ¼ de
   cucharadita de jengibre
   molido
½ cucharadita de sal
½ cucharadita de jugo de
   limón
¼ de cucharadita de
   pimienta blanca
2 tazas de apio rebanado
6 cebollines, en rebanadas
   delgadas (incluyendo
   un poco de la parte
   verde)
1 pimiento morrón verde
   grande, en trozos
2 cucharadas de cilantro
   fresco picado
Lechuga

ENSALADA SHANGHAI DE POLLO CON ALMENDRAS

Rinde de 4 a 6 porciones

Saltee la almendra en la mantequilla hasta que se dore.
En una sartén grande, saltee el pollo en 1 cucharada de
aceite a fuego alto, de 2 a 3 minutos o hasta que esté
bien cocido y se haya evaporado la humedad. Agregue
la salsa de soya y el ajo. Cueza de 1 a 2 minutos. Deje
enfriar. Mezcle el vinagre, el azúcar, el jengibre, la sal,
el jugo de limón y la pimienta blanca. Incorpore,
batiendo, el aceite restante. Revuelva el aderezo con el
pollo, el apio, el cebollín, el pimiento y el cilantro.
Refrigere. Justo antes de servir, incorpore las almendras.
Divida entre platos individuales cubiertos con hojas de
lechuga.

450 g de sirloin o bola de
   res, sin hueso, de 2 cm
   de grosor
¼ de taza de jerez seco
¼ de taza de salsa de soya
   baja en sodio
1 cucharada de fécula de
   maíz
3 cucharadas de aceite
   vegetal
225 g de champiñones
   rebanados
1 bolsa (180 g) de
   tirabeques (vainas)
   descongelados
4 tazas de lechuga picada
   Tallarín chow mein
   crujiente y rebanadas
   de pimiento morrón
   rojo (opcional)

ENSALADA ORIENTAL DE CARNE

Rinde 4 porciones

Corte la carne de res en tiras de 0.3 cm de grosor. Mezcle el jerez con la salsa de soya y la fécula de maíz; vierta sobre la carne; revuelva para bañarla. En una sartén antiadherente grande, caliente 2 cucharadas de aceite a fuego medio-alto. Agregue el champiñón y los tirabeques; sofríalos de 3 a 4 minutos. Retire las verduras. Escurra la carne y conserve el líquido. Rocíe la sartén con el aceite restante. Sofría las tiras de res (en dos tandas), de 1 a 2 minutos. Regrese las verduras, la carne y la marinada a la sartén; cueza y revuelva hasta que se espese la salsa. Sirva el guiso sobre la lechuga. Adorne, si lo desea.

TIEMPO DE PREPARACIÓN Y COCCIÓN: 30 minutos

1 col napa o lechuga romana, picada (unas 6 tazas)

1 pepino mediano pelado, partido por la mitad a lo largo, sin semillas y en rebanadas (unas 1 ¼ tazas)

2 zanahorias medianas poco picadas (más o menos 1 taza)

2 naranjas chicas, peladas y en gajos

½ taza de hojas de cilantro fresco (opcional)

2 pechugas deshebradas de Pollo Glaseado Miel-Limón (página 130) Aderezo Miel-Limón (receta más adelante)

¼ de taza de cacahuates (maníes) tostados picados

ENSALADA TAILANDESA CON POLLO GLASEADO

Rinde 4 porciones

En un recipiente grande, mezcle todos los ingredientes, excepto el Aderezo Miel-Limón y el cacahuate; revuelva hasta que se incorporen. Vierta el Aderezo Miel-Limón sobre la ensalada; revuelva bien. Justo antes de servir, espolvoree cada porción con cacahuates.

ADEREZO MIEL-LIMÓN

En un recipiente chico, mezcle 6 cucharadas de miel, 3 cucharadas de crema de cacahuate (maní), 3 cucharadas de jugo de limón, 2 cucharadas de menta fresca picada, 1 cucharada de chile jalapeño picado, sin semillas, 1 ½ cucharaditas de salsa de soya, 1 cucharadita de ajo picado y ¾ de cucharadita de ralladura de cáscara de limón; revuelva bien.

ENSALADA TAILANDESA CON POLLO GLASEADO

3 cucharadas de aceite de cacahuate (maní) o vegetal

3 cucharadas de vinagre de arroz

2 cucharadas de salsa de soya

1 cucharada de miel

1 cucharadita de jengibre fresco picado

1 cucharadita de aceite oscuro de ajonjolí

1 diente de ajo picado

¼ de cucharadita de pimienta roja machacada (opcional)

4 tazas de pollo o pavo, cocido y picado

4 tazas de col napa o lechuga romana, rallada

1 taza de zanahoria rallada

½ taza de cebollín, en rebanadas delgadas

1 lata (150 g) de tallarín chow mein (opcional)

¼ de taza de nuez de la india o cacahuate, picados (opcional)

Rizos de zanahoria y cebollín para adornar

ENSALADA CHINA DE POLLO

Rinde de 4 a 6 porciones

1. Para preparar el aderezo, en un frasco chico con tapa hermética, ponga el aceite de cacahuate, el vinagre, la salsa de soya, la miel, el jengibre, el aceite de ajonjolí, el ajo y la pimienta; agite bien.

2. Coloque el pollo en un recipiente grande. Vierta el aderezo sobre el pollo; revuelva bien.*

3. Incorpore la col, la zanahoria rallada y el cebollín rebanado; revuelva. Sirva sobre el tallarín chow mein. Añada la nuez de la India sobre la ensalada. Adorne con los rizos de zanahoria y el cebollín.

Puede preparar la ensalada hasta este punto; tápela y refrigérela hasta el momento de servir.

ENSALADA CHINA DE POLLO

3 chuletas de cerdo, sin hueso, en tiras
1 cebolla mediana finamente picada
¼ de taza de jugo de limón
2 cucharadas de salsa de soya
1 cucharadita de cilantro molido
½ cucharadita de comino molido
½ cucharadita de jengibre molido
¼ de cucharadita de cúrcuma molida
⅛ de cucharadita de pimienta de Cayena
¼ de taza de crema de cacahuate (maní)
1 cucharada de azúcar morena
½ taza de yogur natural sin grasa
1 cucharadita de salsa de soya
⅛ de cucharadita de salsa picante
1 cucharada de aceite vegetal
4 tazas de col china poco picada o col rallada
¼ de taza de cebollín, en rebanadas delgadas
2 tazas de tallarín chow mein

ENSALADA TAILANDESA DE CERDO CON ADEREZO DE CACAHUATE

Rinde 4 porciones

Para marinar, en un recipiente chico, combine la cebolla, el jugo de limón, 2 cucharadas de salsa de soya, el cilantro, el comino, el jengibre, la cúrcuma y la pimienta. Ponga las tiras de cerdo en una bolsa grande de plástico; vierta la marinada y cierre la bolsa. Marine en el refrigerador de 1 a 2 horas. Escurra las tiras de cerdo; deseche la marinada. Para el aderezo, en una cacerola chica, mezcle la crema de cacahuate con el azúcar morena. Cueza a fuego bajo, moviendo sin cesar, hasta que se incorporen bien. Retire del fuego; añada el yogur, 1 cucharadita de salsa de soya y la salsa picante. Regrese al fuego. Cueza y revuelva a fuego bajo hasta que esté bien caliente. Conserve caliente. En una sartén grande, caliente el aceite vegetal a fuego medio-alto. Fría las tiras de cerdo, de 2 a 3 minutos o hasta que estén bien cocidas. Retire del fuego; agregue la col y el cebollín. Revuelva para combinar. Sirva la mezcla de col en platos extendidos. Coloque el tallarín chow mein sobre la mezcla de col. Bañe con el aderezo.

TIEMPO DE PREPARACIÓN: 30 minutos

⅓ de taza de mostaza
    Dijon*
¼ de taza de jugo de
    naranja
¼ de taza de cebollín
    picado
2 cucharadas de aceite
    vegetal
2 cucharadas de miel*
1 cucharada de salsa de
    soya
½ cucharadita de jengibre
    fresco rallado
4 tazas de ensalada verde
    mixta
1½ tazas de tirabeques
    (vainas) blanqueados
315 g de gajos de tangerina
1 lata (150 g) de castañas
    de agua rebanadas y
    escurridas
225 g de pechuga de pavo
    ahumado, en tiras
    julianas
1 taza de tallarín chino
    crujiente

*Puede sustituir la mostaza Dijon
con ⅓ de taza de mostaza con miel;
omita la miel en la receta.

ENSALADA CHINATOWN DE PAVO

Rinde 6 porciones

En una cacerola chica, a fuego medio, caliente la mostaza, el jugo de naranja, el cebollín, el aceite, la miel, la salsa de soya y el jengibre, de 2 a 3 minutos o hasta que esté bien caliente; conserve caliente.

En una ensaladera, ponga la ensalada, los tirabeques, los gajos de tangerina, las castañas de agua, las tiras de pavo y el tallarín. Sirva la ensalada bañada con el aderezo de mostaza caliente.

SOPAS SALUDABLES

120 g de tallarín de huevo
seco chino

1.200 litros de consomé de
pollo con poca sal

2 rebanadas de jengibre
fresco

2 dientes de ajo, pelados y
partidos por la mitad

½ taza de tirabeques
(vainas) frescos, en
trozos de 2.5 cm

3 cucharadas de cebollín
picado

1 cucharada de cilantro
fresco picado

1½ cucharaditas de aceite
con chile picante

½ cucharadita de aceite
oscuro de ajonjolí

SOPA DE TALLARÍN ASIÁTICA

Rinde 4 porciones

1. Cueza el tallarín siguiendo las instrucciones de la envoltura; omita la sal. Escúrralo.

2. En una cacerola grande, mezcle el consomé de pollo, el jengibre y el ajo; ponga a hervir a fuego alto. Reduzca el fuego a bajo; deje cocer por unos 15 minutos. Con una espumadera, saque el jengibre y el ajo; deséchelos.

3. Agregue al consomé los tirabeques, el cebollín, el cilantro, el aceite con chile y el aceite de ajonjolí; deje cocer de 3 a 5 minutos. Incorpore el tallarín; sirva de inmediato. Adorne con tiras de chile rojo, si lo desea.

SOPA DE TALLARÍN ASIÁTICA

1 paquete (90 g) de
  tallarín oriental
  instantáneo
340 g de filetes de pollo
800 ml de consomé de pollo
¼ de taza de zanahoria
  rallada
¼ de taza de tirabeques
  (vainas) congelados
2 cucharadas de cebollín,
  en rebanadas delgadas
½ cucharadita de ajo
  picado
¼ de cucharadita de
  jengibre molido
3 cucharadas de cilantro
  picado
½ limón, cortado en
  4 rebanadas

SOPA DE TALLARÍN TAILANDESA

Rinde 4 porciones

1. Parta el tallarín y cuézalo siguiendo las instrucciones de la envoltura; no utilice el sobre con sazonador. Escúrralo.

2. Corte los filetes de pollo en trozos de 1 cm. En una cacerola o en una olla grande, ponga el consomé de pollo y el pollo; hierva a fuego medio. Cueza por 2 minutos.

3. Agregue la zanahoria, los tirabeques, el cebollín, el ajo y el jengibre. Reduzca el fuego a bajo; deje cocer por 3 minutos. Añada el tallarín cocido y el cilantro; caliente bien. Sirva la sopa con las rebanadas de limón.

TIEMPO DE PREPARACIÓN Y COCCIÓN: 15 minutos

Para darle un toque especial, adorne la sopa con rizos de cebollín.

¼ de col chica
1 ½ cucharadas de aceite
  vegetal
225 g de carne de cerdo, sin
  hueso, en tiras
  delgadas
6 tazas de consomé de
  pollo
2 cucharadas de salsa de
  soya
½ cucharadita de jengibre
  fresco picado
120 g de tallarín de huevo
  estilo chino, delgado
8 cebollines enteros, en
  rebanadas diagonales
  de 1.5 cm

SOPA LONG

Rinde 4 porciones

1. Quite el corazón de la col y deséchelo. Rállela.

2. En un wok o en una sartén grande, caliente el aceite a fuego medio-alto. Agregue el cerdo y la col; sofríalos hasta que el cerdo pierda su color rosado en el centro, por unos 5 minutos. Añada el consomé de pollo, la salsa de soya y el jengibre. Ponga a hervir. Reduzca el fuego a bajo; deje cocer durante 10 minutos, revuelva de vez en cuando.

3. Incorpore el tallarín y el cebollín; cueza justo hasta que el tallarín esté suave, de 1 a 4 minutos. Sirva la sopa en platos hondos.

SOPA DE TALLARÍN TAILANDESA

2 cucharadas de aceite
1 taza de cebolla picada
1½ cucharaditas de ajo
fresco picado
1 cucharadita de jengibre
picado
1.250 litros de consomé de
pollo
1 cucharada más
1½ cucharaditas de
salsa de soya
¼ de cucharadita de
pimienta
¼ de cucharadita de aceite
oriental de ajonjolí
1 taza de zanahoria en
rebanadas delgadas
225 g de carne de cerdo, en
tiras delgadas
1 lata (225 g) de retoños
de bambú escurridos
1 lata (225 g) de castañas
de agua, rebanadas y
escurridas
1 bolsa (180 g) de
tirabeques (vainas)
congelados
2 huevos bien batidos

NUTRITIVA SOPA CON HUEVO

Rinde 10 porciones

En una cacerola o en una olla grande, caliente el aceite a fuego medio. Agregue la cebolla, el ajo y el jengibre; fríalos hasta que estén suaves. Añada el consomé, la salsa de soya, la pimienta y el aceite de ajonjolí; deje que hierva. Incorpore la zanahoria; deje cocer por 5 minutos. Ponga el cerdo; deje cocer durante 2 minutos. Agregue *el resto* de los ingredientes, *excepto* los huevos; deje que hierva. Reduzca el fuego a bajo. Incorpore el huevo a través de un tenedor para formar hilos de huevo.

- 1 bolsa (30 g) de champiñones chinos negros secos*
- 1 cucharada de aceite de cacahuate (maní) o vegetal
- 1 cebolla grande poco picada
- 2 dientes de ajo picados
- 2 tazas de champiñones rebanados
- 800 ml de consomé de pollo
- 60 g de jamón cocido, en tiras delgadas (½ taza)
- ½ taza de cebollín, en rebanadas delgadas
- 1 cucharada de jerez seco
- 1 cucharada de salsa de soya
- 1 cucharada de fécula de maíz

O sustitúyalo con 120 g de champiñón shiitake fresco; deseche los tallos y rebane los sombreros. Omita el paso 1.

SOPA SHANTUNG DE DOS CHAMPIÑONES

Rinde 6 porciones de entremés

1. Ponga los champiñones secos en un recipiente chico; cúbralos con agua caliente y déjelos remojar por 20 minutos para que se suavicen. Escúrralos; exprímalos para quitar el exceso de agua. Deseche los tallos y rebane los sombreros.

2. Caliente una cacerola grande a fuego medio; vierta el aceite y caliéntelo. Agregue la cebolla y el ajo; fríalos por 1 minuto. Incorpore todos los champiñones; cuézalos durante 4 minutos, revolviendo de vez en cuando.

3. Vierta el consomé; ponga a hervir a fuego alto. Reduzca el fuego a medio-bajo. Tape y deje cocer por 15 minutos.

4. Incorpore el jamón y el cebollín; caliente bien. En una taza, disuelva la fécula de maíz con el jerez y la salsa de soya. Vacíe en la sopa; deje cocer por 2 minutos o hasta que la sopa se espese; revuelva de vez en cuando. Sirva la sopa en platos hondos.

10 a 12 champiñones shiitake secos (unos 30 g)
3 huevos
1 cucharada de chalote picado o de la parte blanca del cebollín picada
2 cucharaditas de aceite vegetal
1.200 litros de consomé de pollo, con poca sal
2 cucharadas de salsa de ostión
360 g de camarón mediano, pelado y desvenado
3 tazas de espinaca, lavada y sin tallos
1 cucharada de jugo de limón
Pimienta roja machacada
Ramas de cilantro y cáscara de limón para adornar

SOPA DE CAMARÓN, CHAMPIÑÓN Y OMELET

Rinde 6 porciones

Ponga el champiñón en un recipiente; cúbralo con agua caliente. Déjelo reposar por 30 minutos o hasta que los sombreros estén suaves.

Mientras tanto, en un recipiente chico, bata bien los huevos y el chalote con un batidor de alambre. Caliente una sartén antiadherente grande a fuego medio-alto. Rocíela con aceite y cubra la superficie de la sartén. Vierta la mezcla de huevo. Reduzca el fuego a medio; tape y cueza, sin revolver, por 2 minutos o hasta que se cuaje la parte inferior. Deslice una espátula debajo del huevo; alce la omelet e incline la sartén para permitir que el huevo crudo fluya hacia abajo. Repita esto en varios lugares alrededor de la omelet. Pásela a un plato extendido. Coloque otro plato encima y voltee la omelet. Deslícela otra vez a la sartén y cuézala durante unos 20 segundos. Deslícela de nuevo al plato.

Cuando esté lo suficiente fría para manejarla, enrolle la omelet y rebánela en tiras de 0.5 cm de ancho.

Escurra los champiñones; exprímalos para quitar el exceso de agua. Desprenda y deseche los tallos. Rebane los sombreros en tiras delgadas.

En una cacerola grande, ponga los champiñones, el consomé de pollo y la salsa de ostión. Tape y deje que hierva a fuego alto. Reduzca el fuego a bajo; cueza por 5 minutos. Aumente el fuego a medio-alto; añada el camarón y cueza durante 2 minutos o hasta que el camarón se torne rosado y opaco. Agregue las tiras de omelet y la espinaca; retire del fuego. Tape y deje reposar de 1 a 2 minutos o hasta que la espinaca se suavice un poco. Vierta el jugo de limón. Sirva en platos hondos. Sazone con la pimienta; adorne, si lo desea.

SOPA DE CAMARÓN, CHAMPIÑÓN Y OMELET

1 cucharada más
1½ cucharaditas de
salsa de soya
1 cucharada de fécula de
maíz
2 pechugas de pollo,
deshuesadas y sin piel,
en trozos de 1.5 cm
1 cucharada de aceite
1 taza de cebolla picada
2 cucharaditas de ajo
fresco picado
½ cucharadita de jengibre
picado
¼ de cucharadita de
pimienta
¼ de cucharadita de aceite
oriental de ajonjolí
1.680 litros de consomé de
pollo
60 g de vermicelli o
espagueti muy delgado,
trozado a la mitad
½ taza de zanahoria, en
tiras julianas
½ taza de apio, en tiras
julianas
1 lata (225 g) de castañas
de agua, rebanadas y
escurridas
1 bolsa (180 g) de
tirabeques (vainas)
congelados
1 cucharada de cilantro
picado

SOPA CHINA DE PASTA CON POLLO

Rinde 9 porciones

En un recipiente chico, disuelva la fécula de maíz en *1 cucharada* de salsa de soya, hasta suavizar. Agregue el pollo; revuelva con delicadeza para bañarlo. Tape y deje reposar por 30 minutos. En una cacerola o en una olla grande, caliente el aceite a fuego medio-alto. Añada el pollo, la cebolla, el ajo, el jengibre, la pimienta y el aceite de ajonjolí; fría hasta que el pollo pierda su color rosado en el centro. Incorpore *la salsa de soya restante,* el consomé, el vermicelli, la zanahoria y el apio. Ponga a hervir; reduzca el fuego a bajo; deje cocer por 5 minutos o hasta que el vermicelli esté suave. Agregue las castañas de agua y los tirabeques; caliente bien; revuelva de vez en cuando. Espolvoree con el cilantro justo antes de servir.

SOPA CHINA DE PASTA CON POLLO

450 g de filete de res, como sirloin o bola, sin hueso

2 cucharaditas de aceite oscuro de ajonjolí

1.200 litros de caldo de carne de res, con poca sal

1 bolsa (450 g) de verduras congeladas

3 cebollines, en rebanadas delgadas

¼ de taza de salsa para sofreír

Sopa de Verduras con Carne

Rinde 6 porciones

1. Rebane la carne a través de la fibra en tiras de 0.3 cm de grosor; corte las tiras en trozos de un bocado.

2. Caliente una olla a fuego alto. Agregue 1 cucharadita de aceite e incline la olla para cubrir el fondo. Añada la mitad de la carne en una capa; fríala por 1 minuto, sin revolver, hasta que se dore un poco por la parte inferior. Voltéela y dore el otro lado, durante 1 minuto más o menos. Con una espumadera, retire la carne de la olla. Repita el procedimiento con el aceite y la carne restantes.

3. Vierta en la olla el caldo de carne; tápelo y hierva a fuego alto. Incorpore las verduras; reduzca el fuego a medio-alto y deje cocer de 3 a 5 minutos o hasta que esté bien caliente. Agregue la carne, el cebollín y la salsa para sofreír; deje cocer por 1 minuto más.

Tiempo de Preparación y Cocción: 22 minutos

Sugerencia para Servir: Para preparar un rápido pan con ajonjolí, elabore los panecillos con masa para pan refrigerada; barnícelos con agua y cúbralos con semillas de ajonjolí antes de hornearlos.

SOPA DE VERDURAS CON CARNE

1 bolsa (30 g) de champiñones negros secos chinos
120 g de tofu firme, escurrido
4 tazas de consomé de pollo
3 cucharadas de vinagre blanco
2 cucharadas de salsa de soya
½ a 1 cucharadita de aceite con chile
¼ de cucharadita de pimienta blanca molida
1 taza de carne de cerdo, pollo o pavo, cocida y deshebrada
½ taza de retoños de bambú de lata escurridos, en tiras delgadas
3 cucharadas de agua
2 cucharadas de fécula de maíz
1 clara de huevo ligeramente batida
¼ de taza de cebollín, en rebanadas delgadas, o cilantro picado
1 cucharadita de aceite oscuro de ajonjolí

SOPA AGRIA Y PICANTE

Rinde de 4 a 6 porciones de entremés

1. Ponga los champiñones en un recipiente chico; cúbralos con agua caliente. Remójelos por 20 minutos para que se suavicen. Escúrralos; exprímalos para quitar el exceso de agua. Deseche los tallos; rebane los sombreros. Presione el tofu un poco entre toallas de papel; córtelo en cuadros o triángulos de 1.5 cm.

2. En una cacerola mediana, ponga el consomé, el vinagre, la salsa de soya, el aceite con chile y la pimienta. Ponga a hervir a fuego alto. Reduzca el fuego a medio. Deje cocer por 2 minutos.

3. Incorpore el champiñón, el tofu, el cerdo y el retoño de bambú; deje calentar.

4. Disuelva la fécula de maíz en el agua. Vierta en la sopa; cueza y revuelva durante 4 minutos o hasta que la sopa hierva y se espese.

5. Retire del fuego. Revuelva sin cesar en una sola dirección; lentamente, añada el huevo en un chorro delgado. Agregue el cebollín y el aceite de ajonjolí. Sirva en platos hondos.

2 cucharadas de salsa de soya

1 cucharadita de jengibre fresco picado

¼ de cucharadita de pimienta roja machacada

1 filete de sirloin de res, de 2.5 cm de grosor (unos 340 g)

1 cucharada de aceite de cacahuate (maní) o vegetal

2 tazas de champiñones frescos rebanados

800 ml de caldo de res

90 g (1 taza) de tirabeques (vainas) frescos, en trozos diagonales de 2.5 cm

1 ½ tazas de tallarín de huevo delgado, cocido y caliente (60 g sin cocer)

1 cebollín, en rebanadas diagonales delgadas

1 cucharadita de aceite oscuro de ajonjolí (opcional)

Tiras de pimiento morrón rojo para adornar

Fáciles Totopos de Wonton (página 29, opcional)

SOPA DE RES CON TALLARÍN

Rinde 4 porciones de plato principal o 6 de entremés

1. En un recipiente chico, mezcle la salsa de soya, el jengibre y la pimienta. Bañe ambos lados de la carne con la mezcla. Marine a temperatura ambiente por 15 minutos.

2. Caliente una sartén honda a fuego medio-alto. Agregue el aceite de cacahuate y deje calentar. Escurra la carne; conserve la marinada. (Quedará muy poca cantidad de la mezcla.) Coloque la carne en la sartén; fríala de 4 a 5 minutos de cada lado.* Deje reposar en una tabla para picar durante 10 minutos.

3. Agregue los champiñones a la sartén; sofríalos por 2 minutos. Añada el caldo, los tirabeques y la marinada que conservó; hierva, despegue los pedazos de carne de la sartén. Reduzca el fuego a medio-bajo. Incorpore el tallarín.

4. Corte la carne a través de la fibra, en rebanadas de 0.3 cm de grosor; corte cada rebanada en trozos de 2.5 cm. Póngala en la sopa; deje calentar bien. Agregue el cebollín y el aceite de ajonjolí, si lo desea. Sirva en platos hondos. Adorne con las tiras de pimiento. Acompañe con los Fáciles Totopos de Wonton, si lo desea.

El tiempo de cocción que se da es para término medio-crudo. Ajuste el tiempo según el término deseado.

1 cebolla chica picada
1 cucharada de jengibre
  fresco picado
1 cucharadita de aceite de
  oliva
1 ½ cucharaditas de curry en
  polvo
½ cucharadita de comino
  molido
800 ml de consomé de pollo
  con poca sal
450 g de zanahorias baby
  peladas
1 cucharada de azúcar
¼ de cucharadita de canela
  en polvo
Pizca de pimienta roja
  molida
2 cucharaditas de jugo de
  limón
3 cucharadas de cilantro
  picado
¼ de taza de yogur natural
  sin grasa

Sopa Hindú de Zanahoria

Rinde 4 porciones

1. Rocíe una cacerola grande con aceite en aerosol; caliente a fuego medio. Agregue la cebolla y el jengibre; reduzca el fuego a bajo. Tape; cueza de 3 a 4 minutos o hasta que la cebolla esté transparente y suave, moviendo de vez en cuando. Vierta el aceite; cueza, revolviendo y sin tapar, de 3 a 4 minutos o hasta que la cebolla empiece a dorarse. Añada el curry en polvo y el comino; cueza y revuelva por 30 segundos, hasta que libere su olor. Incorpore la mitad del consomé de pollo y las zanahorias; deje que hierva a fuego alto. Reduzca el fuego a bajo; deje cocer, tapado, por 15 minutos o hasta que las zanahorias estén suaves.

2. Vacíe la mezcla en el procesador de alimentos; procese hasta suavizar. Regrese a la cacerola; incorpore el consomé de pollo restante, el azúcar, la canela y la pimienta; ponga a hervir a fuego medio. Retire del fuego; añada el jugo de limón. Sirva en tazones y espolvoree con cilantro. Corone cada porción con 1 cucharada de yogur.

SOPA HINDÚ DE ZANAHORIA

1 limón
1 lima
450 g de camarón mediano
1 cucharada de aceite vegetal
1 chile jalapeño,* sin semillas y en tiras
1 cucharada de pimentón
¼ de cucharadita de pimienta roja molida
1.600 litros de consomé de pollo
1 lata (435 g) de champiñón fukurotake (champiñones de la paja de arroz), escurrido
2 cucharadas de salsa de soya baja en sodio
1 chile rojo tailandés o un chile jalapeño rojo,* sin semillas y en tiras
¼ de taza de hojas de cilantro

*Los chiles pueden irritar la piel; utilice guantes de hule cuando los maneje y no se toque los ojos. Lávese las manos después de trabajar con ellos.

SOPA TAILANDESA DE CAMARÓN

Rinde 8 porciones de entremés o 4 de platillo principal

Con un pelador de verduras, desprenda tiras de 1.5 cm de ancho de la cáscara del limón y de la lima. (Desprenda sólo la porción de color de la cáscara; la membrana blanca tiene un sabor amargo.) Exprima el limón y la lima. Pele el camarón, deje las patas de éstos unidas al caparazón y consérvelos. Desvene el camarón.

Caliente un wok a fuego medio-alto por 1 minuto. Rocíe el wok con aceite y caliéntelo durante 30 segundos. Agregue el camarón y las tiras de jalapeño; cueza y revuelva por 1 minuto. Añada el pimentón y la pimienta. Sofría durante 1 minuto o hasta que el camarón se torne rosado y opaco. Pase la mezcla a un recipiente.

Ponga los caparazones de camarón en el wok y sofríalos por 30 segundos. Incorpore el consomé y las ralladuras de limón y de lima; ponga a hervir. Tape; reduzca el fuego a bajo. Deje cocer durante 15 minutos. Con una espumadera, retire los caparazones y las cáscaras; deséchelos. Agregue al consomé el champiñón y la mezcla de camarón; deje que hierva. Añada los jugos de limón y de lima, la salsa de soya y las tiras de chile. Sirva la sopa en tazones. Espolvoree con el cilantro.

SOPA TAILANDESA DE CAMARÓN

½ taza de col finamente picada

225 g de carne molida de cerdo

120 g de camarón pelado, desvenado y finamente picado

3 cebollines enteros finamente picados

1 huevo ligeramente batido

1 ½ cucharadas de fécula de maíz

2 cucharaditas de salsa de soya

2 cucharaditas de aceite de ajonjolí

1 cucharadita de salsa de ostión

48 hojas de wonton (unos 450 g)

1 clara de huevo ligeramente batida

340 g de cardo chino (pak-choi) o col napa

6 tazas de consomé de pollo

1 taza de Cerdo Barbecue* (página 30), en rebanadas delgadas

3 cebollines enteros, en rebanadas delgadas

Flores comestibles para adornar

Puede sustituirlo con cerdo asado a la parrilla.

SOPA CON WONTON

Rinde 6 porciones

Para el relleno, exprima la col para eliminar tanta humedad como sea posible. Ponga la col en un recipiente grande; agregue la carne, el camarón, el cebollín picado, el huevo entero, la fécula de maíz, la salsa de soya, 1 ½ cucharaditas de aceite de ajonjolí y la salsa de ostión; revuelva bien.

Para el wonton, trabaje con unas doce hojas a la vez; conserve cubiertas con plástico las demás hojas. Ponga una hoja de wonton sobre la superficie de trabajo con una esquina de frente a la orilla. Coloque 1 cucharadita del relleno en la esquina inferior; doble la esquina sobre el relleno. Barnice las esquinas laterales del wonton con la clara de huevo. Junte las esquinas laterales; sobrepóngalas un poco y pellízquelas para sellar. Repita el procedimiento con las hojas de wonton y el relleno restantes. Envuelva en plástico los wontons rellenos mientras prepara el resto. (Cueza de inmediato, refrigere hasta por 8 horas o congele en una bolsa de plástico bien cerrada.)

Corte los tallos de cardo en rebanadas de 2.5 cm; corte las hojas por la mitad a lo ancho. Acomode los wontons en una olla grande con agua hirviente; cuézalos hasta que el relleno pierda su color rosado, por unos 4 minutos (6 minutos si los congeló); escúrralos. Colóquelos en un recipiente con agua fría para evitar que se peguen.

En una cacerola grande, hierva el consomé de pollo. Añada el cardo y el aceite de ajonjolí restante; deje cocer por 2 minutos. Escurra los wontons; incorpórelos al consomé caliente. Agregue las rebanadas de Cerdo Barbecue y el cebollín rebanado; caliente bien. Sirva la sopa en platos hondos. Adorne, si lo desea.

SOPA CON WONTON

DELICIOSAS GUARNICIONES

1 cucharada de aceite vegetal
1 huevo batido
1 bolsa (285 g) de verduras para sofreír tipo japonés
2 tazas de arroz cocido
2 cucharadas de salsa de soya

ARROZ FRITO ORIENTAL

Rinde unas 4 porciones de guarnición

■ En una sartén grande, caliente 1 cucharadita de aceite a fuego alto. Vierta el huevo; deje que se extienda en la sartén para formar una tortilla de huevo. Cueza por 30 segundos; voltee la tortilla (se puede romper) y cuézala durante 30 segundos más. Retírela de la sartén; córtela en tiras delgadas.

■ Saque el sobre con el condimento de las verduras. En la sartén ponga el aceite restante; incorpore el arroz y las verduras. Reduzca el fuego a medio-alto; tape y cueza por 5 minutos; revuelva dos veces.

■ Ponga en la sartén el contenido del sobre de condimento, la salsa de soya y el huevo cocido; revuelva bien. Cueza, sin tapar, durante 2 minutos o hasta que esté bien caliente.

TIEMPO DE PREPARACIÓN: 5 minutos
TIEMPO DE COCCIÓN: 10 minutos

ARROZ FRITO ORIENTAL

EJOTES Y CHAMPIÑONES SHIITAKE

Rinde de 4 a 6 porciones

10 a 12 champiñones shiitake secos (unos 30 g)

⅓ de taza de albahaca fresca o cilantro picado

¾ de taza de agua

3 cucharadas de salsa de ostión

1 cucharada de fécula de maíz

4 dientes de ajo picados

⅛ de cucharadita de pimienta roja machacada

1 cucharada de aceite vegetal

340 a 450 g de ejotes (judías verdes), con los extremos cortados

2 cebollines, en rebanadas delgadas

⅓ de taza de cacahuates (maníes) asados (opcional)

Ponga los champiñones en un recipiente; cúbralos con agua caliente y deje reposar por 30 minutos o hasta que los sombreros estén suaves. Escurra los champiñones; exprímalos para quitar el exceso de agua. Desprenda y deseche los tallos. Rebane los sombreros en tiras delgadas.

Mientras tanto, quite los tallos de la albahaca. Corte las hojas en tiras delgadas. En un recipiente chico, mezcle ¼ de taza de agua, la salsa de ostión, la fécula de maíz, el ajo y la pimienta; revuelva bien.

Caliente un wok o una sartén mediana a fuego medio-alto. Vierta el aceite y cubra la superficie. Agregue los champiñones, los ejotes y el agua restante; cueza y revuelva hasta que hierva el agua. Reduzca el fuego a medio-bajo; tape y cueza de 8 a 10 minutos o hasta que los ejotes estén suaves, moviendo de vez en cuando. Revuelva la mezcla de fécula de maíz y viértala en el wok. Cueza y revuelva hasta que la salsa se espese y los ejotes estén bañados. (Si se evapora el agua de cocción, vierta suficiente agua para espesar la salsa.)

Incorpore el cebollín, la albahaca y los cacahuates, si lo desea; revuelva bien. Pase a un platón. Adorne al gusto.

EJOTES Y CHAMPIÑONES SHIITAKE

1 cucharadita de aceite de
  canola
1 cucharadita de curry en
  polvo
1 cucharadita de comino
  molido
⅛ de cucharadita de
  pimienta roja
  machacada
1½ cucharaditas de chile
  jalapeño,* sin semillas
  y finamente picado
2 dientes de ajo picados
¾ de taza de pimiento
  morrón rojo picado
¾ de taza de zanahoria, en
  rebanadas delgadas
3 tazas de floretes de
  coliflor
½ taza de agua
½ cucharadita de sal
2 cucharaditas de cilantro
  finamente picado
  (opcional)

*Los chiles pueden irritar la piel;
utilice guantes de hule cuando los
maneje y no se toque los ojos.
Lávese las manos después de
trabajar con ellos.*

VERDURAS SOFRITAS ESTILO HINDÚ

Rinde 6 porciones

1. En una sartén antiadherente grande, caliente el aceite a fuego medio-alto. Agregue el curry en polvo, el comino y la pimienta; fría por unos 30 segundos.

2. Incorpore el chile jalapeño y el ajo. Añada el pimiento y la zanahoria; revuelva bien para mezclar con las especias. Ponga la coliflor; reduzca el fuego a medio.

3. Vierta ¼ de taza de agua; cueza, revolviendo, hasta que se evapore el agua. Ponga el agua restante; tape y deje cocer de 8 a 10 minutos o hasta que las verduras estén suaves, moviendo de vez en cuando.

4. Sazone con sal; revuelva bien. Espolvoree el cilantro y adorne con mizuna y pimiento rojo adicional, si lo desea.

VERDURAS SOFRITAS ESTILO HINDÚ

½ taza de cebolla picada

2 cucharaditas de jengibre cristalizado picado

1 cucharadita de margarina

1 recipiente (225 g) de yogur de limón bajo en grasa

Ralladura de la cáscara de 1 tangerina fresca

2 tangerinas, peladas, en gajos y sin semillas

675 g de brócoli cortado o 2 bolsas (de 285 g cada una) de brócoli descongelado, cocido y escurrido

Brócoli con Salsa de Jengibre y Tangerina

Rinde 6 porciones

En una sartén antiadherente chica, derrita la mantequilla; fría la cebolla y el jengibre a fuego bajo hasta que la cebolla esté muy suave. Vierta el yogur, la cáscara y los gajos de tangerina. Cueza y revuelva a fuego bajo hasta que esté bien caliente. *No debe hervir.* Sirva la salsa sobre el brócoli cocido y caliente. Adorne con ralladura de cáscara de tangerina adicional, si lo desea.

2 cucharaditas de jengibre fresco picado

1 diente de ajo picado

¼ de cucharadita de pimienta roja machacada o granos de pimienta Szechwan machacados

450 g de calabacita, en rebanadas de 0.5 cm de grosor

2 cucharaditas de azúcar

1 cucharadita de fécula de maíz

2 cucharadas de vinagre de vino tinto

2 cucharadas de salsa de soya

1 cucharada de aceite de cacahuate (maní) o vegetal

1 cucharadita de aceite oscuro de ajonjolí

Calabacita Agria y Picante

Rinde 4 porciones

1. En un recipiente chico, mezcle el jengibre con el ajo y la pimienta; revuelva bien y espolvoree sobre la calabacita.

2. Ponga el azúcar y la fécula de maíz en un recipiente chico; incorpore el vinagre y la salsa de soya; revuelva hasta que se disuelvan.

3. Caliente una sartén antiadherente grande a fuego medio-alto. Vierta el aceite de cacahuate; deje que se caliente. Agregue la mezcla de calabacita; sofríala de 4 a 5 minutos hasta que la calabacita esté suave.

4. Revuelva la mezcla de fécula de maíz y viértala en la sartén. Sofría por 15 segundos o hasta que la salsa hierva y se espese. Incorpore el aceite de ajonjolí.

2 cucharadas de aceite vegetal
1 col mediana poco picada (unas 12 tazas)
6 tallos de apio, en rebanadas de 0.5 cm
6 cebollas de cambray picadas
3 cebollas amarillas grandes, rebanadas y partidas por la mitad
¼ de taza de jugo de limón
2 cucharadas de azúcar morena
2 cucharadas de salsa de soya
1 cucharadita de sal de ajo
½ cucharadita de jengibre molido
¼ de cucharadita de pimienta picante
1 pimiento morrón verde grande, en tiras delgadas

COL ORIENTAL

Rinde 12 porciones (de ¾ de taza cada una)

1. En un wok o en una sartén grande, caliente el aceite a fuego alto. Agregue la col, el apio, la cebolla de cambray y la cebolla. Revuelva para bañar todo con el aceite.

2. Añada el jugo de limón, el azúcar, la salsa de soya, la sal de ajo, el jengibre y la pimienta. Revuelva.

3. Cueza a fuego alto por 7 minutos, moviendo con frecuencia o hasta que la col se suavice.

4. Agregue las tiras de pimiento y cuézalas, revolviendo, por 3 minutos hasta que se suavicen.

4 champiñones negros chinos secos

½ taza de consomé de pollo

2 cucharadas de salsa catsup

2 cucharaditas de jerez seco

1 cucharadita de vinagre de vino tinto

1 cucharadita de salsa de soya baja en sodio

¼ de cucharadita de azúcar

1½ cucharaditas de aceite vegetal

1 cucharadita de jengibre fresco picado

1 diente de ajo picado

1 tomate rojo grande, pelado, sin semillas y picado

1 cebollín finamente picado

4 cucharadas de agua

1 cucharadita de fécula de maíz

450 g de calabacita (unas 3 medianas), en trozos diagonales de 2.5 cm

½ cebolla amarilla chica, en rebanadas, con los anillos separados

CALABACITA SHANGHAI

Rinde 4 porciones

1. Remoje los champiñones en agua caliente por 20 minutos. Escúrralos; conserve ¼ de taza del líquido. Exprímalos para quitar el exceso de agua. Deseche los tallos y rebane los sombreros. En un recipiente chico, mezcle el ¼ de taza del líquido de los champiñones, el consomé de pollo, la salsa catsup, el jerez, el vinagre, la salsa de soya y el azúcar.

2. En una cacerola grande, caliente 1 cucharadita de aceite a fuego medio. Ponga el jengibre y el ajo; sofríalos por 10 segundos. Agregue el champiñón, el tomate y el cebollín; sofríalos durante 1 minuto. Vierta la mezcla de consomé de pollo; hierva a fuego alto. Reduzca el fuego a medio; deje cocer por 10 minutos.

3. En un recipiente chico, disuelva la fécula de maíz en 1 cucharada de agua. Caliente el aceite restante en una sartén antiadherente grande a fuego medio. Añada la calabacita y la cebolla amarilla; sofríalas por 30 segundos. Incorpore el agua restante. Tape y cueza de 3 a 4 minutos hasta que las verduras estén suaves, moviendo de vez en cuando. Agregue la mezcla de tomate a la sartén. Revuelva la mezcla de fécula de maíz y vierta en la sartén. Cueza hasta que la salsa hierva y se espese.

CALABACITA SHANGHAI

TRES CHAMPIÑONES FELICES

Rinde 4 porciones

1 bolsa (30 g) de champiñón negro chino seco
2 cucharadas de aceite de cacahuate (maní) o vegetal
1 cebolla amarilla chica, en rebanadas delgadas
2 dientes de ajo picados
2 tazas de champiñones frescos rebanados
1 lata (210 g) de champiñones fukurotake (champiñón de la paja de arroz), escurridos
1 taza de espinaca fresca
3 cucharadas de salsa para sofreír

1. Ponga el champiñón seco en un recipiente chico; cúbralo con agua caliente y déjelo remojar por 20 minutos para que se suavice. Escúrralo; exprímalo para quitar el exceso de agua. Deseche los tallos; rebane los sombreros.

2. Caliente un wok o una sartén grande a fuego medio-alto. Agregue el aceite y déjelo calentar. Ponga la cebolla y el ajo; sofríalos por 6 minutos o hasta que estén suaves. Añada todos los champiñones; sofríalos durante 4 minutos.

3. Incorpore la espinaca y la salsa para sofreír; sofría por 1 minuto o hasta que se suavice la espinaca y la salsa esté bien caliente.

PAPAS BOMBAY

Rinde 12 porciones (de ½ taza cada una)

1.350 kg de papa (patatas), pelada y en cubos de 2.5 cm
⅓ de taza de aceite vegetal
3 tomates rojos picados
¾ de taza de cebolla picada
3 cucharadas de chutney de mango
2 a 3 cucharaditas de curry en polvo
½ taza de agua
¾ de cucharadita de sal

1. En una cacerola de 2 litros de capacidad, ponga la papa con muy poca agua y deje que hierva hasta que se suavice. Escúrrala.

2. En una sartén grande, caliente el aceite a fuego medio.

3. Agregue el tomate, la cebolla, el chutney y el curry en polvo. Cueza a fuego bajo, de 2 a 3 minutos. Incorpore la papa, ½ taza de agua y la sal. Cueza por 5 minutos o hasta que esté bien caliente.

SALSA

1 ½ tazas de consomé de
   pollo
3 cucharadas de salsa de
   soya baja en sodio
1 ½ cucharadas de vino de
   arroz o sake
1 cucharada de azúcar
1 cucharada de fécula de
   maíz
1 cucharadita de aceite de
   ajonjolí

2 cucharadas de aceite de
   ajonjolí
3 chiles rojos secos
½ taza de cebollín
   rebanado
1 cucharada de ajo picado
2 zanahorias peladas, en
   rebanadas delgadas
2 tazas de floretes chicos
   de brócoli
1 pimiento morrón rojo,
   en tiras delgadas
2 tazas de col napa rallada
1 taza de elotes baby de
   lata
1 lata (225 g) de castañas
   de agua rebanadas,
   escurridas
Arroz cocido y caliente
(opcional)

PLATILLO FAVORITO DE BUDA

Rinde 8 porciones

En un recipiente mediano, mezcle bien los ingredientes para la salsa.

Caliente un wok; vierta 2 cucharadas de aceite de ajonjolí y caliente bien. Agregue los chiles y sofríalos hasta que se oscurezcan. Añada el cebollín y el ajo; sofríalos por 1 minuto. Incorpore la zanahoria; sofríala durante 4 minutos. Ponga el brócoli y el pimiento; sofríalos por 1 minuto. Agregue la col y sofríala durante 1 minuto. Adicione el elote baby y la castaña de agua; sofríalos por 30 segundos. Revuelva la salsa; viértala en el wok y mueva. Tape el wok; cueza hasta que las verduras estén suaves. Sirva sobre el arroz, si lo desea.

¼ **de taza de miel**
¼ **de taza de salsa para sofreír**
¼ **a** ½ **cucharadita de hojuelas de pimienta roja machacadas**
4 **cucharaditas de aceite de cacahuate (maní) o vegetal**
2 **tazas de floretes chicos de brócoli**
2 **tazas de champiñones chicos**
1 **cebolla chica, en rebanadas y en tiras de 2.5 cm**
1 **zanahoria mediana, en rebanadas diagonales de 1 cm de grosor**

SOFRITO ASIÁTICO DE VERDURAS

Rinde 4 porciones

En un recipiente chico, mezcle la miel, la salsa para sofreír y las hojuelas de pimienta. En un wok o en una sartén grande, caliente el aceite a fuego medio-alto. Agregue las verduras; fríalas de 2 a 3 minutos o hasta que estén suaves. Vierta la mezcla de miel; cueza y revuelva durante 1 minuto o hasta que las verduras se glaseen y la salsa burbujee. Sirva las verduras sobre arroz cocido al vapor o tallarín cocido.

1 **pieza (unos 450 g) de brócoli**
¾ **de taza de almendras picadas**
3 **cucharadas de aceite vegetal**
3 **dientes de ajo, en rebanadas delgadas**
2 **cucharadas de salsa de soya**
1 **cucharada de azúcar**
1 **cucharadita de jengibre fresco rallado o** ¼ **de cucharadita de jengibre molido**
1 **cucharadita de jugo de limón**

SOFRITO DE BRÓCOLI Y ALMENDRA

Rinde 4 porciones

Corte el brócoli en floretes. Recorte y pele los tallos; córtelos en rebanadas diagonales delgadas. En una sartén grande o en un wok, fría las almendras en el aceite por 1 minuto. Agregue el brócoli y sofríalo hasta que esté suave, por unos 2 minutos. Añada el ajo y sofríalo hasta que esté suave, durante 1 minuto. Incorpore la salsa de soya, el azúcar y el jengibre. Continúe sofriendo hasta que el azúcar se disuelva, por 1 minuto, aproximadamente. Vierta el jugo de limón.

SOFRITO ASIÁTICO DE VERDURAS

450 g de brócoli fresco
1 ½ cucharaditas de aceite
     vegetal
2 cebollas amarillas
     medianas, en
     rebanadas y separadas
4 ½ cucharaditas de jengibre
     fresco picado
2 dientes de ajo picados
225 g de espinaca fresca
     poco picada
225 g de tirabeques (vainas)
     frescos o 1 bolsa
     (180 g) de tirabeques
     descongelados
4 tallos de apio, en trozos
     diagonales de 1.5 cm
4 zanahorias medianas
     rebanadas
8 cebollines, en rebanadas
     diagonales delgadas
¾ de taza de consomé de
     pollo
1 cucharada de salsa de
     soya baja en sodio

VERDURAS CHINAS

Rinde 4 porciones

Corte el brócoli en floretes. Corte los tallos en trozos de 5×0.5 cm. En un wok o en una sartén antiadherente grande, caliente el aceite a fuego alto. Agregue los tallos de brócoli, la cebolla amarilla, el jengibre y el ajo; sofríalos por 1 minuto. Añada los floretes de brócoli, la espinaca, los tirabeques, el apio, la zanahoria y el cebollín; revuelva con cuidado. Vierta el consomé y la salsa de soya; mueva para bañar las verduras. Ponga a hervir; tape y deje cocer de 2 a 3 minutos hasta que las verduras estén suaves.

VERDURAS CHINAS

1 cucharada de aceite de cacahuate (maní) o vegetal

1 cucharadita de ajo finamente picado

¼ de taza de crema de cacahuate (maní)

1 cucharadita de salsa de soya

2¼ tazas de agua

1 paquete de tallarín instantáneo sabor a pollo con tomate

½ taza de cebollín rebanado

2 cucharadas de semillas de ajonjolí tostadas (opcional)

TALLARÍN CON CEBOLLÍN, AJONJOLÍ Y CACAHUATE

Rinde unas 4 porciones

En una cacerola mediana, caliente el aceite a fuego medio y fría el ajo por 30 segundos. Incorpore la crema de cacahuate y la salsa de soya; cueza hasta que se disuelva. Vierta el agua y deje que hierva. Incorpore el tallarín y el sobre de sazonador. Deje cocer a fuego bajo, revolviendo con frecuencia, por 10 minutos o hasta que el tallarín esté suave. Añada el cebollín y 1 cucharada de semillas de ajonjolí. Para servir, espolvoree con el ajonjolí restante.

Instrucciones para Microondas: En una cacerola para horno de microondas, de 1½ litros de capacidad, caliente el aceite junto con el ajo, sin tapar, a temperatura ALTA durante 20 segundos. Incorpore la crema de cacahuate y la salsa de soya; cueza por 30 segundos o hasta que se disuelva; revuelva. Añada el agua y el tallarín con el sobre de sazonador y cueza durante 12 minutos o hasta que el tallarín esté suave. Agregue el cebollín y 1 cucharada de semillas de ajonjolí. Espolvoree con el ajonjolí restante; sirva de inmediato.

3 tazas de arroz integral
cocido, frío

½ taza de cerdo asado, en
tiras

½ taza de apio finamente
picado

½ taza de germinado de
soya fresco*, enjuagado
y escurrido

⅓ de taza de cebollín
rebanado

1 huevo batido
Aceite en aerosol

2 cucharadas de salsa de
soya

¼ de cucharadita de
pimienta negra

*Puede sustituir el germinado de
soya fresco con germinado enlatado,
enjuagado y escurrido, si lo desea.

ARROZ FRITO ORIENTAL

Rinde 6 porciones

En una sartén grande rociada con aceite en aerosol,
ponga el arroz, el cerdo, el apio, el germinado de soya,
el cebollín y el huevo. Cueza y revuelva por 3 minutos a
fuego alto, hasta que esté bien caliente y el huevo se
cuaje. Agregue la salsa de soya y la pimienta. Cueza y
revuelva durante 1 minuto más.

Instrucciones para Microondas: *En un recipiente para
microondas, de 2 litros de capacidad, rociado con aceite
en aerosol, ponga el arroz, el cerdo, el apio, el germinado
de soya, el cebollín. Cueza a temperatura ALTA (100%), de
2 a 3 minutos. Agregue el huevo, la salsa de soya y la
pimienta. Cueza, a temperatura ALTA, de 1 a 2 minutos o
hasta que el huevo se cuaje; mueva para separar los
granos de arroz.*

Consejo: *Cuando prepare arroz frito, comience siempre
con el arroz frío. El grano se separa mejor si está frío y es
una excelente manera de utilizar los sobrantes de arroz.*

TALLARÍN DE ARROZ CON PIMIENTO

Rinde 6 porciones

110 g de fideo de arroz chino seco o tallarín de arroz
⅓ de taza de consomé de pollo
3 cucharadas de salsa de soya
2 cucharadas de pasta de tomate
1 cucharada de aceite de cacahuate (maní) o vegetal
1 pimiento morrón verde mediano, en tiras delgadas
1 pimiento morrón rojo mediano, en tiras delgadas
1 cebolla mediana, en rebanadas delgadas
2 dientes de ajo picados

1. En un recipiente, ponga el fideo de arroz; cúbralo con agua caliente. Remójelo por 15 minutos para que se suavice. Escúrralo y córtelo en trozos de 7.5 cm.

2. En una taza, mezcle el consomé, la salsa de soya y la pasta de tomate.

3. Caliente un wok o una sartén grande a fuego medio-alto. Agregue el aceite y déjelo calentar. Incorpore el pimiento, la cebolla y el ajo; sofría de 4 a 5 minutos hasta que las verduras estén suaves.

4. Incorpore la mezcla de consomé y caliéntela. Añada el fideo; sofría por 3 minutos o hasta que esté bien caliente.

TORTA DE TALLARÍN CON AJONJOLÍ

Rinde 4 porciones

120 g de vermicelli o tallarín chino de huevo
1 cucharada de salsa de soya
1 cucharada de aceite de cacahuate (maní) o vegetal
½ cucharadita de aceite oscuro de ajonjolí

1. Cueza el vermicelli; escúrralo bien. Póngalo en un recipiente grande. Báñelo con la salsa de soya y permita que se absorba.

2. Caliente una sartén antiadherente de 25 a 28 cm de diámetro, a fuego medio. Rocíe el aceite de cacahuate; caliente. Agregue la mezcla de vermicelli; con una espátula, forme una capa uniforme.

3. Cueza, sin tapar, por 6 minutos o hasta que el fondo esté ligeramente dorado. Invierta la sartén en un plato, deslice la tortilla a la sartén y dore el otro lado. Cueza durante 4 minutos o hasta que la parte inferior esté bien dorada. Bañe con el aceite de ajonjolí. Pase a un platón y corte en cuartos.

TALLARÍN DE ARROZ CON PIMIENTO

SALSA

¼ **de taza de consomé de pollo**

1 ½ **cucharadas de salsa de soya**

1 ½ **cucharadas de fécula de maíz**

¼ **de cucharadita de aceite oriental de ajonjolí**

VERDURAS

¼ **de taza de aceite vegetal**

½ **cucharadita de ajo fresco picado**

½ **cucharadita de jengibre picado**

1 ½ **tazas de champiñones frescos rebanados**

1 **taza de zanahoria, en tiras julianas**

1 **lata (225 g) de castañas de agua rebanadas, escurridas**

1 **lata (225 g) de retoños de bambú, escurridos**

1 **bolsa (180 g) de tirabeques (vainas), descongelados y escurridos**

6 **cebollines, en trozos de 3.5 cm**

1 **bolsa (60 g) de almendras tostadas, rebanadas**

VERDURAS DELICIOSAS

Rinde de 4 a 6 porciones

En un recipiente chico, mezcle los ingredientes para la salsa. En una sartén antiadherente grande o en un wok, caliente el aceite a fuego medio-alto. Agregue el ajo y el jengibre; fría por 1 minuto. Incremente el fuego a alto. Añada los champiñones y la zanahoria; sofría de 1 a 2 minutos o hasta que se suavicen. Incorpore la castaña de agua, los retoños de bambú, los tirabeques y el cebollín; caliente bien, moviendo de vez en cuando. Revuelva la salsa; viértala sobre las verduras. Reduzca el fuego a bajo; deje calentar, moviendo sin cesar, hasta que la salsa se espese y burbujee. Espolvoree la almendra justo antes de servir. Adorne, si lo desea.

Nota: Para darle una textura crujiente a sus platillos de verduras sofritas o cocidas al vapor, agregue castañas de agua enteras o rebanadas, escurridas.

VERDURAS DELICIOSAS

225 g de vermicelli, trozado a la mitad, o tallarín chino de huevo
3 cucharadas de vinagre de arroz
3 cucharadas de salsa de soya
2 cucharadas de aceite de cacahuate (maní) o vegetal
1 diente grande de ajo picado
1 cucharadita de jengibre fresco picado
1 cucharadita de aceite oriental de ajonjolí (opcional)
½ cucharadita de granos de pimienta Szechwan machacados o pimienta de Cayena machacada
½ taza de cilantro poco picado (opcional)
¼ de taza de cacahuate (maní) picado

TALLARÍN SZECHWAN FRÍO

Rinde 4 porciones

1. Cueza el vermicelli siguiendo las instrucciones de la envoltura; escúrralo.

2. En un recipiente grande, mezcle el vinagre, la salsa de soya, el aceite de cacahuate, el ajo, el jengibre, el aceite de ajonjolí, si lo desea, y los granos de pimienta. Agregue el vermicelli caliente; revuelva para bañarlo. Espolvoree con el cilantro y el cacahuate. Sirva a temperatura ambiente o frío.

Variante: Para preparar Tallarín Szechwan con Verduras, añada 1 taza de pepino pelado picado, ½ taza de pimiento morrón rojo picado y de cebollín rebanado, y 1 cucharada de salsa de soya adicional.

2 tazas de agua
1 cucharada de mantequilla o margarina
1 sobre de arroz instantáneo con sabor a res
½ taza de castañas de agua rebanadas
¼ de taza de cebollín rebanado
½ taza de nuez de la India, sin sal

ARROZ PEQUINÉS CON NUEZ

Rinde unas 4 porciones

En una cacerola mediana, ponga a hervir el agua, la mantequilla y el arroz con su sazonador; después, incorpore el resto de los ingredientes, excepto la nuez. Reduzca el fuego y deje cocer, tapado, moviendo de vez en cuando, por 10 minutos o hasta que el arroz esté suave. Incorpore la nuez.

2 claras de huevo

1 huevo

3 cucharadas de salsa de soya

3 cucharaditas de semillas de ajonjolí tostadas*

1 cucharada de aceite de cacahuate (maní) o vegetal

½ taza de consomé de pollo

1 cucharadita de jengibre fresco picado

1 cucharadita de aceite oscuro de ajonjolí

180 g de tallarín chino de huevo o vermicelli, cocido y bien escurrido

⅓ de taza de cebollín rebanado

Para tostar las semillas de ajonjolí, póngalas en una sartén chica. Mueva la sartén, a fuego medio, por 2 minutos o hasta que las semillas comiencen a brincar y a dorarse.

TALLARÍN CON TIRAS DE HUEVO Y AJONJOLÍ

Rinde 4 porciones

1. En un recipiente chico, bata las claras de huevo, el huevo, 1 cucharada de salsa de soya y 1 cucharadita de semillas de ajonjolí.

2. Caliente una sartén antiadherente grande a fuego medio-alto. Agregue el aceite de cacahuate; caliéntelo. Vierta la mezcla de huevo; cueza de 1½ a 2 minutos o hasta que se cuaje la parte inferior de la omelet. Voltee la omelet; cueza de 30 segundos a 1 minuto. Deslícela a un plato; déjela enfriar y córtela en tiras de 1 cm.

3. En la sartén, ponga el consomé, la salsa de soya restante, el jengibre y el aceite de ajonjolí. Hierva; reduzca el fuego. Añada el tallarín; caliente bien. Incorpore las tiras de omelet y el cebollín; caliente bien. Espolvoree con las semillas de ajonjolí restantes.

450 g de ejotes (judías verdes) frescos
120 g de carne molida de cerdo o de pavo
2 cucharadas más 1 cucharadita de salsa de soya
2 cucharadas más 1 cucharadita de vino de arroz o jerez seco
½ cucharadita de aceite oscuro de ajonjolí
2 cucharadas de agua
1 cucharadita de azúcar
3 tazas de aceite vegetal
1 cucharada de cebollín rebanado (sólo la parte blanca)
Flores de zanahoria para adornar

EJOTES COCIDOS

Rinde 4 porciones

1. Corte cada ejote diagonalmente por la mitad o en trozos de 5 cm de largo.

2. En un recipiente mediano, mezcle la carne, 1 cucharadita de salsa de soya, 1 cucharadita de vino de arroz y el aceite de ajonjolí; revuelva bien.

3. En un recipiente chico, mezcle el agua, el azúcar, la salsa de soya restante y 2 cucharadas de vino de arroz; revuelva bien.

4. En un wok, caliente el aceite vegetal a fuego medio-alto, hasta que el aceite registre 190 °C en un termómetro para freír. Con cuidado, ponga la mitad de los ejotes* y sofríalos de 2 a 3 minutos hasta que presenten ampollas y estén suaves. Con una espumadera, páselos a un plato cubierto con toallas de papel; escúrralos. Vuelva a calentar el aceite y repita el procedimiento con los ejotes restantes.

5. Deseche el aceite; caliente el wok a fuego medio-alto durante 30 segundos. Agregue la mezcla de carne y sofríala por unos 2 minutos o hasta que se dore bien. Incorpore los ejotes y la mezcla de agua; revuelva hasta que esté bien caliente. Ponga en un platón. Espolvoree encima el cebollín. Adorne, si lo desea.

Utilice un cucharón con mango largo, ya que el aceite puede brincar.

EJOTES COCIDOS

VERDURAS CHINAS EN SALMUERA

Rinde de 4 a 6 tazas

SALMUERA

3 tazas de azúcar

3 tazas de vinagre blanco destilado

1½ tazas de agua

1½ cucharaditas de sal

VERDURAS

1 rábano blanco chino grande (unos 450 g)

3 zanahorias grandes

1 pepino grande, sin semillas

4 tallos de apio, en trozos diagonales de 1.5 cm

8 cebollines, en trozos diagonales de 1.5 cm

1 pimiento morrón rojo grande, en trozos de 1.5 cm

1 pimiento morrón verde grande, en trozos de 1.5 cm

120 g de jengibre fresco pelado, en rebanadas delgadas

Rizos de Cebollín para adornar (página 30)

En una olla de 3 litros de capacidad, mezcle todos los ingredientes de la salmuera. Ponga a hervir a fuego medio, moviendo de vez en cuando. Deje enfriar.

Corte el rábano, la zanahoria y el pepino en tiras pequeñas. Llene con agua la mitad de una olla de 5 litros de capacidad. Ponga a hervir. Agregue las verduras y el jengibre. Retire del fuego; deje reposar por 2 minutos. Escurra las verduras en un colador grande. Extienda las verduras en una toalla limpia; deje que se sequen de 2 a 3 horas.

Envase las verduras en frascos herméticos limpios. Vierta la salmuera en los frascos hasta cubrir las verduras y tape. Guarde los frascos en el refrigerador durante 1 semana por lo menos antes de utilizarlos. Sirva adornado, si lo desea.

VERDURAS CHINAS EN SALMUERA

450 g de ejotes enteros
cocidos
2 cucharadas de cebollín
picado
2 cucharadas de jerez seco
o consomé de pollo
1½ cucharadas de salsa de
soya baja en sodio
1 cucharadita de salsa
china picante con ajo
1 cucharadita de aceite
oscuro de ajonjolí
1 diente de ajo picado

EJOTES ORIENTALES CONDIMENTADOS

Rinde 4 porciones

1. Vierta 1 cm de agua en una olla grande; ponga a hervir. Acomode los ejotes en una canasta para cocción al vapor; coloque la canasta dentro de la olla. El agua no debe tocar la parte inferior de la canasta. Tape y cueza los ejotes al vapor por unos 5 minutos o hasta que estén suaves. Escúrralos.

2. En un recipiente chico, mezcle el cebollín con el jerez, la salsa de soya, la salsa picante, el aceite de ajonjolí y el ajo.

3. Rocíe una sartén grande con aceite en aerosol; caliente a fuego medio. Añada los ejotes; vierta encima la mezcla de salsa de soya. Revuelva para bañarlos. Cueza de 3 a 5 minutos, moviendo sin cesar, hasta que estén bien calientes. Adorne con flores comestibles, como pensamientos, violetas o mastuerzos, si lo desea.

1 bolsa (450 g) de floretes
de brócoli congelados
1 cucharada de semillas
de ajonjolí
1 cucharada de aceite
Gotas de salsa de soya
(opcional)

BRÓCOLI CON AJONJOLÍ

Rinde de 4 a 6 porciones

■ Cueza el brócoli siguiendo las instrucciones de la bolsa.

■ Fría las semillas de ajonjolí en el aceite, de 1 a 2 minutos o hasta que se doren, moviendo con frecuencia.

■ Espolvoree la mezcla de semillas de ajonjolí sobre el brócoli. Vierta la salsa de soya, y sazone con sal y pimienta al gusto.

TIEMPO DE PREPARACIÓN: 1 minuto
TIEMPO DE COCCIÓN: de 8 a 9 minutos

EJOTES ORIENTALES CONDIMENTADOS

1 cucharada de aceite
vegetal

1 cucharada de cinco
especias chinas

¼ de taza de pimiento
morrón verde picado

¼ de taza de pimiento
morrón rojo picado

¼ de taza de cebolla
picada

1 cucharada de cebolla de
cambray picada, sólo la
parte blanca

2 tazas de arroz de grano
largo

4 tazas de agua

1 cucharada de consomé
de pollo en polvo

1 cucharada de cebolla de
cambray picada, sólo la
parte verde

1 cucharada de cacahuate
(maní) tostado, sin sal y
picado

ARROZ TAILANDÉS

Rinde 12 porciones (de ½ taza cada una)

1. En una cacerola de 4 litros de capacidad, caliente el aceite y las cinco especias chinas a fuego medio. Agregue los pimientos verde y rojo, la cebolla y la parte blanca de la cebolla de cambray. Saltee, moviendo de vez en cuando, hasta que la cebolla esté transparente.

2. Incorpore el arroz; cueza, revolviendo de vez en cuando, por 5 minutos. Añada el agua y el consomé en polvo.

3. Caliente hasta que hierva; reduzca el fuego, tape y deje cocer de 25 a 30 minutos o hasta que se absorba toda el agua.

4. Esponje el arroz con un tenedor y sirva en platos extendidos. Ponga encima la parte verde de la cebolla de cambray y los cacahuates.

PILAF DE ARROZ Y SHIITAKE

1 cucharada de aceite de oliva
1 taza (unos 60 g) de champiñones shiitake frescos rebanados
1 taza de puntas de espárrago, en trozos de 2.5 cm
1 diente de ajo picado
3 tazas de arroz integral cocido
¼ de taza de piñones, tostados
¼ de taza de cebollín rebanado
1 cucharada de ralladura de cáscara de limón
½ cucharadita de sal
½ cucharadita de pimienta negra molida
Pollo horneado (opcional)

Rinde 6 porciones

En una sartén grande, caliente el aceite a fuego medio-alto. Agregue los champiñones, los espárragos y el ajo; fría de 1 a 2 minutos o hasta que estén suaves. Añada el arroz, los piñones, el cebollín, la cáscara de limón, la sal y la pimienta. Revuelva hasta que se incorporen; caliente bien. Acompañe con pollo.

TORTITAS DE ARROZ CANTONESAS

2 tazas de arroz blanco cocido y refrigerado
⅓ de taza de pimiento morrón rojo picado
¼ de taza de cebollín, en rebanadas delgadas
2 claras de huevo ligeramente batidas
1 huevo ligeramente batido
2 cucharadas de salsa de soya
3 cucharadas de aceite de cacahuate (maní)

Rinde unas 6 porciones (unas 9 tortitas)

1. Mezcle el arroz, el pimiento, el cebollín, las claras de huevo, el huevo y la salsa de soya.

2. Caliente una sartén. Vierta 1 cucharada de aceite; caliéntelo. Para cada tortita, ponga ⅓ de taza de la mezcla de arroz en la sartén; aplane ligeramente con el dorso de una espátula. Cueza las tortitas, 3 a la vez, de 3 a 4 minutos hasta que la parte inferior esté dorada. Voltee las tortitas; cuézalas por 3 minutos o hasta que se doren y el huevo esté cocido. Repita el procedimiento con el aceite y la mezcla de arroz restantes.

TALLARÍN CON AJONJOLÍ

Rinde 6 porciones

180 g de tallarín soba seco (tallarín de trigo sarraceno) sin cocer
2 cucharaditas de aceite oscuro de ajonjolí
1 cucharada de semillas de ajonjolí
½ taza de consomé de pollo
1 cucharada de crema de cacahuate (maní)
4 cucharaditas de salsa de soya baja en sodio
½ taza de cebollín, en rebanadas delgadas
½ taza de pimiento morrón rojo picado
1 ½ cucharaditas de chile jalapeño, sin semillas, finamente picado
1 diente de ajo picado
¼ de cucharadita de pimienta roja machacada

1. Cueza el tallarín siguiendo las instrucciones de la envoltura. *(No cueza de más.)* Enjuague el tallarín muy bien con agua fría para detener la cocción; escúrralo. Ponga el tallarín en un recipiente grande; báñelo con el aceite de ajonjolí.

2. En una sartén chica, coloque las semillas de ajonjolí. Tuéstelas a fuego medio por unos 3 minutos o hasta que comiencen a brincar y se doren, moviendo con frecuencia. Retírelas del fuego.

3. En un recipiente chico, con un batidor de alambre, bata el consomé de pollo y la crema de cacahuate hasta que se incorporen. (La mezcla se verá como cuajada.) Incorpore la salsa de soya, el cebollín, el pimiento, el chile jalapeño, el ajo y la pimienta.

4. Vierta la mezcla sobre el tallarín; revuelva para bañarlo. Tape y deje reposar por 30 minutos a temperatura ambiente o refrigere hasta por 24 horas. antes de servir, espolvoree con las semillas de ajonjolí tostadas. Adorne, si lo desea.

TALLARÍN CON AJONJOLÍ

3 tazas de agua
675 g de papas (patatas) chicas, sin pelar y lavadas
¾ de cucharadita de sal
½ cucharadita de cúrcuma molida
⅛ de cucharadita de pimienta roja molida
3 cucharadas de aceite vegetal

Papas con Cúrcuma

Rinde de 6 a 8 porciones

1. En una cacerola chica, caliente el agua a fuego alto hasta que hierva. Agregue la papa y reduzca el fuego a medio-bajo; cuézalas, tapadas, justo hasta que se sientan suaves pero firmes cuando las pique con un cuchillo, por unos 20 minutos. Escúrralas; enjuáguelas debajo del chorro de agua fría. Déjelas enfriar por completo, durante unas 2 horas, por lo menos.

2. Pele las papas; córtelas en rebanadas de 2.5 cm y póngalas en un recipiente grande. En un recipiente chico, mezcle la sal con la cúrcuma y la pimienta; espolvoree sobre las papas y revuelva.

3. En una sartén grande, caliente el aceite a fuego medio-alto; añada las papas. Cueza de 7 a 10 minutos, moviendo con cuidado y volteando las papas a menudo, hasta que estén doradas y se les forme una corteza.

1 botella (290 ml) de mostaza (más o menos 1 taza)
½ taza de salsa barbecue
¼ de taza de azúcar morena
¼ de taza de salsa hoisin
¼ de taza de salsa de soya
2 cucharadas de aceite de ajonjolí
2 cucharadas de vino chino de arroz
1 cucharada de jengibre fresco picado
1 diente de ajo picado

Salsa Barbecue Oriental con Mostaza

Rinde 2 tazas

Mezcle todos los ingredientes. Utilícela como condimento, o para barnizar pollo, mariscos o carne durante los últimos 15 minutos de cocción.

TIEMPO DE PREPARACIÓN: 5 minutos

½ taza de vino blanco seco
½ taza de miel
½ taza de salsa de soya
2 cebollines picados
2 cucharadas de aceite
    oriental de ajonjolí
1 cucharada de jengibre
    recién rallado
1 diente de ajo picado

MARINADA COREANA DE MIEL

Rinde más o menos 1½ tazas

Mezcle todos los ingredientes en un recipiente chico; revuelva bien. Utilícela para marinar carne o pollo.

---

1 cucharada de salsa de
    soya baja en sodio
1 cucharada de vinagre de
    arroz
1 cucharada de mostaza
    Dijon
1 cucharada de miel
1 cucharada de cilantro
    fresco picado
¼ de cucharadita de sal
¼ de cucharadita de
    pimienta negra molida
1 cucharada de aceite de
    ajonjolí oscuro
2 zanahorias, en tiras
    julianas
1 taza de tirabeques
    (vainas), cortados
    diagonalmente por la
    mitad
4 cebollines rebanados
1 diente de ajo picado
3 tazas de arroz cocido
1 cucharada de semillas
    de ajonjolí, tostadas
    Pollo asado a la parrilla
    (opcional)

ARROZ ASIÁTICO CON AJONJOLÍ

Rinde 6 porciones

En un recipiente chico, mezcle la salsa de soya, el vinagre, la mostaza, la miel, el cilantro, la sal y la pimienta. En una sartén grande, caliente el aceite a fuego medio-alto. Agregue las zanahorias, los tirabeques, el cebollín y el ajo; fríalos de 3 a 5 minutos o hasta que la zanahoria esté suave. Añada el arroz y la mezcla de salsa de soya. Revuelva hasta que se incorporen; caliente bien. Espolvoree con las semillas de ajonjolí. Acompañe con pollo.

COMIDAS MAGRAS

POLLO A LA CIRUELA

Rinde 4 porciones

180 g de tallarín de huevo estilo chino, fresco, sin cocer

¼ de taza de mermelada o jalea de ciruela

3 cucharadas de vinagre de vino de arroz

3 cucharadas de salsa de soya baja en sodio

1 cucharada de fécula de maíz

3 cucharaditas de aceite

1 cebolla morada chica, en rebanadas delgadas

2 tazas de tirabeques (vainas) frescos, rebanados diagonalmente

360 g de pechugas de pollo, deshuesadas y sin piel, en tiras delgadas

4 ciruelas medianas, deshuesadas y rebanadas

1. Cueza los tallarines de acuerdo con las instrucciones del paquete; omita la sal. Escúrralos y manténgalos calientes. Mezcle la mermelada de ciruela, el vinagre, la salsa de soya y la fécula de maíz.

2. Caliente 2 cucharadas de aceite en un wok. Agregue la cebolla; sofríala por 2 minutos o hasta que esté un poco suave. Añada los tirabeques; sofríalos durante 3 minutos. Retire las verduras.

3. Caliente 1 cucharada de aceite restante en el wok. Incorpore el pollo; sofríalo a fuego medio-alto de 2 a 3 minutos o hasta que pierda su color rosado. Mueva el pollo hacia un lado de la sartén.

4. Revuelva la mezcla de mermelada; añádala al wok. Cueza y mueva la mezcla hasta que burbujee. Añada las verduras, las ciruelas, el pollo; revuelva. Cueza hasta que esté caliente. Vierta sobre los tallarines y revuelva.

NUTRIENTES POR PORCIÓN:
Calorías: 415, Grasa Total: 5 g, Colesterol: 43 mg, Sodio: 307 mg

POLLO A LA CIRUELA

⅓ **de taza de salsa de soya baja en sodio**

2 **cucharadas de agua**

2 **cucharadas de jugo fresco de limón**

2 **cucharaditas de aceite con chile***

2 **dientes de ajo picados**

1 **cucharadita de jengibre fresco picado**

360 **g de lomo de cerdo, bien limpio**

1 **pimiento morrón amarillo o rojo, en trozos de 1.5 cm**

1 **cebolla blanca o morada, en trozos de 1.5 cm**

2 **cucharadas de arroz cocido y caliente**

Si no consigue aceite con chile, combine 2 cucharaditas de aceite vegetal y ½ cucharadita de pimienta roja molida en una taza chica para microondas. Hornee en el microondas durante 1 minuto a temperatura ALTA. Deje reposar por 5 minutos para que se mezclen los sabores.

BROCHETAS TAILANDESAS DE CERDO

Rinde 4 porciones

1. Combine la salsa de soya, el agua, el jugo de limón, el aceite con chile, el ajo y el jengibre en un recipiente mediano; reserve ⅓ de taza de la mezcla para usarla como dip.

2. Corte el lomo de cerdo a lo largo; luego, transversalmente en rebanadas de 10 cm. Corte en tiras de 1.5 cm. Añada a la mezcla de salsa de soya; revuelva para cubrir. Tape y refrigere durante 30 minutos por lo menos o hasta por 2 horas; voltéela una vez.

3. Para prevenir que se pegue, rocíe la parrilla con aceite en aerosol. Prepare el carbón para asar.

4. Escurra la carne y deseche la marinada. Ensarte, en forma alternada, las tiras de carne, el pimiento y la cebolla en ocho brochetas de metal, de 20 a 25 cm.

5. Áselas a fuego medio-alto, de 6 a 8 minutos o hasta que la carne pierda su color rosado en el centro; voltéelas a la mitad del tiempo de cocción. Sirva con arroz y el dip que reservó.

NUTRIENTES POR PORCIÓN:
Calorías: 248, Grasa Total: 4 g, Colesterol: 49 mg, Sodio: 271 mg

BROCHETAS TAILANDESAS DE CERDO

- 120 g de carne molida de cerdo
- ½ taza de queso ricotta
- ½ cucharada de cilantro fresco picado
- ½ cucharadita de pimienta negra
- ⅛ de cucharadita de cinco especias chinas en polvo
- 20 hojas de wonton
- 1 cucharadita de aceite vegetal
- ⅓ de taza de pimiento morrón rojo picado
- 1 cucharadita de jengibre fresco rallado
- 2 latas (de 420 g cada una) de consomé de pollo
- 2 cucharaditas de salsa de soya baja en sodio
- 120 g de tirabeques (vainas) frescos
- 1 lata (245 g) de elotes baby, enjuagados y escurridos
- 2 cebollines, en rebanadas delgadas

SOPA DE WONTON Y JENGIBRE

Rinde 4 porciones (de 1½ tazas)

1. Cueza la carne en una sartén antiadherente chica a fuego medio-alto, durante 4 minutos o hasta que pierda su color rosado. Enfríe ligeramente; mezcle con el queso ricotta, el cilantro, la pimienta y las cinco especias chinas.

2. Coloque 1 cucharadita del relleno en el centro de cada hoja de wonton. Doble la esquina superior sobre el relleno. Barnice un poco las esquinas restantes con agua. Doble las esquinas laterales sobre el relleno. Ruede firmemente la parte rellena hacia la esquina restante. Humedezca las orillas con agua para sellarlas. Cubra los wontons rellenos.

3. Caliente el aceite en una cacerola. Añada el pimiento y el jengibre; cueza por 1 minuto. Vierta el consomé de pollo y la salsa de soya; ponga a hervir. Adicione los tirabeques, los elotes baby y los wontons. Reduzca el fuego a medio-bajo y cueza, a fuego bajo, de 4 a 5 minutos o hasta que los wontons estén suaves. Ponga encima los cebollines.

NUTRIENTES POR PORCIÓN:
Calorías: 259, Grasa Total: 5 g, Colesterol: 53 mg, Sodio: 261 mg

SOPA DE WONTON Y JENGIBRE

1 cucharada de aceite oscuro de ajonjolí

450 g de filetes de pollo, en trozos de 2.5 cm

2 tazas de floretes de brócoli

1 pimiento morrón rojo chico, rebanado

½ taza de cebolla rebanada

½ taza de tirabeques (vainas)

1 lata (240 g) de castañas de agua, rebanadas y escurridas

2 dientes de ajo picados

1 cucharadita de cinco especias chinas en polvo

1 taza de consomé de pollo

2 cucharaditas de fécula de maíz

2 cucharadas de agua fría

SOFRITO DE POLLO Y VERDURAS CON AJONJOLÍ

Rinde 4 porciones

1. En un wok, caliente el aceite a fuego medio. Añada el pollo; sofríalo por unos 8 minutos o hasta que pierda su color rosado en el centro. Retire del wok.

2. Agregue el brócoli, el pimiento, la cebolla, los tirabeques, las castañas de agua y el ajo; sofría de 5 a 8 minutos o hasta que las verduras estén suaves. Sazone con las cinco especias chinas; cueza y revuelva por 1 minuto.

3. Regrese el pollo al wok. Añada el consomé de pollo; ponga a hervir. En un recipiente pequeño, disuelva la fécula de maíz en el agua; vierta al consomé y revuelva. Hierva de 1 a 2 minutos, moviendo constantemente. Sirva sobre arroz.

NUTRIENTES POR PORCIÓN:
Calorías: 354, Grasa Total: 7 g, Colesterol: 59 mg, Sodio: 83 mg

---

450 g de lomo de cerdo

1 cucharada de vinagre

1 cucharada de salsa de soya

1 cucharadita de aceite de ajonjolí

1 diente de ajo picado

½ cucharadita de jengibre molido

1 cucharadita de aceite

1 paquete (285 g) de verduras descongeladas

1 cucharada de consomé de pollo o agua

CERDO FRITO

Rinde 4 porciones

Rebane la carne transversalmente en tiras de 0.5 cm. Mezcle el vinagre, la salsa de soya, el aceite de ajonjolí, el ajo y el jengibre, y marine la carne por 10 minutos. Caliente el aceite. Añada la carne y sofría hasta que pierda su color rosado. Agregue las verduras y el consomé de pollo. Revuelva; tape y cueza al vapor hasta que las verduras estén suaves y crujientes.

NUTRIENTES POR PORCIÓN:
Calorías: 233, Grasa Total: 8 g, Colesterol: 66 mg, Sodio: 713 mg

SOFRITO DE POLLO Y VERDURAS CON AJONJOLÍ

Garam Masala (receta
más adelante)
675 g de muslos de pollo, sin
piel
1 cebolla chica poco
picada
⅓ de taza de yogur natural
sin grasa
1 cucharada de pasta de
tomate
2 dientes grandes de ajo
poco picados
2 cucharaditas de jengibre
fresco picado
½ chile jalapeño,* sin
semillas
1 cucharadita de pimentón
Cáscara de ½ limón
poco picada
Raita de Pepino (receta
más adelante)
6 pitas (pan árabe)
integrales

*Los chiles jalapeños pueden irritar
la piel; use guantes de plástico
cuando los maneje y no se toque los
ojos. Lávese las manos después de
trabajar con ellos.*

POLLO TANDOORI CON RAITA DE PEPINO

Rinde 6 porciones

1. Prepare el Garam Masala.

2. Con un cuchillo afilado, haga dos pequeñas incisiones en cada muslo; colóquelos en una bolsa de plástico.

3. Coloque la cebolla, el yogur, la pasta de tomate, el ajo, el jengibre, el chile jalapeño, 1 cucharada de Garam Masala, el pimentón y la cáscara de limón en el procesador de alimentos o en la licuadora; procese hasta que suavice. Añada la mezcla a la bolsa de plástico con el pollo; cierre firmemente. Voltee la bolsa para bañar el pollo. Refrigere durante 4 horas o por toda la noche.

4. Prepare la Raita de Pepino; refrigérela.

5. Saque el pollo de la bolsa y deseche la marinada. Ase el pollo, tapado, en una parrilla a fuego medio, de 20 a 25 minutos o hasta que pierda su color rosado en el centro y los jugos salgan claros; voltéelo una vez. Sirva con la Raita de Pepino y las pitas. Adorne al gusto.

GARAM MASALA*

2 cucharaditas de semillas de comino
**2 cucharaditas de granos enteros de pimienta
negra**
1 ½ cucharaditas de semillas de cilantro
1 cucharadita de semillas de hinojo
¾ de cucharadita de clavos enteros
**½ cucharadita de semillas de cardamomo
enteras, sin vainas**
1 raja de canela, partida en varios trozos

El Garam Masala también puede adquirirse ya preparado en supermercados grandes, en el pasillo de especialidades culinarias, o en mercados hindúes.

Caliente el horno a 120 °C. Mezcle todos los ingredientes y distribúyalos en una charola para hornear; hornee por 30 minutos, moviendo de vez en cuando. Muela las especias calientes en un molino de especias o de café, limpio. Almacene en el refrigerador en un recipiente hermético de vidrio. *Rinde unas 3 cucharadas.*

RAITA DE PEPINO

1 taza de yogur natural sin grasa
½ taza de pepino finamente picado
1 cucharada de menta fresca picada
1 diente de ajo picado
¼ de cucharadita de sal

Mezcle todos los ingredientes en un tazón chico. Tape y refrigere hasta el momento de usar. *Rinde 6 porciones.*

NUTRIENTES POR PORCIÓN:
Calorías: 218, Grasa Total: 6 g, Colesterol: 47 mg, Sodio: 344 mg

225 g de tallarines de arroz, de 0.3 cm de ancho, sin cocer

2 cucharadas de vinagre de vino de arroz

1½ cucharadas de salsa de pescado

1 a 2 cucharadas de jugo fresco de limón

1 cucharada de salsa catsup

2 cucharaditas de azúcar

¼ de cucharadita de pimienta roja machacada

1 cucharada de aceite vegetal

120 g de pechugas de pollo, deshuesadas y sin piel, finamente picadas

2 cebollines, en rebanadas delgadas

2 dientes de ajo picados

90 g de camarones chicos, pelados

2 tazas de germen de soya fresco, enjuagado y escurrido

1 zanahoria mediana rallada

3 cucharadas de cilantro fresco picado

2 cucharadas de cacahuates (maníes) tostados, sin sal y picados

PAD THAI

Rinde 5 porciones (de 1 taza)

1. Coloque los tallarines en un recipiente mediano. Cúbralos con agua tibia y déjelos remojar por 30 minutos o hasta que se suavicen. Escúrralos. Mezcle el vinagre, la salsa de pescado, el jugo de limón, la salsa catsup, el azúcar y la pimienta en un recipiente chico.

2. En un wok o en una sartén antiadherente grande, caliente el aceite a fuego medio-alto. Añada el pollo, los cebollines y el ajo. Cueza hasta que el pollo pierda su color rosado. Ponga los tallarines; cueza por 1 minuto. Incorpore los camarones y el germen de soya; cueza hasta que los camarones se tornen opacos, durante unos 3 minutos. Revuelva la mezcla con la salsa de pescado; mezcle bien. Cueza hasta que esté caliente, por unos 2 minutos.

3. Acomode la mezcla de tallarines en un platón; añada la zanahoria, el cilantro y los cacahuates. Adorne con rebanadas de limón, tomate y cilantro fresco, si lo desea.

NUTRIENTES POR PORCIÓN:
Calorías: 265, Grasa Total: 6 g, Colesterol: 38 mg, Sodio: 798 mg

PAD THAI

450 g de mitades de pechuga de pollo, deshuesadas y sin piel, en tiras de 2 cm
2 cucharadas de jerez o de jugo de piña enlatado
2 cucharadas de salsa de soya baja en sodio
1 cucharada de azúcar
1 cucharada de aceite de cacahuate (maní)
½ cucharadita de ajo picado
½ cucharadita de jengibre picado
150 g de cebollas de cambray moradas
½ piña fresca, en rebanadas de 2.5 cm

YAKITORI JAPONÉS

Rinde 6 porciones

1. Coloque el pollo en una bolsa de plástico. Mezcle el jerez, la salsa de soya, el azúcar, el aceite, el ajo y el jengibre en un tazón chico; revuelva hasta disolver el azúcar. Vierta la mezcla en la bolsa; cierre la bolsa y voltéela para bañar el pollo. Refrigere durante 30 minutos o hasta por 2 horas, volteándola de vez en cuando. (Si va a usar brochetas de madera o de bambú, remójelas en agua de 20 a 30 minutos para prevenir que se quemen.)

2. Mientras tanto, coloque las cebollas en agua hirviente por 4 minutos; escúrralas y enfríelas en agua helada para detener la cocción. Corte los extremos de las raíces y deseche la capa exterior.

3. Escurra el pollo y guarde la marinada. Ensarte el pollo en forma de acordeón en las brochetas; alterne con las cebollas y la piña. Barnice con la marinada; deseche la marinada sobrante.

4. Áselas en la parrilla, sin tapar, a fuego medio, de 6 a 8 minutos o hasta que el pollo pierda su color rosado en el centro; voltéelas una vez.

NUTRIENTES POR PORCIÓN:
Calorías: 124, Grasa Total: 3 g, Colesterol: 46 mg, Sodio: 99 mg

YAKITORI JAPONÉS

450 g de lomo de cerdo en
  tiras delgadas
2 cucharaditas de aceite
1 cucharada de jengibre
  fresco rallado
½ pimiento morrón rojo,
  en cubos de 2.5 cm
½ pimiento morrón verde,
  en cubos de 2.5 cm
1 taza de champiñones
  frescos rebanados
6 ciruelas deshuesadas y
  en mitades
1 taza de néctar de
  durazno (melocotón)
⅓ de taza de jugo de limón
2 cucharadas de salsa de
  soya
1 cucharada de fécula de
  maíz
1 cucharadita de ralladura
  de cáscara de naranja
½ cucharadita de mostaza
¼ de cucharadita de canela

CERDO CON CIRUELAS

Rinde 4 porciones

En una sartén antiadherente, a fuego alto, caliente una cucharadita de aceite; fría las tiras de cerdo y el jengibre por unos 3 minutos. Retire de la sartén. Caliente el aceite restante en la sartén; sofría los pimientos y los champiñones durante 3 minutos. Añada las ciruelas y sofría por 2 minutos. Combine los ingredientes restantes; añádalos a la sartén junto con la carne. Cueza y revuelva hasta que la salsa burbujee y se espese.

TIEMPO DE PREPARACIÓN: 15 minutos

NUTRIENTES POR PORCIÓN:
Calorías: 300, Grasa Total: 9 g, Colesterol: 66 mg, Sodio: 579 mg

450 g de solomillo de cerdo
1 cucharada de aceite
½ cucharadita de sal
1 cebolla chica, rebanada
  y en aros
3 calabacitas chicas, en
  rebanadas delgadas
1 pimiento morrón verde,
  en tiras delgadas
3 zanahorias medianas, en
  rebanadas delgadas
1 cucharada de salsa de
  soya
1 diente de ajo picado

SOFRITO DE SOLOMILLO DE CERDO

Rinde 4 porciones

Corte la carne en rebanadas de 0.5 cm de grosor. En un wok, dórelas, en aceite caliente; mueva a menudo. Retire del wok. Sazone la carne con la sal; reduzca el fuego; agregue la cebolla, las calabacitas, el pimiento, las zanahorias, la salsa de soya y el ajo. Cueza de 5 a 6 minutos; mueva de vez en cuando. Regrese la carne al wok y caliente.

NUTRIENTES POR PORCIÓN:
Calorías: 217, Grasa Total: 7 g, Colesterol: 67 mg, Sodio: 603 mg

2 tazas de arroz
1 lata (420 g) de caldo de verduras
3 cucharadas de fécula de maíz
1 cucharada de salsa de soya baja en sodio
½ cucharadita de azúcar
¼ de cucharadita de aceite oscuro de ajonjolí
1 paquete (450 g) de tofu extra firme
1 cucharadita de aceite de cacahuate (maní)
1 cucharada de jengibre fresco picado
3 dientes de ajo picados
3 tazas de floretes de brócoli
2 tazas de champiñones rebanados
½ taza de cebollines picados
1 pimiento morrón rojo grande, en tiras
  Salsa Szechwan preparada (opcional)

Sofrito de Tofu y Brócoli

Rinde 6 porciones

1. Cueza el arroz de acuerdo con las instrucciones del paquete. En un recipiente chico, mezcle bien ¼ de taza de caldo de verduras, la fécula de maíz, la salsa de soya, el azúcar y el aceite de ajonjolí. Escurra el tofu; córtelo en cubos de 2.5 cm.

2. En un wok o en una sartén antiadherente grande, caliente el aceite de cacahuate a fuego medio. Añada el jengibre y el ajo. Cueza por 5 minutos. Agregue el caldo de verduras restante, el brócoli, los champiñones, los cebollines y el pimiento. Cueza, a fuego medio-alto, durante 5 minutos o hasta que las verduras estén suaves y crujientes. Incorpore el tofu; cueza por 2 minutos, moviendo de vez en cuando. Revuelva la mezcla de fécula de maíz; agregue a la mezcla de verduras. Cueza hasta que la salsa se espese. Sirva sobre arroz con la salsa Szechwan, si lo desea. Adorne al gusto.

Nutrientes por Porción:
Calorías: 410, Grasa Total: 8 g, Colesterol: 0 mg, Sodio: 316 mg

1 paquete (150 g) de
   tallarines de arroz
   estilo chino
450 g de pechugas de pollo,
   deshuesadas y sin piel,
   en trozos de 5×1.5 cm
3 tazas de tirabeques
   (vainas)
2 tazas de floretes chicos
   de brócoli
2 tazas de zanahorias, en
   tiras pequeñas
2 tazas de champiñones
   rebanados
¼ de taza más
   2 cucharadas de agua
1 cucharadita de fécula de
   maíz
3 cucharadas de salsa de
   soya baja en sodio
3 a 4 cucharaditas de
   vinagre de vino de
   arroz
1 cucharada de aceite de
   ajonjolí
1 cucharada de salsa
   Szechwan
½ cucharadita de cinco
   especias chinas en
   polvo
3 tazas de col napa poco
   picada

ENSALADA DE POLLO SZECHWAN

Rinde 6 porciones

1. Cueza los tallarines de acuerdo con las instrucciones del paquete; enfríe a temperatura ambiente.

2. Rocíe un wok o una sartén antiadherente grande con aceite en aerosol; caliente a fuego medio-alto. Añada el pollo; sofría de 5 a 7 minutos o hasta que esté dorado y pierda su color rosado en el centro. Retírelo del wok.

3. Añada al wok los tirabeques, el brócoli, las zanahorias, los champiñones y 2 cucharadas de agua; cueza, tapado, por 2 minutos. Destape; sofría durante unos 5 minutos o hasta que las verduras estén suaves y crujientes. Retírelas del wok.

4. Ponga el agua restante y la fécula de maíz en un recipiente pequeño; mezcle con la salsa de soya, el vinagre, el aceite, la salsa Szechwan y las cinco especias chinas. Incorpore al wok; caliente hasta que hierva. Cueza por 1 minuto moviendo constantemente. Regrese el pollo y las verduras al wok; revuelva con la mezcla de fécula de maíz.

5. Divida la col en seis platos individuales; acomode los tallarines sobre la col. Corone con la mezcla de pollo caliente. Sirva de inmediato.

NUTRIENTES POR PORCIÓN:
Calorías: 261, Grasa Total: 4 g, Colesterol: 37 mg, Sodio: 377 mg

ENSALADA DE POLLO SZECHWAN

340 g de filete de carne de res, magro
2 cucharadas de salsa de soya baja en sodio
1 cucharada de vino de arroz
2 cucharaditas de azúcar
Aderezo Estilo Coreano (receta más adelante)
2 tazas de col napa, en rebanadas delgadas
1¾ tazas de pimiento morrón amarillo, en rebanadas delgadas
½ taza de rábanos, en rebanadas delgadas
1 zanahoria mediana rallada
1 cebollín, en rebanadas delgadas
1 paquete (210 g) de fideos de arroz

PASTA Y CARNE ESTILO COREANO

Rinde 8 porciones (de 1 taza)

1. Congele la carne hasta que esté parcialmente firme; córtela en rebanadas muy delgadas. Mezcle la salsa de soya, el vino de arroz y el azúcar en un recipiente chico no metálico. Añada las rebanadas de carne; cúbralas bien con la mezcla. Tape y refrigere durante 8 horas o por toda la noche.

2. Escurra y deseche la marinada. Ase la carne, a fuego medio, de 2 a 3 minutos o hasta el término deseado.

3. Mientras tanto, prepare el Aderezo Estilo Coreano.

4. En un recipiente mediano, combine la col, el pimiento, los rábanos, la zanahoria, los cebollines y la carne. Incorpore el Aderezo Estilo Coreano; revuelva bien. Sirva sobre los fideos. Adorne, si lo desea.

ADEREZO ESTILO COREANO

2 cucharaditas de semillas de ajonjolí
⅓ de taza de jugo de naranja
2 cucharadas de vino de arroz
2 cucharaditas de salsa de soya baja en sodio
1 cucharadita de azúcar
1 cucharadita de jengibre fresco rallado
1 cucharadita de aceite oscuro de ajonjolí
1 diente de ajo picado
⅛ de cucharadita de pimienta roja machacada

1. Coloque las semillas de ajonjolí en una sartén. Cueza y mueva a fuego medio, hasta que se doren ligeramente. Enfríe por completo.

2. Machaque las semillas con un mortero o con una cuchara de madera; transfiera al recipiente. Añada los ingredientes restantes; mezcle bien.

NUTRIENTES POR PORCIÓN:
Calorías: 194, Grasa Total: 4 g, Colesterol: 29 mg, Sodio: 668 mg

PASTA Y CARNE ESTILO COREANO

½ taza de salsa para carne
¼ de taza de salsa de soya
2 dientes de ajo
    machacados
450 g de filete de res, en
    rebanadas delgadas
1 bolsa (450 g) de brócoli,
    pimiento rojo, retoños
    de bambú y
    champiñones,
    descongelados*
Arroz cocido y caliente
    (opcional)

*Puede sustituirla con una bolsa
(450 g) de floretes de brócoli
descongelados.*

CARNE CON BRÓCOLI

Rinde 4 porciones

En un recipiente chico, mezcle la salsa para carne, la salsa de soya y el ajo. Vierta la marinada sobre la carne en un plato no metálico. Cubra; refrigere por 1 hora; mueva de vez en cuando.

Escurra la carne y guarde la marinada. Caliente una sartén grande engrasada ligeramente a fuego medio-alto; sofría la carne de 3 a 4 minutos o hasta que pierda su color rosado. Con una espumadera, retire la carne; manténgala caliente.

En la misma sartén, caliente las verduras y la marinada hasta que hiervan; reduzca el fuego a bajo. Tape y cueza de 2 a 3 minutos. Agregue la carne. Sirva sobre arroz, si lo desea.

NUTRIENTES POR PORCIÓN:
Calorías: 209, Grasa Total: 4 g, Colesterol: 65 mg, Sodio: 1669 mg

---

225 g de filete de res
¼ de taza de salsa de soya
2 chiles jalapeños
    finamente picados
2 cucharadas de azúcar
    morena
1 diente de ajo picado
½ taza de jugo de limón
6 cebollines, en rebanadas
    delgadas
4 zanahorias, en
    rebanadas diagonales
    delgadas
½ taza de cilantro fresco
    finamente picado
6 hojas de lechuga romana

ENSALADA TAILANDESA DE RES

Rinde 4 porciones

Coloque la carne en una bolsa de plástico. En un recipiente, ponga la salsa de soya, los chiles jalapeños, el azúcar morena y el ajo; mezcle bien. Vierta la mezcla en la bolsa. Ciérrela; voltéela para bañar la carne. Marine en el refrigerador por 2 horas. Caliente la parrilla. Escurra la carne; colóquela en la charola para asar. Ase a 10 cm de la fuente de calor hasta el término deseado. Rebane la carne a través de la fibra. En un recipiente, revuélvala con el jugo de limón, los cebollines, las zanahorias y el cilantro. De inmediato, sirva la ensalada sobre las hojas de lechuga.

NUTRIENTES POR PORCIÓN:
Calorías: 141, Grasa Total: 4 g, Colesterol: 27 mg, Sodio: 238 mg

340 g de carne de res, magra y sin hueso, como sirloin o filete de bola

3 tazas de agua

400 ml de caldo de res

290 ml de consomé de res condensado

2 cucharadas de jengibre fresco picado

2 cucharadas de salsa de soya baja en sodio

1 raja de canela (de 7.5 cm de largo)

120 g de fideos de arroz de 0.3 cm de ancho

½ taza de zanahoria, en rebanadas delgadas, o tiras de zanahoria pequeñas

2 tazas de germen de soya mung fresco, enjuagado y escurrido

1 cebolla morada chica, a la mitad y en rebanadas delgadas

½ taza de cilantro fresco picado

½ taza de albahaca fresca picada

2 chiles jalapeños* sin tallo, sin semillas y picados o de 1 a 3 cucharaditas de pasta o salsa china picante

Los chiles jalapeños pueden irritar la piel; use guantes de plástico cuando los maneje y no se toque los ojos. Lávese las manos después de trabajar con ellos.

Sopa Vietnamita de Res

Rinde 6 porciones

1. Congele la carne por 45 minutos o hasta que tenga una consistencia firme. Mientras tanto, mezcle el agua, el caldo de res, el consomé, el jengibre, la salsa de soya y la canela en una cacerola grande; hierva a fuego alto. Reduzca el fuego a bajo; cueza, tapado, a fuego bajo, de 20 a 30 minutos. Retire la canela y deséchela. Mientras tanto, coloque los fideos de arroz en un recipiente grande y cúbralos con agua caliente; déjelos reposar hasta que estén flexibles, por unos 20 minutos.

2. Rebane la carne, a través de la fibra, en tiras muy delgadas. Escurra los tallarines. Colóquelos junto con las zanahorias en el caldo; cueza de 2 a 3 minutos o hasta que los tallarines estén suaves. Añada la carne y el germen de soya; cueza por 1 minuto o hasta que la carne pierda su color rosado.

3. Retire del fuego; incorpore la cebolla, el cilantro, la albahaca y el chile jalapeño. Para servir, con un tenedor, pase los tallarines a tazones. Vierta el caldo y el resto de los ingredientes sobre los tallarines.

NUTRIENTES POR PORCIÓN:
Calorías: 180, Grasa Total: 3 g, Colesterol: 32 mg, Sodio: 800 mg

4 mitades de pechugas de
  pollo, deshuesadas y
  sin piel (450 g)
⅛ de cucharadita de sal
⅛ de cucharadita de
  pimienta negra
½ taza de cebolla
  finamente picada
½ taza de jugo de naranja
2 cucharaditas de jengibre
  fresco picado
1 cucharadita de azúcar
2 cucharaditas de fécula
  de maíz
¼ de taza de agua fría
1 lata (315 g) de gajos de
  tangerina, escurridos
2 a 3 cucharadas de
  cilantro finamente
  picado
2 tazas de arroz cocido y
  caliente, sin sal

POLLO A LA TANGERINA

Rinde 4 porciones

1. Con un mazo para carne, aplane el pollo entre dos trozos de plástico, hasta que tenga un grosor de 0.5 cm. Ase el pollo en la parrilla, a 15 cm de la fuente de calor, de 7 a 8 minutos de cada lado hasta que pierda su color rosado en el centro. O áselo en una parrilla, tapada, a fuego medio, durante 10 minutos de cada lado o hasta que pierda su color rosado en el centro. Sazone con sal y pimienta.

2. Rocíe una cacerola antiadherente mediana con aceite en aerosol; caliente a fuego medio. Añada la cebolla; cueza por 5 minutos o hasta que esté suave. Agregue el jugo de naranja, el jengibre y el azúcar. Deje hervir.

3. Mezcle la fécula de maíz y el agua en un recipiente chico; incorpore la mezcla de jugo y revuelva hasta que esté espesa. Hierva por 1 minuto, moviendo constantemente. Incorpore la tangerina y el cilantro. Sirva el pollo sobre el arroz; corone con la salsa. Adorne al gusto.

NUTRIENTES POR PORCIÓN:
Calorías: 310, Grasa Total: 3 g, Colesterol: 58 mg, Sodio: 122 mg

POLLO A LA TANGERINA

1 taza de tallarines de
harina de arroz
1 lata (180 g) de gajos de
tangerina, fríos
⅓ de taza de miel
2 cucharadas de vinagre
de arroz
2 cucharadas de salsa de
soya baja en sodio
1 lata (240 g) de castañas
de agua, rebanadas y
escurridas
4 tazas de col napa rallada
1 taza de col morada
rallada
½ taza de rábanos
rebanados
4 cebollas moradas, en
rebanadas delgadas,
por la mitad y
separadas
3 mitades de pechugas de
pollo, deshuesadas,
cocidas y en tiras

ENSALADA DE POLLO A LA TANGERINA

Rinde 4 porciones

1. Coloque los tallarines en un recipiente mediano; cubra con agua. Deje reposar por 10 minutos; escúrralos. Escurra los gajos de tangerina; reserve ⅓ de taza del líquido. En un recipiente chico, revuelva el líquido con la miel, el vinagre y la salsa de soya. Añada las castañas de agua.

2. Divida las coles, los rábanos y la cebolla entre cuatro platos. Ponga encima el pollo y los gajos de tangerina. Retire las castañas del aderezo y distribúyalas sobre las ensaladas. Sirva con los tallarines; bañe con el aderezo restante.

TIEMPO DE PREPARACIÓN Y COCCIÓN: 20 minutos

NUTRIENTES POR PORCIÓN:
Calorías: 258, Grasa Total: 2 g, Colesterol: 34 mg, Sodio: 318 mg

---

4 ciruelas frescas
rebanadas
2 cucharadas de azúcar
1½ cucharaditas de jengibre
fresco picado *o*
½ cucharadita de
jengibre molido
2 mitades de pechugas de
pollo, deshuesadas y
sin piel
½ cucharadita de pimentón
½ cucharadita de pimienta
negra

POLLO GLASEADO CON CIRUELAS

Rinde 2 porciones

Para Microondas: Mezcle las ciruelas, el azúcar y el jengibre. Sazone el pollo con el pimentón y la pimienta; ponga encima de las ciruelas. Cubra con plástico, pero deje una abertura de 1.5 cm en una orilla para que ventile. Hornee a temperatura MEDIA por 5 minutos. Bañe el pollo con los jugos. Hornee a temperatura MEDIA de 5 a 7 minutos más. Sirva con la salsa de ciruela.

NUTRIENTES POR PORCIÓN:
Calorías: 261, Grasa Total: 4 g, Colesterol: 71 mg, Sodio: 65 mg

ENSALADA DE POLLO A LA TANGERINA

1 paquete (240 g) de
    fideos udon japoneses
1 cucharadita de aceite
    vegetal
1 pimiento morrón rojo
    mediano, en tiras
    delgadas
1 zanahoria mediana,
    rebanada
    diagonalmente
2 cebollines finamente
    rebanados
840 ml de caldo de res, sin
    grasa
1 taza de agua
1 cucharadita de salsa de
    soya baja en sodio
½ cucharadita de jengibre
    fresco rallado
½ cucharadita de pimienta
    negra
2 tazas de champiñones
    shiitake frescos,
    finamente rebanados,
    sin tallos
120 g de daikon (rábano
    japonés), pelado y en
    tiras delgadas
120 g de tofu firme,
    escurrido y en cubos de
    1.5 cm

SOPA DE TALLARINES JAPONESES

Rinde 6 porciones (de 1½ tazas)

1. Cueza los fideos de acuerdo con las instrucciones del paquete; omita la sal. Escúrralos y enjuáguelos.

2. Caliente el aceite en una cacerola antiadherente grande. Añada el pimiento, la zanahoria y los cebollines; cueza hasta que estén un poco suaves, por unos 3 minutos. Agregue el caldo de res, el agua, la salsa de soya, el jengibre y la pimienta. Caliente hasta que hierva. Añada los champiñones, el daikon y el tofu. Reduzca el fuego y cueza, a fuego bajo, por 5 minutos o hasta que todo esté caliente.

3. Coloque los fideos en un plato sopero o en tazones individuales. Sirva la sopa sobre los fideos. Sirva inmediatamente.

NUTRIENTES POR PORCIÓN:
Calorías: 144, Grasa Total: 3 g, Colesterol: 0 mg, Sodio: 107 mg

SOPA DE TALLARINES JAPONESES

¼ de taza de aceite vegetal
1 naranja exprimida (más o menos ⅓ de taza)
1 cucharada de mermelada de naranja
1 cucharadita de jengibre fresco picado *o*
½ cucharadita de jengibre molido
1 cucharadita de ralladura de cáscara de naranja
1 cucharadita de salsa de soya
Pizca de sal y pimienta
6 mitades de pechugas de pollo, deshuesadas y sin piel (unos 675 g)

PECHUGA DE POLLO ORIENTAL CON NARANJA

Rinde 6 porciones

1. Mezcle el aceite vegetal, el jugo de naranja, la mermelada, el jengibre, la cáscara de naranja, la salsa de soya, la sal y la pimienta en un molde para hornear hondo. Revuelva bien. Añada el pollo; báñelo bien. Refrigere de 30 a 45 minutos; voltéelo una vez.

2. Prepare la parrilla o el asador.

3. Escurra el pollo y deseche la marinada. Ase de 3 a 5 minutos de cada lado o hasta que el pollo pierda su color rosado en el centro.

NUTRIENTES POR PORCIÓN:
Calorías: 165, Grasa Total: 4 g, Colesterol: 65 mg, Sodio: 95 mg

---

1 cebolla mediana, en gajos
2 dientes de ajo picados
2 cucharaditas de curry en polvo
1 cucharadita de aceite de oliva
2 mitades de pechugas de pollo, deshuesadas y sin piel, en rebanadas de 0.5 cm de grosor
1 lata (420 g) de tomates rojos estofados
⅓ de taza de uvas pasa sin semillas
420 g de papas cocidas, escurridas y en trozos
420 g de ejotes cocidos, cortados y escurridos

POLLO BOMBAY AL CURRY

Rinde 4 porciones

En una sartén grande, cueza la cebolla, el ajo y el curry en el aceite, a fuego medio-alto, hasta que la cebolla esté suave; mueva de vez en cuando. Agregue el pollo, los tomates con su jugo y las uvas pasa; hierva. Reduzca el fuego a bajo. Tape y cueza a fuego medio por 8 minutos. Añada las papas y los ejotes. Cueza, sin tapar, durante 5 minutos; revuelva ocasionalmente. Sazone al gusto con sal y pimienta, si lo desea.

TIEMPO DE PREPARACIÓN: 10 minutos
TIEMPO DE COCCIÓN: 18 minutos

NUTRIENTES POR PORCIÓN:
Calorías: 233, Grasa Total: 5 g, Colesterol: 34 mg, Sodio: 643 mg

180 g de tallarines chinos de
huevo, frescos y sin
cocer
Aceite en aerosol
½ taza de consomé de
pollo sin grasa
2 cucharadas de salsa de
soya baja en sodio
1 ½ cucharaditas de fécula
de maíz
½ cucharadita de aceite
oscuro de ajonjolí
½ cucharadita de pimienta
negra
⅛ de cucharadita de cinco
especias chinas en
polvo
180 g de pechugas de pollo,
deshuesadas y sin piel,
en trozos
2 cebollines rebanados
2 tazas de cardo chino, en
rebanadas delgadas
1 ½ tazas de verduras
surtidas, descongeladas
y escurridas
1 lata (240 g) de castañas
de agua rebanadas,
enjuagadas y
escurridas
1 taza de germen de soya
fresco, enjuagado y
escurrido

Pollo Chow Mein

Rinde 4 porciones

1. Caliente el horno a 200 °C. Cueza los tallarines de acuerdo con las instrucciones del paquete; omita la sal. Escúrralos y enjuáguelos en agua fría hasta que la pasta esté fría; escúrralos bien. Con aceite en aerosol, rocíe ligeramente un molde para hornear de 23 cm. Esparza los tallarines en el molde presionándolos con firmeza. Rocíe con aceite en aerosol la parte superior de los tallarines. Hornee por 10 minutos.

2. Voltee los tallarines en una charola o en un plato grande. Con cuidado, ponga la torta de tallarines en el molde para hornear. Hornee de 10 a 15 minutos o hasta que la parte superior esté crujiente y ligeramente dorada. Transfiera a un plato. Revuelva el consomé de pollo, la salsa de soya, la fécula de maíz, el aceite de ajonjolí, la pimienta y las cinco especias chinas en un tazón pequeño, hasta que la fécula de maíz se disuelva.

3. Rocíe una sartén antiadherente grande con aceite en aerosol. Añada el pollo y los cebollines. Sofría a fuego medio-alto hasta que el pollo pierda su color rosado, por unos 5 minutos. Agregue el cardo chino, la mezcla de verduras, las castañas de agua. Cueza durante 3 minutos o hasta que las verduras estén suaves y crujientes. Mueva las verduras hacia un lado de la sartén; incorpore la mezcla de consomé. Cueza hasta que espese, por unos 2 minutos. Añada el germen de soya. Vierta sobre la torta de tallarines.

Nutrientes por Porción:
Calorías: 284, Grasa Total: 2 g, Colesterol: 22 mg, Sodio: 322 mg

400 ml de consomé de pollo
2 cucharadas de fécula de maíz
2 cucharadas de salsa de soya baja en sodio
1 cucharada de ralladura de cáscara de naranja
1 solomillo de cerdo
2 cucharadas de aceite de cacahuate (maní)
1 cucharada de semillas de ajonjolí
2 dientes de ajo picados
2 tazas de floretes de brócoli
2 tazas de zanahorias rebanadas
1 cucharadita de sazonador Szechwan

SOFRITO CONDIMENTADO DE CERDO

Rinde 6 porciones

1. En un tazón mediano, mezcle 1½ tazas de consomé de pollo, la fécula de maíz, la salsa de soya y la cáscara de naranja. Corte la carne a lo largo, y luego transversalmente en rebanadas de 0.5 cm.

2. En un wok, caliente a fuego alto 1 cucharada de aceite. Añada la carne, las semillas de ajonjolí y el ajo. Sofría por 3 minutos o hasta que la carne esté poco rosada en el centro. Retire del wok.

3. Caliente el aceite restante en el wok. Incorpore el brócoli, las zanahorias, el sazonador Szechwan y el consomé de pollo restante. Cueza por 5 minutos o hasta que las verduras estén suaves. Agregue la carne. Revuelva la mezcla con el consomé de pollo y viértala en el wok. Cueza a fuego medio hasta que la salsa se espese. Sirva sobre arroz.

NUTRIENTES POR PORCIÓN:
Calorías: 415, Grasa Total: 8 g, Colesterol: 34 mg, Sodio: 266 mg

---

450 g de lomo de cerdo
1 cucharadita de aceite
2 dientes de ajo picados
1 paquete (285 g) de ejotes (judías verdes) en trozos
2 cucharaditas de azúcar
2 cucharaditas de salsa de soya
½ cucharadita de pimienta roja machacada
½ cucharadita de jengibre molido
1 cucharadita de aceite de ajonjolí
1 cucharadita de vinagre

SOFRITO DE CERDO Y EJOTES

Rinde 4 porciones

Caliente el aceite; añada las tiras de lomo y el ajo, y sofría hasta que se doren un poco. Agregue los ejotes; sofría hasta que los ejotes y la carne estén suaves, por unos 5 minutos. Mueva la carne y los ejotes hacia un lado de la sartén. Añada el azúcar, la salsa de soya, la pimienta y el jengibre; revuelva para disolver el azúcar. Vierta el aceite de ajonjolí y el vinagre. Revuelva para bañar.

NUTRIENTES POR PORCIÓN:
Calorías: 212, Grasa Total: 9 g, Colesterol: 66 mg, Sodio: 241 mg

SOFRITO CONDIMENTADO DE CERDO

120 g de linguine sin cocer

225 g de pechugas de pollo, deshuesadas y sin piel, en trozos de 5×1.5 cm

2 tazas de floretes de brócoli

⅔ de taza de pimiento morrón rojo picado

6 cebollines, en rebanadas diagonales de 2.5 cm

¼ de taza de mantequilla de cacahuate (maní) baja en grasa

2 cucharadas de salsa de soya baja en sodio

2 cucharaditas de aceite oscuro de ajonjolí

½ cucharadita de pimienta roja machacada

⅛ de cucharadita de ajo en polvo

¼ de taza de cacahuates (maníes), sin sal y picados

ENSALADA DE POLLO CON BRÓCOLI

Rinde 4 porciones

1. Cueza la pasta de acuerdo con las instrucciones del paquete; omita la sal. Escúrrala.

2. Rocíe una sartén antiadherente grande con aceite en aerosol; caliente a fuego medio-alto. Añada el pollo; sofríalo por 5 minutos o hasta que ya no esté rosado. Retírelo de la sartén.

3. Agregue el brócoli y 2 cucharadas de agua fría a la sartén. Cueza, tapado, por 2 minutos. Destape; cueza y revuelva durante 2 minutos o hasta que el brócoli esté suave y crujiente. Retire el brócoli de la sartén. En un tazón grande, mezcle la pasta, el pollo, el brócoli, el pimiento y los cebollines.

4. En un recipiente chico, mezcle bien la mantequilla de cacahuate, 2 cucharadas de agua caliente, la salsa de soya, el aceite, la pimienta y el ajo en polvo. Vierta sobre la mezcla de pasta. Corone con cacahuates antes de servir.

NUTRIENTES POR PORCIÓN:
Calorías: 275, Grasa Total: 9 g, Colesterol: 29 mg, Sodio: 14 mg

ENSALADA DE POLLO CON BRÓCOLI

1 tallo de hierba limón, sin las hojas exteriores ni el tallo superior

1 cucharada de azúcar

1 cucharada de salsa de pescado

1 cucharadita de ajo picado

½ a 1 cucharadita de aceite con chile

2 filetes (de 225 g) de lomo de res, sin hueso, de unos 2.5 cm de grosor

1 frasco (unos 245 g) de elotes baby enteros, enjuagados y escurridos

1 lata (unos 435 g) de frijoles negros, enjuagados y escurridos

1 taza de mango en cubos

½ pimiento morrón verde, en tiras

2 cucharadas de cebolla morada picada

1 chile jalapeño,* sin semillas y rebanado

Jugo de ½ limón

½ cucharadita de aceite vegetal

½ cucharadita de miel

⅛ de cucharadita de sal

Los chiles jalapeños pueden irritar la piel; use guantes de plástico cuando los maneje y no se toque los ojos. Lávese las manos después de trabajar con ellos.

LOMO VIETNAMITA CON CONDIMENTO DE FRIJOLES NEGROS

Rinde 4 porciones

1. Aplane la hierba limón con un mazo para carne y píquela. Mézclela con el azúcar, la salsa de pescado, el ajo y el aceite con chile en un molde para hornear. Corte cada filete a lo largo en dos tiras. Coloque en el molde junto con la marinada; cúbralas por ambos lados. Tape; refrigere por 1 hora; voltee la carne una vez.

2. Para hacer el Condimento de Frijoles Negros, parta los elotes diagonalmente por la mitad; mézclelos con los frijoles, el mango, el pimiento, la cebolla y el chile jalapeño, si lo desea, en un recipiente grande. Revuelva el jugo de limón, el aceite, la miel y la sal en un tazón chico; incorpore a la mezcla de frijoles.

3. Ase los filetes en una parrilla, tapada, a fuego medio-alto, durante 10 minutos para término medio o hasta el término deseado; voltee la carne una vez. Sirva con el condimento.

NUTRIENTES POR PORCIÓN:
Calorías: 353, Grasa Total: 8 g, Colesterol: 65 mg, Sodio: 877 mg

LOMO VIETNAMITA CON CONDIMENTO DE FRIJOLES NEGROS

3 cucharadas de salsa de soya
1 cucharada de cebollín finamente picado
2 cucharaditas de aceite oscuro de ajonjolí
1 cucharadita de jengibre fresco picado
1 diente de ajo picado
¼ de cucharadita de pimienta roja machacada
450 g de filetes de huachinango o bacalao

FILETES DE PESCADO HUNAN ASADOS

Rinde 4 porciones

1. En una taza, mezcle la salsa de soya, el cebollín, el aceite de ajonjolí, el jengibre, el ajo y la pimienta.

2. Rocíe la parrilla del asador con aceite en aerosol. Coloque el pescado sobre la parrilla; báñelo con la mezcla de salsa de soya.

3. Ase a unos 10 o 13 cm de la fuente de calor durante 10 minutos o hasta que el pescado se desmenuce con facilidad al tocarlo con un tenedor.

NUTRIENTES POR PORCIÓN:
Calorías: 143, Grasa Total: 4 g, Colesterol: 42 mg, Sodio: 446 mg

---

¾ de taza de consomé de pollo sin grasa
1 cucharada de salsa de ostión
1 cucharadita de vinagre de arroz
1 cucharada de fécula de maíz
½ cucharadita de azúcar
2 cucharaditas de aceite de cacahuate (maní)
1 cebolla morada chica, en gajos delgados
1 cucharadita de jengibre fresco picado
1 diente de ajo picado
225 g de camarón mediano, pelado y desvenado
2 tazas de tirabeques (vainas), en trozos diagonales de 2.5 cm

SOFRITO DE CAMARONES Y TIRABEQUES

Rinde 4 porciones

1. En un recipiente chico, mezcle el consomé de pollo, la salsa de ostión y el vinagre de arroz; disuelva allí la fécula de maíz y el azúcar hasta suavizar.

2. En un wok o en una sartén antiadherente grande, caliente el aceite a fuego medio. Añada la cebolla, el jengibre y el ajo; sofría por 2 minutos. Agregue los camarones y los tirabeques; sofría durante 3 minutos o hasta que el camarón se torne opaco.

3. Revuelva la mezcla del consomé de pollo y viértala en el wok. Cueza por 1 minuto o hasta que la salsa comience a hervir y se espese. Sirva sobre arroz.

NUTRIENTES POR PORCIÓN:
Calorías: 287, Grasa Total: 3 g, Colesterol: 88 mg, Sodio: 251 mg

¼ **de taza de aceite de**
canola
¼ **de taza de vino blanco**
seco
¼ **de taza de salsa de soya**
baja en sodio
1 ½ **cucharaditas de semillas**
de ajonjolí
1 **cucharadita de azúcar**
½ **cucharadita de jengibre**
molido
450 g **de filetes de lenguado**
12 **cebollines**
½ **cucharadita de pimienta**
negra (opcional)

Pescado Oriental Asado

Rinde 4 porciones

1. Caliente el asador. En un molde para hornear hondo, mezcle el aceite de canola, el vino, la salsa de soya, las semillas de ajonjolí, el azúcar y el jengibre. Revuelva bien.

2. Coloque los filetes en la marinada; voltéelos para bañarlos. Marine por 20 minutos; voltee los filetes de vez en cuando.

3. Lave los cebollines; corte la parte superior para que midan de 12.5 a 15 cm. Corte a lo largo, desde las puntas, en rebanadas de 7.5 cm, para que parezca plumaje.

4. Coloque los cebollines en la marinada, durante 10 minutos por lo menos.

5. Retire el pescado y los cebollines de la marinada. Colóquelos en el asador. Sazone con la pimienta, si lo desea. Ase de 10 a 12.5 cm de la fuente de calor.

6. Ase por 3 minutos. Con una pala para pan, voltee con cuidado el pescado y los cebollines, y áselos durante 3 minutos más o hasta que el pescado se desmenuce fácilmente al tocarlo con un tenedor.

Para Microondas: Prepare y marine el pescado y los cebollines como se indica. Retire el pescado y los cebollines de la marinada. Colóquelos en un molde para microondas, de 30×20 cm. Sazone con pimienta, si lo desea. Cubra con un plástico ventilado. Hornee a temperatura ALTA (100%) por 2 minutos. Gire el molde. Hornee a temperatura ALTA durante 1½ minutos o hasta que el pescado se desmenuce fácilmente al tocarlo con un tenedor. Deje reposar, tapado, por 1 minuto.

Nutrientes por Porción:
Calorías: 190, Grasa Total: 9 g, Colesterol: 75 mg, Sodio: 180 mg

3 cucharadas de jugo de naranja

1 cucharada de salsa de soya baja en sodio

1 diente de ajo picado

450 g de vieiras de mar partidas por la mitad

1 cucharada de fécula de maíz

1 cucharadita de aceite vegetal

1 pimiento morrón verde, en tiras delgadas

1 lata (225 g) de castañas de agua rebanadas, enjuagadas y escurridas

3 cucharadas de almendras blanqueadas y tostadas

3 tazas de arroz cocido y caliente

½ cucharadita de ralladura de cáscara de naranja

VIEIRAS CON ALMENDRA Y NARANJA

Rinde 4 porciones

1. En un recipiente mediano, mezcle el jugo de naranja, la salsa de soya y el ajo. Añada las vieiras; revuelva. Marine a temperatura ambiente por 15 minutos, o tape y refrigere hasta por 1 hora.

2. Escurra las vieiras; conserve la marinada. En un recipiente chico, revuelva la marinada con la fécula de maíz hasta suavizar.

3. En un wok o en una sartén antiadherente grande, caliente ½ cucharadita de aceite a fuego medio. Añada las vieiras; sofríalas por 2 minutos o hasta que se tornen opacas. Retírelas.

4. Añada el aceite restante al wok. Ponga el pimiento y las castañas; sofríalos durante 3 minutos.

5. Reincorpore al wok las vieiras junto con los líquidos acumulados. Revuelva la marinada que conservó y viértala en el wok. Sofría por 1 minuto o hasta que la salsa hierva y se espese. Ponga las almendras. Sirva sobre arroz. Coloque encima la cáscara de naranja. Adorne con tiras de cáscara de naranja y hierbas frescas, si lo desea.

NUTRIENTES POR PORCIÓN:
Calorías: 427, Grasa Total: 7 g, Colesterol: 60 mg, Sodio: 442 mg

VIEIRAS CON ALMENDRA Y NARANJA

4 mitades de pechugas de pollo, deshuesadas y sin piel (unos 360 g)
1 cucharada de jugo de limón
¼ de taza de yogur natural sin grasa
2 dientes grandes de ajo picados
1 ½ cucharaditas de jengibre fresco finamente picado
¼ de cucharadita de cardamomo molido
¼ de cucharadita de pimienta roja molida
Salsa de Yogur (receta más adelante)
2 pitas (pan árabe) integrales, cortadas en mitades
½ taza de zanahoria rallada
½ taza de col morada rallada
½ taza de pimiento morrón rojo finamente picado

SÁNDWICHES DE POLLO TANDOORI CON SALSA DE YOGUR

Rinde 4 porciones

1. Haga 3 o 4 incisiones en el pollo. Colóquelo en un recipiente; vierta el jugo de limón y bañe bien el pollo.

2. En un recipiente pequeño, mezcle el yogur, el ajo, el jengibre, el cardamomo y la pimienta; vierta sobre el pollo. Bañe bien todas las piezas; tape y refrigere durante 1 hora por lo menos o por toda la noche.

3. Quince minutos antes de cocinarlo, saque el pollo del refrigerador. Caliente la parrilla. Prepare la Salsa de Yogur.

4. Forre el asador con papel de aluminio. Acomode el pollo sobre el papel (no permita que las piezas se toquen). Ase a 7.5 cm de la fuente de calor, de 5 a 6 minutos de cada lado, o hasta que el pollo pierda su color rosado en el centro.

5. Coloque una mitad de pechuga en cada mitad de pita y agregue 2 cucharadas de zanahoria, de col y de pimiento. Aderece con la Salsa de Yogur.

SALSA DE YOGUR

½ taza de yogur natural sin grasa
2 cucharaditas de cebolla morada picada
1 cucharadita de cilantro picado
¼ de cucharadita de comino molido
¼ de cucharadita de sal
Pizca de pimienta roja molida

En un recipiente chico, mezcle bien todos los ingredientes. Tape y refrigere. *Rinde más o menos ½ taza.*

NUTRIENTES POR PORCIÓN:
Calorías: 211, Grasa Total: 3 g, Colesterol: 44 mg, Sodio: 380 mg

SÁNDWICHES DE POLLO TANDOORI CON SALSA DE YOGUR

2 naranjas
565 g de filete de bola de
     res, limpio
½ taza de jugo de naranja
2 cucharadas de salsa de
     soya baja en sodio
1 cucharada más
     1 cucharadita de fécula
     de maíz
2 cucharaditas de azúcar
     morena
½ taza de consomé de
     pollo
1 cucharada de aceite
     oscuro de ajonjolí
1 cucharadita de jengibre
     finamente picado
1 diente de ajo picado
4 tazas de floretes de
     brócoli
4 cebollas de cambray
     medianas, en trozos de
     5 cm
1 lata (225 g) de castañas
     de agua rebanadas,
     enjuagadas y
     escurridas
3 cucharadas de cilantro
     fresco picado

RES SOFRITA A LA NARANJA

Rinde 6 porciones

Con un cuchillo para mondar, corte tiras delgadas de la cáscara de naranja. Parta las naranjas. Corte la carne, a lo largo de la fibra, en tiras de 5 cm de ancho. Córtela transversalmente en rebanadas de 0.5 cm de grosor.

Mezcle el filete, 2 cucharadas de jugo de naranja, la salsa de soya, 1 cucharada de fécula de maíz y 1 cucharadita de azúcar morena.

En un tazón chico, combine bien el consomé, el jugo de naranja restante, 1 cucharadita de fécula de maíz y 1 cucharadita de azúcar morena. Ponga el aceite de ajonjolí en una sartén antiadherente grande a fuego medio-alto, hasta que se caliente, pero sin que humee. Añada la carne; sofríala de 3 a 4 minutos hasta que se dore. Retire de la sartén. Adicione el jengibre, el ajo, las cortezas de naranja, el brócoli, las cebollas de cambray, las castañas y la mezcla de consomé. Sofría de 2 a 3 minutos hasta que las verduras comiencen a suavizarse. Añada el cilantro y la carne (con sus jugos); cueza y mueva hasta que la salsa se espese un poco. Agregue las naranjas cortadas y sirva de inmediato.

NUTRIENTES POR PORCIÓN:
Calorías: 252, Grasa Total: 7 g, Colesterol: 66 mg, Sodio: 248 mg

1 taza de cebolla morada
   picada
2 cucharadas de aceite
   vegetal
340 g de camarón mediano,
   pelado y desvenado
¼ de taza de consomé de
   pollo
1 cucharada de curry en
   polvo
4 tazas de arroz de grano
   largo cocido
2 tazas de mezcla de
   chícharos (guisantes) y
   zanahorias,
   descongelados
1 cucharada de salsa de
   soya
3 plátanos medianos
   rebanados
½ taza de coco
   desmenuzado y tostado

ARROZ FRITO CON COCO AL CURRY

Rinde 6 porciones

■ **Cueza** la cebolla en el aceite caliente, en una sartén grande a fuego medio-alto, hasta que esté suave y crujiente.

■ **Añada** los camarones, el consomé y el curry; cueza y revuelva hasta que el camarón se torne rosado. Incorpore el arroz, las zanahorias y los chícharos; cueza y revuelva de 3 a 5 minutos o hasta que esté caliente.

■ **Vierta** la salsa de soya. Añada los plátanos; cueza por 1 minuto o hasta que todo esté caliente. Antes de servir, espolvoree el coco.

TIEMPO DE PREPARACIÓN: 25 minutos
TIEMPO DE COCCIÓN: 20 minutos

NUTRIENTES POR PORCIÓN:
Calorías: 325, Grasa Total: 7 g, Colesterol: 86 mg, Sodio: 669 mg

225 g de tallarines de huevo
estilo chino, cocidos al
vapor o frescos

¼ de taza de consomé de
pollo sin grasa

2 cucharadas de vinagre
de vino de arroz

2 cucharadas de salsa de
soya baja en sodio

1 cucharada de vino de
arroz o jerez seco

1 cucharadita de azúcar

½ cucharadita de pimienta
roja machacada

1 cucharada de aceite
vegetal

1½ tazas de tirabeques
(vainas) frescos,
rebanados
diagonalmente

1 taza de pimiento morrón
rojo o verde, en
rebanadas delgadas

1 diente de ajo picado

450 g de pechugas de pollo,
deshuesadas y sin piel,
en trozos de 1.5 cm

1 taza de col verde o
morada, en rebanadas
delgadas

2 cebollines finamente
rebanados

ENSALADA CALIENTE CHINA DE POLLO

Rinde 6 porciones (de 1⅓ tazas)

1. Cueza los tallarines en agua hirviente, de 4 a
5 minutos o hasta que estén suaves. Escúrralos.

2. En un recipiente chico, mezcle el consomé de pollo,
el vinagre, la salsa de soya, el vino de arroz, el azúcar y
la pimienta.

3. En un wok o en una sartén antiadherente grande,
caliente 1 cucharadita de aceite. Añada los tirabeques,
el pimiento y el ajo; cueza de 1 a 2 minutos o hasta que
las verduras estén suaves y crujientes.

4. Caliente el aceite restante en la sartén. Incorpore el
pollo y cuézalo de 3 a 4 minutos o hasta que pierda su
color rosado. Agregue la col, las verduras cocidas y los
tallarines. Adicione la mezcla de consomé y revuelva.
Cueza de 1 a 2 minutos o hasta que todo esté caliente.
Ponga encima los cebollines antes de servir.

NUTRIENTES POR PORCIÓN:
Calorías: 164, Grasa Total: 6 g, Colesterol: 45 mg, Sodio: 353 mg

ENSALADA CALIENTE CHINA DE POLLO

565 g de camarones grandes
1 cebolla grande picada
½ taza de leche de coco light
2 cucharadas de jengibre fresco finamente picado
3 dientes de ajo picados
2 a 3 cucharaditas de curry en polvo
¼ de cucharadita de sal
1 lata (420 g) de tomates rojos, en cubos
1 cucharadita de fécula de maíz
2 cucharadas de cilantro fresco picado
3 tazas de arroz cocido y caliente, preparado sin sal

CAMARÓN AL CURRY

Rinde 6 porciones

1. Pele los camarones; déjeles la cola y guarde los caparazones. Coloque los caparazones en una cacerola grande; cúbralos con agua. Hierva a fuego alto. Reduzca el fuego a bajo; cueza de 15 a 20 minutos. Cuele el caldo. Deseche los caparazones.

2. Rocíe un sartén grande con aceite en aerosol; caliente a fuego medio. Añada la cebolla; tape y cueza por 5 minutos. Agregue la leche de coco, el jengibre, el ajo, el curry, la sal y ½ taza del caldo; ponga a hervir. Reduzca el fuego a bajo; cueza de 10 a 15 minutos o hasta que la cebolla esté suave.

3. Incorpore los camarones y los tomates a la sartén; vuelva a hervir. Cueza por 3 minutos.

4. Disuelva la fécula de maíz en 1 cucharadita del caldo frío. Vierta en la sartén y ponga el cilantro; cueza, a fuego bajo, de 1 a 2 minutos o hasta que se espese ligeramente, moviendo de vez en cuando. Sirva sobre arroz. Adorne con zanahoria y rebanadas de limón, si lo desea.

NUTRIENTES POR PORCIÓN:
Calorías: 219, Grasa Total: 2 g, Colesterol: 145 mg, Sodio: 369 mg

CAMARÓN AL CURRY

2 claras de huevo ligeramente batidas

¾ de taza de pan recién molido

2 cucharadas de semillas de ajonjolí (opcional)

¾ de cucharadita de sal

¼ de cucharadita de pimienta negra

4 mitades de pechugas de pollo, deshuesadas y sin piel (unos 565 g)

2 cucharadas de harina de trigo

¾ de taza de consomé de pollo sin grasa

4 cucharaditas de fécula de maíz

¼ de taza de jugo fresco de limón

2 cucharadas de azúcar morena

1 cucharada de miel

2 cucharadas de aceite vegetal

4 tazas de col napa o lechuga romana, finamente rebanada

POLLO AL LIMÓN LIGHT

Rinde 4 porciones

1. Coloque las claras de huevo en un molde hondo. Mezcle el pan molido, las semillas de ajonjolí, la sal y la pimienta en otro molde hondo.

2. Enharine el pollo; sumérjalo en las claras de huevo. Empanícelo con la mezcla de pan.

3. En un recipiente chico, mezcle el caldo con la fécula de maíz hasta suavizar. Añada el jugo de limón, el azúcar y la miel.

4. En una sartén antiadherente grande, caliente el aceite a fuego medio. Añada el pollo; cueza por 5 minutos. Voltee el pollo; cueza de 5 a 6 minutos hasta que se dore y los jugos salgan claros. Transfiera a una tabla para cortar; manténgalo caliente.

5. Limpie la sartén con una servilleta de papel. Mueva la mezcla de consomé y vacíela en la sartén. Cueza de 3 a 4 minutos hasta que la salsa hierva y se espese.

6. Coloque la col en un platón. Corte el pollo en rebanadas transversales de 1.5 cm; póngalo encima de la col. Vierta la salsa sobre el pollo. Adorne con rebanadas de limón y hierbas frescas, si lo desea.

NUTRIENTES POR PORCIÓN:
Calorías: 292, Grasa Total: 10 g, Colesterol: 57 mg, Sodio: 541 mg

POLLO AL LIMÓN LIGHT

⅓ de taza de salsa teriyaki
2 dientes de ajo picados
340 g de solomillo de cerdo
2 cucharadas de aceite
   vegetal o de cacahuate
   (maní)
1 cebolla morada chica, en
   gajos
1 cebolla amarilla chica,
   en gajos
1 cucharadita de azúcar
1 cucharadita de fécula de
   maíz
2 cebollines, en trozos de
   2.5 cm
Fideos de soya fritos*
   (opcional)

*Para freír los fideos de soya, siga
las instrucciones del paquete.

CERDO CON TRES CEBOLLAS

Rinde 4 porciones

1. En un recipiente profundo, mezcle la salsa teriyaki y el ajo. Corte transversalmente la carne en rebanadas de 0.5 cm; corte cada rebanada por la mitad. Bañe la carne con la mezcla de teriyaki. Marine a temperatura ambiente por 10 minutos.

2. Caliente una sartén grande a fuego medio-alto. Añada 1 cucharada de aceite y caliéntela. Escurra la carne; guarde la marinada. Sofría la carne por 3 minutos o hasta que pierda su color rosado. Retire de la sartén.

3. Caliente el aceite restante en la sartén; agregue las cebollas. Reduzca el fuego a medio. Cueza de 4 a 5 minutos hasta que las cebollas estén suaves, moviendo de vez en cuando. Sazone con el azúcar; cueza por 1 minuto más.

4. En una taza, mezcle la marinada que guardó y la fécula de maíz hasta que se suavice. Vierta en la sartén. Sofría por 1 minuto o hasta que la salsa hierva y se espese.

5. Regrese la carne con el jugo acumulado a la sartén; caliente bien. Añada los cebollines. Sirva sobre los fideos de soya, si lo desea.

NUTRIENTES POR PORCIÓN:
Calorías: 217, Grasa Total: 10 g, Colesterol: 61 mg, Sodio: 958 mg

ÍNDICE

A

Aderezo de Ajonjolí, 250
Aderezo Estilo Coreano, 342
Aderezos para Ensalada
    Aderezo Estilo Coreano, 342
    Aderezo Miel-Limón, 262
Alas Asiáticas, 14
Alas de Pollo Doradas con Soya, 16
Albahaca
    Camarón Tailandés al Curry, 222
    Pescado Horneado con Pesto Tailandés, 224
    Pollo Supremo con Piña y Albahaca, 146
    Sopa Vietnamita de Res, 345
Alitas Szechwan, 167
Almendras
    Albóndigas de Cordero con Gravy, 72
    Chuletas con Salsa de Ciruela y Almendra, 112
    Ensalada Shanghai de Pollo con Almendras, 260
    Pollo con Almendra, 136
    Sofrito de Brócoli y Almendra, 300
    Vieiras con Almendra y Naranja, 362
Aromático Guisado Asiático, 51
Arroz Asiático con Ajonjolí, 323
Arroz Basmati Aromático, 198
Arroz con Lenteja al Curry, 198
Arroz con Nuez, 116

Arroz Frito con Coco al Curry, 367
Arroz Frito Oriental, 288, 305
Arroz Frito Tailandés, 96
Arroz Frito Tailandés con Atún, 238
Arroz Pequinés con Nuez, 310
Arroz Tailandés, 318

B

Bocadillos Shanghai, 21
Bok Choy
    Pollo con Almendra, 136
    Pollo Chow Mein, 353
    Rollos Primavera con Pavo Molido, 28
    Sopa con Wonton, 286
Bolas de Arroz con Champiñones y Pimientos, 192
Bolas de Arroz-Perla, 20
Bolsitas de Pollo con Jengibre, 18
Bollos Dim Sum de Cerdo, 36
Brócoli
    Brochetas de Res Teriyaki, 70
    Brócoli con Ajonjolí, 316
    Brócoli con Salsa de Jengibre y Tangerina, 294
    Camarón Mandarín con Verduras Sofritas, 219
    Camarón y Verduras Dorados, 236
    Carne con Brócoli, 344
    Carne y Brócoli Condimentados, 74
    Carne y Tallarín con Jengibre, 56

Cerdo con Mostaza Agridulce, 104
Cerdo Dorado Sofrito, 100
Ensalada de Pollo con Brócoli, 356
Ensalada de Pollo Szechwan, 340
Mariscos Sofritos con Arroz Indonesio, 228
Pavo Sofrito con Brócoli, 138
Platillo Favorito de Buda, 299
Pollo Hoisin, 128
Pollo Sofrito Tailandés, 134
Pollo Sofrito Teriyaki, 143
Res con Brócoli, 56
Res Sofrita a la Naranja, 366
Sofrito Asiático de Verduras, 300
Sofrito Condimentado de Cerdo, 354
Sofrito de Brócoli y Almendra, 300
Sofrito de Pollo y Verduras con Ajonjolí, 330
Sofrito de Res y Brócoli, 38
Sofrito de Tofu y Brócoli, 339
Teriyaki de Res, 48
Tofu Ma Po, 196
Tofu Sofrito, 188
Verduras Chinas, 302
Verduras Hindúes al Curry, 176
Verduras Szechwan Sofritas, 182
Verduras y Tofu a la Naranja, 203

Brochetas
Brochetas de Camarón y Carne, 226
Brochetas de Cerdo al Curry, 124
Brochetas de Cerdo y Pimiento Glaseadas, 88
Brochetas de Pavo Tandoori, 142
Brochetas de Res al Curry, 73
Brochetas de Res Teriyaki, 70
Brochetas Tailandesas de Cerdo, 326
Camarón y Carne al Curry con Chabacano, 206
Yakitori Japonés, 336
Brochetas de Camarón y Carne, 226
Brochetas de Cerdo al Curry, 124
Brochetas de Cerdo y Pimiento Glaseadas, 88
Brochetas de Pavo Tandoori, 142
Brochetas de Res al Curry, 73
Brochetas de Res Teriyaki, 70
Brochetas Satay Tailandesas, 164
Brochetas Tailandesas de Cerdo, 326
Burritos de Cerdo Tailandeses, 113
Burritos Vietnamitas de Carne Asada, 76

C
Cabeza de León Estofada, 90
Cacahuates
Alas Asiáticas, 14
Arroz Frito Tailandés con Atún, 238
Calabaza Espagueti con Ajonjolí y Cacahuate, 184
Carne al Curry Masaman, 46
Pad Thai, 210
Verduras Mu Shu, 186
Verduras Szechwan Sofritas, 182
Calabacita Agria y Picante, 294
Calabacita Shanghai, 296
Camarón
Arroz Frito con Coco al Curry, 367
Arroz Frito Tailandés con Atún, 238
Brochetas de Camarón y Carne, 226

Cabeza de León Estofada, 90
Camarón Agrio y Picante, 240
Camarón al Curry, 370
Camarón al Curry con Arroz al Coco y Jengibre, 208
Camarón con Ajo y Miel, 240
Camarón con Tirabeques, 234
Camarón Frío con Salsa de Mostaza China, 34
Camarón Java, 222
Camarón Malabar, 232
Camarón Mandarín con Verduras Sofritas, 219
Camarón Relleno de Cangrejo, 214
Camarón Tailandés al Curry, 222
Camarón y Carne al Curry con Chabacano, 206
Camarón y Verduras Dorados, 236
Ensalada Pétalo Japonés, 250
Entremeses de Camarón Sofrito, 14
Langostinos al Ajillo con Chile, 232
Mariscos Sofritos, 212
Omeletes de Camarón, 213
Pad Thai, 210, 334
Rollos de Ensalada Tailandesa con Salsa Agridulce Condimentada, 26
Rollos Veraniegos Vietnamitas, 12
Sofrito de Camarones y Tirabeques, 360
Sopa con Wonton, 286
Sopa de Camarón, Champiñón y Omelet, 274
Sopa Tailandesa de Camarón, 284
Camarón Agrio y Picante, 240
Camarón con Ajo y Miel, 240
Camarón Frío con Salsa de Mostaza China, 34
Camarón Malabar, 232
Camarón Mandarín con Verduras Sofritas, 219
Camarón Tailandés al Curry, 222
Camarón y Carne al Curry con Chabacano, 206

Camarón y Verduras Dorados, 236
Cangrejo Sofrito, 236
Carne a la Pimienta, 81
Carne al Curry Masaman, 46
Carne Benihana, 74
Carne con Cinco Especias, 45
Carne con Fideos de Soya y Col, 66
Carne con Jengibre, 59
Carne con Tallarín a la Tailandesa, 42
Carne de Cangrejo
Camarón Relleno de Cangrejo, 214
Cangrejo Sofrito, 236
Carne Hunan con Chile, 78
Carne Oriental con Tallarín, 67
Carne Szechwan a la Parrilla, 40
Carne y Brócoli Condimentados, 74
Carne y Col con Tallarín, 82
Carne y Tallarín con Jengibre, 56
Castañas de Agua
Camarón con Tirabeques, 234
Carne y Brócoli Condimentados, 74
Ensalada Chinatown de Pavo, 267
Ensalada de Pavo Sofrita, 252
Ensalada de Pollo a la Tangerina, 348
Marfil, Rubíes y Jade, 92
Nutritiva Sopa con Huevo, 272
Platillo Favorito de Buda, 299
Pollo Chow Mein, 353
Pollo Sofrito Teriyaki, 143
Res Sofrita a la Naranja, 366
Sofrito de Pollo y Verduras con Ajonjolí, 330
Sopa China de Pasta con Pollo, 276
Teriyaki de Res, 48
Verduras Deliciosas, 308
Vieiras con Almendra y Naranja, 362
Cerdo (*véanse también páginas 84–125*)
Bolas de Arroz-Perla, 20
Bollos Dim Sum de Cerdo, 36
Brochetas Tailandesas de Cerdo, 326

Cerdo Barbecue, 30
Cerdo con Ciruelas, 338
Cerdo con Tres Cebollas, 374
Cerdo Frito, 330
Ejotes Cocidos, 312
Ensalada Tailandesa de Cerdo
con Aderezo de Cacahuate,
266
Lomo de Cerdo Barbecue, 37
Nutritiva Sopa con Huevo, 272
Sofrito Condimentado de Cerdo,
354
Sofrito de Cerdo y Ejotes, 354
Sofrito de Solomillo de Cerdo,
338
Sopa Agria y Picante, 280
Sopa con Wonton, 286
Sopa de Wonton y Jengibre, 328
Sopa Long, 270
Cerdo Agridulce, 84, 101
Cerdo Asado, 95
Cerdo Barbecue, 30
Cerdo con Mostaza Agridulce, 104
Cerdo Dorado Sofrito, 100
Cerdo Frito, 330
Cerdo Glaseado con Jengibre, 98
Cerdo Hindú con Miel, 107
Cerdo Mu Shu, 122
Cerdo Salteado Tandoori, 116
Cerdo Sofrito con Verduras, 119
Cerdo y Jamón al Vapor, 108
Cerdo y Verduras Sofritos, 106

Chabacano
Bocadillos de Pollo y
Chabacano, 22
Camarón y Carne al Curry con
Chabacano, 206
Chuletas con Salsa de Ciruela y
Almendra, 112
Chuletas Luna Coreana, 118

Cilantro
Albóndigas de Cordero con
Gravy, 72
Arroz Frito Tailandés, 96
Camarón Java, 222
Ensalada Tailandesa de Res, 344
Pad Thai, 210
Pescado Horneado con Pesto
Tailandés, 224

Pollo Barbecue Tailandés, 156
Pollo Horneado Bombay, 140
Rollos de Ensalada Tailandesa
con Salsa Agridulce
Condimentada, 26
Sopa Vietnamita de Res, 345

Ciruela
Cerdo con Ciruelas, 338
Chuletas con Salsa de Ciruela y
Almendra, 112
Pollo a la Ciruela, 324
Pollo Glaseado con Ciruelas, 348
Pollo Teriyaki con Ciruela, 152
Salsa de Ciruela, 37

Coco: Arroz Frito con Coco al
Curry, 367

Col
Bocadillos de Pollo y
Chabacano, 22
Bolsitas de Pollo con Jengibre,
18
Burritos de Cerdo Tailandeses,
113
Cabeza de León Estofada, 90
Carne con Fideos de Soya y Col,
66
Carne y Col con Tallarín, 82
Cerdo Dorado Sofrito, 100
Cerdo Mu Shu, 122
Col Oriental, 295
Cordero Mongol, 58
Ensalada Caliente China de
Pollo, 368
Ensalada China de Pollo, 264
Ensalada de Pasta y Jamón
Sofrito, 250
Ensalada de Pavo Sofrita, 252
Ensalada de Pollo a la
Tangerina, 348
Ensalada de Pollo Szechwan,
340
Ensalada de Verduras Indonesia,
254
Ensalada Tailandesa con Pollo
Glaseado, 262
Ensalada Tailandesa de Cerdo
con Aderezo de Cacahuate,
266
Pad Thai, 210

Pasta y Carne Estilo Coreano,
342
Platillo Favorito de Buda, 299
Pollo al Limón Light, 372
Rollos de Huevo, 15
Rollos Primavera, 24
Soba Sofrito, 204
Sopa Long, 270
Verduras Mu Shu, 186
Col Oriental, 295

Coliflor
Arroz con Lenteja al Curry, 198
Verduras Hindúes al Curry, 176
Verduras Sofritas Estilo Hindú,
292

Cordero
Albóndigas de Cordero con
Gravy, 72
Cordero Mongol, 58
Entremeses de Costillas Teriyaki,
29
Cordero Mongol, 58
Costillas Barbecue, 86
Costillas Glaseadas, 45
Costillitas Coreanas, 54

Crema de Cacahuate
Espagueti con Ajonjolí, 202
Fideos con Salsa de Cacahuate,
172
Salsa de Cacahuate, 188, 256
Salsa de Cacahuate
Condimentada, 191
Salsa Hoisin con Cacahuate, 34
Satay de Pollo con Salsa de
Cacahuate, 10
Tallarín con Cebollín, Ajonjolí y
Cacahuate, 304
Tallarín Tailandés con
Cacahuate, 181

Currys
Arroz con Lenteja al Curry, 198
Camarón al Curry, 370
Camarón al Curry con Arroz al
Coco y Jengibre, 208
Camarón Tailandés al Curry, 222
Carne al Curry Masaman, 46
Pollo al Curry, 158, 168
Pollo Bombay al Curry, 352
Verduras Hindúes al Curry, 176

E

Ejotes Cocidos, 312
Ejotes Orientales Condimentados, 316
Ejotes y Champiñones Shiitake, 290
Ensalada Caliente China de Pollo, 368
Ensalada China de Pollo, 264
Ensalada Chinatown de Pavo, 267
Ensalada de Pasta y Jamón Sofrito, 250
Ensalada de Pavo Sofrita, 252
Ensalada de Pollo a la Tangerina, 348
Ensalada de Pollo con Brócoli, 356
Ensalada de Pollo Szechwan, 340
Ensalada de Res y Berenjena Sofritas, 249
Ensalada de Tofu y Tallarín con Salsa de Cacahuate Condimentada, 191
Ensalada de Verduras Indonesia, 254
Ensalada Oriental de Carne, 261
Ensalada Pétalo Japonés, 250
Ensalada Tailandesa Caliente de Tallarín, 244
Ensalada Tailandesa con Carne, 258
Ensalada Tailandesa con Pollo Glaseado, 262
Ensalada Tailandesa de Cerdo con Aderezo de Cacahuate, 266
Ensalada Tailandesa de Res, 248, 344
Ensalada Tailandesa para Llevar, 246

Ensaladas (*véanse también páginas 244–267*)
Ensalada Caliente China de Pollo, 368
Ensalada de Pollo a la Tangerina, 348
Ensalada de Pollo con Brócoli, 356
Ensalada de Pollo Szechwan, 340
Ensalada de Tofu y Tallarín con Salsa de Cacahuate Condimentada, 191
Ensalada Tailandesa de Res, 344

Entremeses de Camarón Sofrito, 14
Entremeses de Costillas Teriyaki, 29

Envueltos
Bocadillos de Pollo y Chabacano, 22
Bolsitas de Pollo con Jengibre, 18
Fáciles Totopos de Wonton, 29
Rollos de Huevo, 15
Rollos Primavera Vietnamitas Vegetarianos, 32
Rollos Veraniegos Vietnamitas, 12
Sopa con Wonton, 286
Sopa de Wonton y Jengibre, 328
Espagueti con Ajonjolí, 202
Espaldilla al Ajonjolí con Ajo, 80
Espaldilla Marinada con Piña, 44

Espárragos
Cerdo Sofrito con Verduras, 119
Pilaf de Arroz y Shiitake, 319
Pollo y Espárrago con Salsa de Frijol Negro, 155

F

Fáciles Totopos de Wonton, 29
Fajitas de Cerdo Encebolladas, 102
Fideos con Salsa de Cacahuate, 172
Fideos de Arroz Vegetarianos, 194
Fideos de Soya con Tofu y Verduras, 180
Filete con Tres Pimientos, 68
Filete Oriental, 70
Filete Oriental Glaseado, 114
Filetes de Pescado Hunan Asados, 360
Filetes de Pollo Szechwan, 166
Foo Yung de Huevo, 197

G

Gallinas de Cornualles: Gallinas Estofadas, 144
Gallinas Estofadas, 144
Garam Masala, 149, 333

Guisados
Aromático Guisado Asiático, 51
Guiso Cantonés de Cerdo, 110
Guiso Cantonés de Cerdo, 110

J

Jamón
Cerdo y Jamón al Vapor, 108
Ensalada de Pasta y Jamón Sofrito, 250
Rollos Primavera, 24

L

Langostinos al Ajillo con Chile, 232

Leche de Coco
Arroz al Coco y Jengibre, 208
Camarón al Curry, 370
Camarón Tailandés al Curry, 222
Carne al Curry Masaman, 46

Limón
Aderezo Miel-Limón, 262
Costillas Glaseadas Limón-Naranja, 94
Pollo al Limón, 150
Pollo al Limón Light, 372
Pollo Glaseado Miel-Limón, 130
Pollo Sofrito con Limón y Nuez, 126
Teriyaki de Hipogloso al Limón, 226
Vieiras al Limón con Ajonjolí, 220
Lomo de Cerdo Barbecue, 37
Lomo de Cerdo Teriyaki, 124
Lomo Vietnamita con Condimento de Frijoles Negros, 358

M

Mango: Lomo Vietnamita con Condimento de Frijoles Negros, 358
Mantequilla Clarificada, 170

Manzana
Cerdo Dorado Sofrito, 100
Pato Crujiente, 174
Pollo al Curry, 158, 168
Marfil, Rubíes y Jade, 92

Marinada: Marinada Coreana de Miel, 323
Marinada Coreana de Miel, 323
Mariscos Sofritos, 212
Mariscos Sofritos con Arroz Indonesio, 228

Menta
Ensalada Tailandesa de Res, 248
Rollos de Ensalada Tailandesa
con Salsa Agridulce
Condimentada, 26
Miel
Aderezo Miel-Limón, 262
Cerdo Glaseado con Miel, 89
Cerdo Hindú con Miel, 107
Costillas Glaseadas con Miel, 120
Lomo con Miel y Ajonjolí, 125
Marinada Coreana de Miel, 323
Pato Crujiente, 174
Pollo Glaseado Miel-Limón, 130
Sofrito con Nuez y Miel, 114
Moo Goo Gai Pan, 135
Mostaza
Camarón Frío con Salsa de
Mostaza China, 34
Cerdo con Mostaza Agridulce,
104
Salsa Barbecue Oriental con
Mostaza, 322
Tallarín Tailandés con
Cacahuate, 181
Muslos de Pollo al Jengibre, 170
Muslos de Pollo con Jengibre y
Ajo, 132

N

Naranja
Camarón Mandarín con
Verduras Sofritas, 219
Costillas Glaseadas Limón-
Naranja, 94
Ensalada Chinatown de Pavo,
267
Ensalada de Pollo a la
Tangerina, 348
Ensalada Tailandesa con Pollo
Glaseado, 262
Espagueti con Ajonjolí, 202
Pechuga de Pollo Oriental con
Naranja, 352
Pollo a la Tangerina, 346
Pollo Condimentado a la
Naranja, 162
Res Sofrita a la Naranja, 366
Sofrito con Nuez y Miel, 114

Sofrito de Pollo a la Naranja, 130
Verduras y Tofu a la Naranja,
203
Vieiras con Almendra y Naranja,
362
Nueces
Arroz Pequinés con Nuez, 310
Pollo Sofrito con Limón y Nuez,
126
Pollo Supremo con Piña y
Albahaca, 146
Rollos Chinos de Pollo, 166
Sofrito con Nuez y Miel, 114
Sofrito de Carne, Ejotes y Nuez,
82
Sofrito de Pollo Chino con Nuez,
149
Nutritiva Sopa con Huevo, 272

P
Pad Thai, 210, 334
Papas Bombay, 298
Papas con Cúrcuma, 322
Pasta
Ensalada de Pollo a la
Tangerina, 348
Ensalada de Pollo Szechwan,
340
Ensalada Pétalo Japonés, 250
Pasta y Carne Estilo Coreano,
342
Pollo Hoisin, 128
Pollo Sofrito Tailandés, 134
Rollos de Ensalada Tailandesa
con Salsa Agridulce
Condimentada, 26
Sopa China de Pasta con Pollo,
276
Sopa de Res con Tallarín, 281
Sopa de Tallarín Asiática, 268
Sopa de Tallarín Tailandesa, 270
Sopa de Tallarines Japoneses,
350
Sopa Long, 270
Sopa Vietnamita de Res, 345
Verduras y Tofu a la Naranja,
203
Vieiras al Limón con Ajonjolí,
220

Pasta Curry Masaman, 48
Pasta y Carne Estilo Coreano, 342
Pato: Pato Crujiente, 174
Pato Crujiente, 174
Pavo
Bocadillos Shanghai, 21
Brochetas de Pavo Tandoori,
142
Ensalada Chinatown de Pavo,
267
Ensalada de Pavo Sofrita, 252
Pavo Sofrito con Brócoli, 138
Rollos Primavera con Pavo
Molido, 28
Pavo Sofrito con Brócoli, 138
Pechuga de Pollo Oriental con
Naranja, 352
Pechugas de Pollo Agridulces, 173
Pepino
Camarón Agrio y Picante, 240
Ensalada de Pollo y Pepino, 257
Ensalada de Verduras Indonesia,
254
Ensalada Pétalo Japonés, 250
Ensalada Tailandesa con Carne,
258
Ensalada Tailandesa con Pollo
Glaseado, 262
Ensalada Tailandesa de Res, 248
Ensalada Tailandesa para Llevar,
246
Espagueti con Ajonjolí, 202
Fideos con Salsa de Cacahuate,
172
Raita, 142
Raita de Pepino, 333
Rollos de Ensalada Tailandesa
con Salsa Agridulce
Condimentada, 26
Verduras Chinas en Salmuera,
314
Pescado
Arroz Frito Tailandés con Atún,
238
Filetes de Pescado Hunan
Asados, 360
Pescado Agridulce, 229
Pescado Empapelado Shanghai,
230

Pescado Horneado con Pesto
Tailandés, 224
Pescado Oriental Asado, 361
Pescado y Frijol Negro al Ajo,
218
Pez Espada a la Parrilla con
Salsa Picante, 242
Pez Espada Asiático, 218
Salmón Chino a la Parrilla, 234
Teriyaki de Atún, 237
Teriyaki de Hipogloso al Limón,
226
Teriyaki de Salmón, 216
Pescado Agridulce, 229
Pescado Empapelado Shanghai,
230
Pescado Horneado con Pesto
Tailandés, 224
Pescado Oriental Asado, 361
Pescado y Frijol Negro al Ajo, 218
Pez Espada Asiático, 218
Picante Carne con Cebolla, 67
Pilaf de Arroz y Shiitake, 319
Piña
Bocadillos Shanghai, 21
Brochetas de Res al Curry, 73
Brochetas de Res Teriyaki, 70
Camarón al Curry con Arroz al
Coco y Jengibre, 208
Camarón Tailandés al Curry, 222
Cerdo Agridulce, 84, 101
Cerdo con Mostaza Agridulce,
104
Espaldilla Marinada con Piña, 44
Pescado Agridulce, 229
Pollo Supremo con Piña y
Albahaca, 146
Yakitori Japonés, 336
Plátano: Arroz Frito con Coco al
Curry, 367
Platillo Favorito de Buda, 299
Platillos a la Parrilla
Alitas Szechwan, 167
Brochetas de Camarón y Carne,
226
Brochetas de Cerdo al Curry, 124
Brochetas de Cerdo y Pimiento
Glaseadas, 88
Brochetas de Pavo Tandoori, 142

Brochetas de Res al Curry, 73
Brochetas de Res Teriyaki, 70
Brochetas Satay Tailandesas,
164
Brochetas Tailandesas de Cerdo,
326
Burritos Vietnamitas de Carne
Asada, 76
Camarón y Carne al Curry con
Chabacano, 206
Carne Szechwan a la Parrilla,
40
Chuletas Luna Coreana, 118
Costillas Glaseadas, 45
Costillitas Coreanas, 54
Ensalada Tailandesa con Carne,
258
Ensalada Tailandesa de Res, 248
Entremeses de Costillas Teriyaki,
29
Espaldilla al Ajonjolí con Ajo, 80
Espaldilla Marinada con Piña, 44
Filete Oriental, 70
Filete Oriental Glaseado, 114
Lomo Vietnamita con
Condimento de Frijoles
Negros, 358
Pasta y Carne Estilo Coreano,
342
Pechuga de Pollo Oriental con
Naranja, 352
Pechugas de Pollo Agridulces,
173
Pescado Empapelado Shanghai,
230
Pez Espada a la Parrilla con
Salsa Picante, 242
Pez Espada Asiático, 218
Pollo Barbecue Tailandés, 156
Pollo Glaseado Miel-Limón, 130
Pollo Oriental a la Parrilla, 132
Pollo Tailandés Condimentado,
173
Pollo Tandoori con Raita de
Pepino, 332
Pollo Teriyaki con Ciruela, 152
Salmón Chino a la Parrilla, 234
Satay de Pollo con Salsa de
Cacahuate, 10

Teriyaki de Filete Marinado y
Piña, 60
Teriyaki de Hipogloso al Limón,
226
Yakitori Japonés, 336
Platillos con Arroz
Arroz al Coco y Jengibre, 208
Arroz Asiático con Ajonjolí,
323
Arroz Basmati Aromático, 198
Arroz con Lenteja al Curry, 198
Arroz con Nuez, 116
Arroz Frito con Coco al Curry,
367
Arroz Frito Oriental, 288, 305
Arroz Frito Tailandés, 96
Arroz Frito Tailandés con Atún,
238
Arroz Pequinés con Nuez, 310
Arroz Tailandés, 318
Bolas de Arroz con
Champiñones y Pimientos,
192
Bolas de Arroz-Perla, 20
Camarón al Curry con Arroz al
Coco y Jengibre, 208
Cerdo Salteado Tandoori, 116
Ensalada Tailandesa para Llevar,
246
Mariscos Sofritos con Arroz
Indonesio, 228
Pilaf de Arroz y Shiitake, 319
Pollo y Arroz Fritos, 167
Tortitas de Arroz Cantonesas,
319
Platillos con Tallarín y Fideo
Carne con Fideos de Soya y Col,
66
Carne con Tallarín a la
Tailandesa, 42
Carne Oriental con Tallarín, 67
Carne y Col con Tallarín, 82
Carne y Tallarín con Jengibre,
56
Cerdo con Mostaza Agridulce,
104
Ensalada Caliente China de
Pollo, 368
Ensalada de Pavo Sofrita, 252

Ensalada de Pollo con Brócoli, 356
Ensalada de Tofu y Tallarín con Salsa de Cacahuate Condimentada, 191
Ensalada Tailandesa Caliente de Tallarín, 244
Espagueti con Ajonjolí, 202
Fideos con Salsa de Cacahuate, 172
Fideos de Arroz Vegetarianos, 194
Fideos de Soya con Tofu y Verduras, 180
Pad Thai, 210, 334
Pollo a la Ciruela, 324
Pollo Chow Mein, 353
Sirloin y Espinaca Sofritos con Tallarín, 50
Soba Sofrito, 204
Tallarín con Ajonjolí, 320
Tallarín con Cebollín, Ajonjolí y Cacahuate, 304
Tallarín con Tiras de Huevo y Ajonjolí, 311
Tallarín de Arroz con Pimiento, 306
Tallarín Szechwan Frío, 310
Tallarín Tailandés con Cacahuate, 181
Torta de Tallarín con Ajonjolí, 306
Verduras y Fideos con Carne, 64
Wok Sukiyaki, 52
Pollo (*véanse también páginas 126–175*)
Alas Asiáticas, 14
Alas de Pollo Doradas con Soya, 16
Bocadillos de Pollo y Chabacano, 22
Bolsitas de Pollo con Jengibre, 18
Ensalada Caliente China de Pollo, 368
Ensalada China de Pollo, 264
Ensalada de Pollo a la Tangerina, 348

Ensalada de Pollo con Brócoli, 356
Ensalada de Pollo Szechwan, 340
Ensalada de Pollo y Pepino, 257
Ensalada Shanghai de Pollo con Almendras, 260
Ensalada Tailandesa con Pollo Glaseado, 262
Pad Thai, 334
Pechuga de Pollo Oriental con Naranja, 352
Pollo a la Ciruela, 324
Pollo a la Tangerina, 346
Pollo al Ajonjolí con Crema Oriental, 8
Pollo al Limón Light, 372
Pollo Bombay al Curry, 352
Pollo Chow Mein, 353
Pollo Glaseado con Ciruelas, 348
Pollo Tandoori con Raita de Pepino, 332
Sándwiches de Pollo Tandoori con Salsa de Yogur, 364
Satay de Pollo con Salsa de Cacahuate, 10
Sofrito de Pollo y Verduras con Ajonjolí, 330
Sopa China de Pasta con Pollo, 276
Sopa de Tallarín Tailandesa, 270
Yakitori Japonés, 336
Pollo a la Tangerina, 346
Pollo al Curry, 158, 168
Pollo Barbecue Tailandés, 156
Pollo Caramelizado con Hierba Limón, 160
Pollo Condimentado a la Naranja, 162
Pollo Frito Estilo Mogul, 148
Pollo Glaseado con Ciruelas, 348
Pollo Hoisin, 128
Pollo Horneado Bombay, 140
Pollo Kung Pao, 154
Pollo Oriental a la Parrilla, 132

Pollo Sofrito Tailandés, 134
Pollo Sofrito Teriyaki, 143
Pollo Tailandés Condimentado, 173
Pollo Tandoori con Raita de Pepino, 332
Pollo Teriyaki con Ciruela, 152
Pollo y Arroz Fritos, 167

Q
Queso de Soya con Salsa de Ostión, 202

R
Raita, 142
Res (*véanse también páginas 38–83*)
Brochetas de Camarón y Carne, 226
Camarón y Carne al Curry con Chabacano, 206
Carne con Brócoli, 344
Ensalada de Res y Berenjena Sofritas, 249
Ensalada Oriental de Carne, 261
Ensalada Tailandesa con Carne, 258
Ensalada Tailandesa de Res, 248, 344
Ensalada Tailandesa para Llevar, 246
Lomo Vietnamita con Condimento de Frijoles Negros, 358
Pasta y Carne Estilo Coreano, 342
Res Sofrita a la Naranja, 366
Rollos de Huevo, 15
Sopa de Res con Tallarín, 281
Sopa de Verduras con Carne, 278
Sopa Vietnamita de Res, 345
Res con Brócoli, 56
Res con Tirabeques y Elote Baby, 60
Res Sofrita a la Naranja, 366
Rizos de Cebollín, 30
Rollos Chinos de Pollo, 166

Rollos de Ensalada Tailandesa con Salsa Agridulce Condimentada, 26
Rollos de Huevo, 15
Rollos Primavera, 24
Rollos Primavera con Pavo Molido, 28
Rollos Primavera Vietnamitas Vegetarianos, 32
Rollos Seúl de Carne con Verduras, 62
Rollos Veraniegos Vietnamitas, 12

S

Salsa Agridulce Condimentada, 24
Salsa Agridulce para Guisar, 100
Salsa Barbecue Oriental con Mostaza, 322
Salsa de Cacahuate, 256
Salsa de Cacahuate Condimentada, 191
Salsa Hoisin con Cacahuate, 34
Salsa Teriyaki Light, 253
Salsa Vietnamita, 12
Salsas
　Raita, 142
　Raita de Pepino, 333
　Salsa Agridulce Condimentada, 24
　Salsa Agridulce para Guisar, 100
　Salsa Barbecue Oriental con Mostaza, 322
　Salsa de Cacahuate, 188, 256
　Salsa de Cacahuate Condimentada, 191
　Salsa de Ciruela, 37
　Salsa de Yogur, 364
　Salsa Hoisin con Cacahuate, 34
　Salsa Teriyaki Light, 253
　Salsa Vietnamita, 12
Sándwiches
　Brochetas de Pavo Tandoori, 142
　Pollo Tandoori con Raita de Pepino, 332
　Sándwiches de Pollo Tandoori con Salsa de Yogur, 364

Satay Tailandés de Pollo, 152
Sándwiches de Pollo Tandoori con Salsa de Yogur, 364
Satay Tailandés de Pollo, 152
Satays
　Brochetas Satay Tailandesas, 164
　Satay de Pollo con Salsa de Cacahuate, 10
　Satay Tailandés de Pollo, 152
Semillas de Ajonjolí
　Alas de Pollo Doradas con Soya, 16
　Arroz Asiático con Ajonjolí, 323
　Brócoli con Ajonjolí, 316
　Calabaza Espagueti con Ajonjolí y Cacahuate, 184
　Lomo con Miel y Ajonjolí, 125
　Pollo al Ajonjolí con Crema Oriental, 8
　Sal con Ajonjolí, 66, 242
　Tallarín con Ajonjolí, 320
　Tallarín con Cebollín, Ajonjolí y Cacahuate, 304
　Tallarín con Tiras de Huevo y Ajonjolí, 311
　Vieiras al Limón con Ajonjolí, 220
Sirloin y Espinaca Sofritos con Tallarín, 50
Soba Sofrito, 204
Sofrito Asiático de Verduras, 300
Sofrito de Camarones y Tirabeques, 360
Sofrito de Carne, Ejotes y Nuez, 82
Sofrito de Cerdo y Ejotes, 354
Sofrito de Pollo Chino con Nuez, 149
Sofrito de Pollo y Verduras con Ajonjolí, 330
Sofrito de Res y Brócoli, 38
Sofrito Hunan con Tofu, 118
Sopa Agria y Picante, 280
Sopa China de Pasta con Pollo, 276
Sopa con Wonton, 286
Sopa de Tallarín Asiática, 268

Sopa de Tallarín Tailandesa, 270
Sopa de Tallarines Japoneses, 350
Sopa de Verduras con Carne, 278
Sopa de Wonton y Jengibre, 328
Sopa Hindú de Zanahoria, 282
Sopa Long, 270
Sopa Shantung de Dos Champiñones, 273
Sopa Tailandesa de Camarón, 284
Sopa Vietnamita de Res, 345
Sopas (*véanse también páginas 268–287*)
　Sopa de Tallarines Japoneses, 350
　Sopa de Wonton y Jengibre, 328
　Sopa Vietnamita de Res, 345
Sustituto de Leche de Coco Espesa, 10

T

Tallarín con Ajonjolí, 320
Tallarín con Tiras de Huevo y Ajonjolí, 311
Tallarín de Arroz con Pimiento, 306
Tallarín Szechwan Frío, 310
Tallarín Tailandés con Cacahuate, 181
Teriyaki de Atún, 237
Teriyaki de Res, 48
Teriyaki de Salmón, 216
Tirabeques
　Arroz Asiático con Ajonjolí, 323
　Calabaza Espagueti con Ajonjolí y Cacahuate, 184
　Camarón con Tirabeques, 234
　Camarón y Carne al Curry con Chabacano, 206
　Cangrejo Sofrito, 236
　Cerdo y Verduras Sofritos, 106
　Ensalada Caliente China de Pollo, 368
　Ensalada Chinatown de Pavo, 267
　Ensalada de Pasta y Jamón Sofrito, 250

Ensalada de Pollo Szechwan, 340
Ensalada Oriental de Carne, 261
Gallinas Estofadas, 144
Marfil, Rubíes y Jade, 92
Mariscos Sofritos, 212
Nutritiva Sopa con Huevo, 272
Pollo a la Ciruela, 324
Pollo Sofrito con Limón y Nuez, 126
Res con Tirabeques y Elote Baby, 60
Sofrito de Camarones y Tirabeques, 360
Sopa China de Pasta con Pollo, 276
Sopa de Res con Tallarín, 281
Sopa de Wonton y Jengibre, 328
Tofu con Verduras Sofritos, 178
Tofu Vegetariano Sofrito, 190
Verduras Chinas, 302
Verduras Deliciosas, 308
Verduras Szechwan Sofritas, 182
Vieiras al Limón con Ajonjolí, 220

Tofu
Cangrejo Sofrito, 236
Ensalada de Tofu y Tallarín con Salsa de Cacahuate Condimentada, 191
Ensalada de Verduras Indonesia, 254
Fideos de Arroz Vegetarianos, 194
Fideos de Soya con Tofu y Verduras, 180
Queso de Soya con Salsa de Ostión, 202
Soba Sofrito, 204
Sofrito de Tofu y Brócoli, 339
Sofrito Hunan con Tofu, 118
Sopa Agria y Picante, 280
Sopa de Tallarines Japoneses, 350

Tofu con Verduras Sofritos, 178
Tofu de Verduras Sofrito, 200
Tofu Dragón, 190
Tofu Ma Po, 196
Tofu Sofrito, 188
Tofu Vegetariano Sofrito, 190
Verduras Mu Shu, 186
Verduras Szechwan Sofritas, 182
Verduras y Tofu a la Naranja, 203
Wok Sukiyaki, 52
Tofu con Verduras Sofritos, 178
Tofu de Verduras Sofrito, 200
Tofu Dragón, 190
Tofu Ma Po, 196
Tofu Vegetariano Sofrito, 190

Tomate Rojo
Albóndigas de Cordero con Gravy, 72
Arroz con Lenteja al Curry, 198
Brochetas de Camarón y Carne, 226
Calabacita Shanghai, 296
Camarón al Curry, 370
Mariscos Sofritos con Arroz Indonesio, 228
Papas Bombay, 298
Pollo Bombay al Curry, 352
Rollos Seúl de Carne con Verduras, 62
Tofu Vegetariano Sofrito, 190
Verduras Hindúes al Curry, 176
Torta de Tallarín con Ajonjolí, 306

Tortillas
Burritos de Cerdo Tailandeses, 113
Burritos Vietnamitas de Carne Asada, 76
Cerdo Mu Shu, 122
Rollos Primavera, 24
Verduras Mu Shu, 186
Tortitas de Arroz Cantonesas, 319
Tres Champiñones Felices, 298

V
Verduras Chinas, 302
Verduras Chinas en Salmuera, 314
Verduras Deliciosas, 308
Verduras Hindúes al Curry, 176
Verduras Mu Shu, 186
Verduras Sofritas Estilo Hindú, 292
Verduras Szechwan Sofritas, 182
Verduras y Fideos con Carne, 64
Verduras y Tofu a la Naranja, 203
Vieiras
Mariscos Sofritos, 212
Vieiras al Limón con Ajonjolí, 220
Vieiras con Almendra y Naranja, 362

W
Wok Sukiyaki, 52

Y
Yakitori Japonés, 336
Yogur
Albóndigas de Cordero con Gravy, 72
Brócoli con Salsa de Jengibre y Tangerina, 294
Brochetas de Cerdo al Curry, 124
Cerdo Hindú con Miel, 107
Cerdo Salteado Tandoori, 116
Pollo al Curry, 168
Pollo Frito Estilo Mogul, 148
Pollo Horneado Bombay, 140
Raita, 142
Raita de Pepino, 333
Salsa de Yogur, 364
Satay Tailandés de Pollo, 152

TABLA DE CONVERSIÓN

MEDIDAS DE CAPACIDAD (seco)

⅛ de cucharadita = 0.5 ml
¼ de cucharadita = 1 ml
½ cucharadita = 2 ml
¾ de cucharadita = 4 ml
1 cucharadita = 5 ml
1 cucharada = 15 ml
2 cucharadas = 30 ml
¼ de taza = 60 ml
⅓ de taza = 75 ml
½ taza = 125 ml
⅔ de taza = 150 ml
¾ de taza = 175 ml
1 taza = 250 ml
2 tazas = 1 pinta (pint) = 500 ml
3 tazas = 750 ml
4 tazas = 1 litro (1 quart)

MEDIDAS DE CAPACIDAD (líquido)

30 ml = 2 cucharadas = 1 fl. oz
125 ml = ½ taza = 4 fl. oz
250 ml = 1 taza = 8 fl. oz
375 ml = 1 ½ tazas = 12 fl. oz
500 ml = 2 tazas = 16 fl. oz

PESO (masa)

15 g = ½ onza (oz)
30 g = 1 onza (oz)
90 g = 3 onzas (oz)
120 g = 4 onzas (in)
225 g = 8 onzas (in)
285 g = 10 onzas (in)
360 g = 12 onzas (in)
450 g = 16 onzas (in)

115 g = ¼ de libra (lb)
150 g = ⅓ de libra (lb)
225 g = ½ libra (lb)
340 g = ¾ de libra (lb)
450 g = 1 libra = 1 pound
565 g = 1¼ libras (lb)
675 g = 1½ libras (lb)
800 g = 1¾ libras (lb)
900 g = 2 libras (lb)
1.125 kg = 2 ½ libras (lb)
1.240 kg = 2¾ libras (lb)
1.350 kg = 3 libras (lb)
1.500 kg = 3 ½ libras (lb)
1.700 kg = 3¾ libras (lb)
1.800 kg = 4 libras (lb)
2.250 kg = 5 libras (lb)
2.700 kg = 6 libras (lb)
3.600 kg = 8 libras (lb)

TEMPERATURA DEL HORNO

48 °C = 120 °F
54 °C = 130 °F
60 °C = 140 °F
65 °C = 150 °F
70 °C = 160 °F
76 °C = 170 °F
81 °C = 180 °F
92 °C = 200 °F
120 °C = 250 °F
140 °C = 275 °F
150 °C = 300 °F
160 °C = 325 °F
180 °C = 350 °F
190 °C = 375 °F
200 °C = 400 °F
220 °C = 425 °F
230 °C = 450 °F
240 °C = 500 °F

LONGITUD

0.2 cm = ¹⁄₁₆ de pulgada (in)
0.3 cm = ⅛ de pulgada (in)
0.5 cm = ¼ de pulgada (in)
1.5 cm = ½ pulgada (in)
2.0 cm = ¾ de pulgada (in)
2.5 cm = 1 pulgada (in)

MEDIDAS DE RECIPIENTES PARA HORNEAR

Molde	Medidas en cm	Medidas en pulgadas/ cuartos (quarts)	Capacidad
Para torta (cuadrada o rectangular)	20×20×5	8×8×2	2 litros
	23×23×5	9×9×2	2.5 litros
	30×20×5	12×8×2	3 litros
	33×23×5	13×9×2	3.5 litros
Para barra	20×10×7	8×4×3	1.5 litros
	23×13×7	9×5×3	2 litros
Para torta redonda	20×4	8×1½	1.2 litros
	23×4	9×1½	1.5 litros
Para pay	20×3	8×1¼	750 ml
	23×3	9×1¼	1 litro
Cacerola para hornear	———	1 cuarto (quart)	1 litro
	———	1½ cuartos	1.5 litros
	———	2 cuartos	2 litros